首都高端智库报告

北京市国有企业推动构建"高精尖"经济结构的路径研究

范合君 王思雨 著

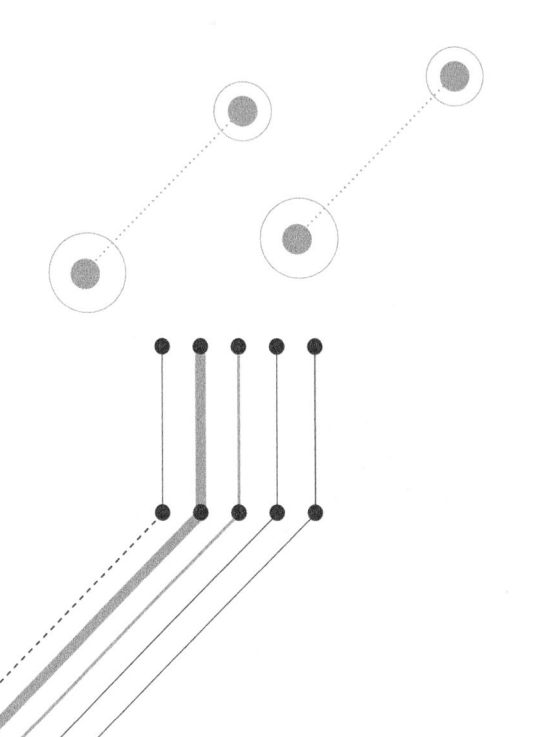

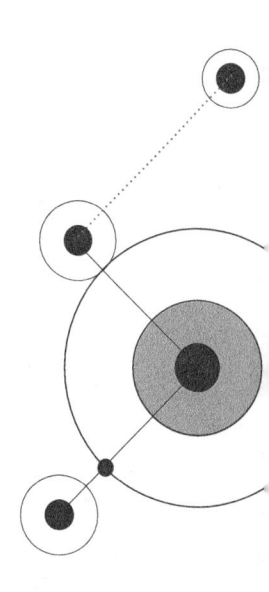

首都经济贸易大学出版社
Capital University of Economics and Business Press
·北京·

图书在版编目（CIP）数据

北京市国有企业推动构建"高精尖"经济结构的路径研究 / 范合君，王思雨著. -- 北京：首都经济贸易大学出版社，2024. 8. -- ISBN 978-7-5638-3714-4

Ⅰ．F279.241

中国国家版本馆CIP数据核字第2024S62Z39号

北京市国有企业推动构建"高精尖"经济结构的路径研究
BEIJING SHI GUOYOU QIYE TUIDONG GOUJIAN "GAOJINGJIAN" JINGJI JIEGOU DE LUJING YANJIU

范合君　王思雨　著

责任编辑	王　猛
封面设计	风得信·阿东 FondesyDesign
出版发行	首都经济贸易大学出版社
地　　址	北京市朝阳区红庙（邮编100026）
电　　话	（010）65976483　65065761　65071505（传真）
网　　址	http://www.sjmcb.com
E- mail	publish@cueb.edu.cn
经　　销	全国新华书店
照　　排	北京砚祥志远激光照排技术有限公司
印　　刷	北京九州迅驰传媒文化有限公司
成品尺寸	170毫米×240毫米　1/16
字　　数	258千字
印　　张	15.25
版　　次	2024年8月第1版　2024年8月第1次印刷
书　　号	ISBN 978-7-5638-3714-4
定　　价	68.00元

图书印装若有质量问题，本社负责调换

版权所有　侵权必究

目 录

第一章 引言 ··· 1
 第一节 问题的提出 ··· 3
 第二节 研究目的和意义 ··· 6
 第三节 研究方法 ··· 7
 第四节 研究框架及内容 ··· 8
 第五节 创新之处 ·· 11

第二章 北京市发展"高精尖"产业的历史演进与政策比较 ············ 13
 第一节 "高精尖"产业的内涵 ·· 15
 第二节 我国"高精尖"产业政策总体情况 ···························· 17
 第三节 我国主要区域"高精尖"产业政策比较 ······················ 19
 第四节 我国主要"高精尖"产业政策比较 ···························· 24
 第五节 北京市"高精尖"产业发展的四个阶段 ······················ 33
 第六节 北京市"高精尖"产业演进的逻辑 ···························· 42
 第七节 北京市"高精尖"产业政策分析 ······························ 45
 第八节 北京市国有企业改革与发展历程 ······························ 49

第三章 北京市国有企业"高精尖"产业生态系统研究 ··············· 55
 第一节 北京市国有企业总体状况分析 ································ 57
 第二节 北京市国有企业各"高精尖"产业发展分析：
     基于上市公司 ··· 63
 第三节 北京市"高精尖"产业中的国有企业发展问题 ············· 81

第四章 北京市国有企业推动构建"高精尖"经济结构的必要性和可行性 ········· 87
第一节 北京市国有企业及高技术企业发展现状 ········· 89
第二节 北京市"高精尖"产业发展现状 ········· 92
第三节 北京市推动构建"高精尖"经济结构的可行性和必要性 ········· 93
第四节 本章小结 ········· 105

第五章 构建"高精尖"经济结构背景下北京市国有企业的产业升级路径研究 ········· 107
第一节 北京市"高精尖"国有企业的总体发展概况 ········· 109
第二节 分产业的北京市国有企业"高精尖"产业升级路径 ········· 111

第六章 构建"高精尖"经济结构背景下北京市国有企业的区域产业布局优化研究 ········· 137
第一节 北京市"高精尖"产业总体分布分析 ········· 139
第二节 16个行政区"高精尖"产业分布分析 ········· 142
第三节 北京经济技术开发区"高精尖"产业分布分析 ········· 156
第四节 协调和优化"高精尖"产业区域分布的建议 ········· 158

第七章 北京市国有企业推进构建"高精尖"经济结构过程中的配套措施 ········· 161
第一节 政策配套措施的体系构建 ········· 163
第二节 夯实资源基础 ········· 164
第三节 形成能力积累 ········· 173
第四节 强化目标引领 ········· 178

第五节 研究结论 ································ 182

第八章 北京市国有企业推进构建"高精尖"经济结构过程中的自我发展机制 ·············· 183
第一节 探索北京市国有企业构建"高精尖"经济结构的自我发展机制 ···················· 186
第二节 研究结论 ································ 197

第九章 国有企业企业家精神驱动"高精尖"产业自主创新的机理
——以"京东方"为例 ······················ 199
第一节 文献回顾 ································ 201
第二节 研究设计 ································ 205
第三节 创始人企业家精神与企业自主创新 ········ 209
第四节 创始人的企业家精神、高管团队与企业自主创新 ·································· 217
第五节 政府支持：地方国有企业实现自主创新的助推器 ·································· 219
第六节 结论与启示 ······························ 223

参考文献 ·· 227

第一章

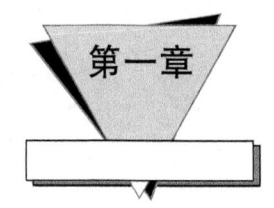

引言

第一章 引言

第一节 问题的提出

党的十九大报告指出，我国经济已经转向高质量发展阶段，需要不断推进先进技术与实体经济融合，培育新的经济增长点。在这一精神指导下，北京市于2017年12月正式发布《北京市十大高精尖产业指导意见》。自此，培育和发展"高精尖"产业成为北京市产业发展的重要方向。2020年，北京市"高精尖"产业实现增加值9 885.8亿元，占地区生产总值比重达到27.4%。2021年8月，北京市发布《北京市"十四五"时期高精尖产业发展规划》（有媒体称之为"高精尖产业2.0版"）。在此背景下，北京市国有企业作为所在地经济发展的重要组成部分，其如何进入"高精尖"行业和领域，进而推动全市经济构建"高精尖"经济结构，成为亟待研究的重要课题。为此，本书聚焦北京市国有企业推动构建"高精尖"经济结构的路径展开研究。

根据《北京市人民政府关于2019年度北京市企业国有资产（不含金融企业）管理情况的专项报告》相关数据，截至2019年底，北京市各级国有企业数量已达10 742家，其中市级国有企业达8 200多家，区属国有企业2 500多家。截至2020年12月，北京市管国有企业资产总额已达61 577.3亿元，比上年同期增长9.5%；全年累计实现营业总收入17 246.5亿元，利润总额958.2亿元，上缴税费1 335.0亿元。

"十三五"期间，北京市国有企业在"高精尖"产业及大数据、智能装备等新兴产业领域均已布局。同时，成功组建国家新能源汽车技术创新中心、北京集成电路装备创新中心等创新平台（截至2020年底，北京市管国有企业"高精尖"产业项目库入库项目292个，涉及新能源智能汽车等10个"高精尖"产业领域，部分项目取得重大进展）。

截至2019年底，市管国有企业共设立研发机构近500个，拥有各类研发人员7.6万人，获得科技奖项超过600项，分布在北京十大高精尖产业领域。截至2019年，市管国有企业研究投入达349亿元，在全市企业研发经费投入中占比近39%。其中，101家国有高新技术企业研发投入强度超过8%；相比2018年，专利申请量和专利授权量同比增速分别达到7.05%和6.66%。

尽管北京市属国有企业在加快构建"高精尖"产业结构体系的过程中

取得了显著成就，但是北京市属国有企业仍然面临一些亟待解决的问题。首先，北京市国有资本产业布局方向不够明确，部分存在资源错配的现象。例如，来自集成电路产业、节能环保产业、智能装备产业等"高精尖"产业的部分国有企业，其产业资源区域布局与《北京市"十四五"时期高精尖产业发展规划》的产业区域布局规划存在明显差别。其次，国有资本配置效率较低，不少国有企业处于产业链、价值链的低端环节。统计结果显示，北京市国有企业规模以上高技术制造业占比仅为 0.28%[①]。除此之外，北京市国有企业的产业竞争力不强、规模扩张过快但质量提升较慢等问题（刘现伟，2019）也较为明显。这些问题不仅严重拉低了北京市国有企业的核心竞争力，而且与首都的战略地位和世界城市的禀赋要素特征不相协调。

一、国外研究

国外学者较早开始研究产业结构变化的问题，相关文献大致可以归纳为以下两个方面。

（一）产业结构的演变规律

古典经济学创始人威廉·配第在研究产业结构演变趋势过程中，首次发现不同国家经济发展水平不同的关键在于产业结构的不同，并揭示了产业结构的演变规律和经济发展的基本方向。英国经济学家克拉克发现，经济增长过程中各产业间收入的相对差异会造成劳动力在不同产业间进行转移。美国经济学家库兹涅茨运用现代经济统计方法，从国民收入和劳动力这两个方面，对产业结构演变规律进行分析，结果发现：随着人均收入水平的提高，产业重心会发生转移。吉列尔梅（Guilherme，2018）采用产出结构分析分解方法（SDA）对巴西经济增长进行实证分析，发现出口增长对总产出的贡献会被进口投入的增加所抵消，从而有利于高科技行业的增长，带动产业结构的升级。

（二）产业结构转变与经济增长的关系

钱纳里等人通过将结构变量纳入新古典经济增长模型，研究了经济结构与经济增长的关系。结果发现，经济结构的转变与经济增长之间存在相关性，尤其是在非均衡条件下，结构转变对经济增长具有显著促进作用。库兹涅茨、罗斯托等也对这一观点表示支持。

---

① 资料来源：《北京区域统计年鉴 2018》。

二、国内研究

从 20 世纪 80 年代起，国内学者在借鉴国外相关研究成果的基础上，开始着手研究产业结构优化调整，尤其是产业结构高级化和合理化发展。相关文献主要集中在以下三个方面。

（一）产业结构高级化的影响因素

姜泽华和白艳（2006）认为，影响产业结构高级化的因素主要有社会需求、科技进步、制度安排和资源供给。黄茂兴和李军军（2009）以 1991—2007 年中国 31 个省份的数据作为样本，分析技术选择对产业结构升级的影响，结果发现：技术选择和资本深化能够通过提升劳动生产率而促进产业结构的升级。石奇等（2009）认为，消费升级是引发中国产业结构优化升级的重要前置因素。黄文正（2011）则认为，人力资本积累可以有效推动产业结构优化升级。钱水土和周永涛（2011）从行业互动视角出发，发现金融业的高质量发展能够显著促进我国的技术进步和产业升级。

（二）产业结构高级化的度量方式

黄溶冰和胡运权（2006）利用信息熵构建产业结构有序度以定量测算模型和指标体系，并以其反映产业结构合理化和高级化水平。付凌晖（2010）采用角度值对中国产业结构的高级化情况进行了有效度量。干春晖等（2011）使用第三产业产值与第二产业产值之比值，对产业结构的高级化程度进行度量。田新民和韩端（2012）利用比例关系和劳动生产率的乘积对北京市产业结构的高度化（即高级化）情况进行测量。徐晔等（2015）构建了产业结构高级化指标，以基础产业超前系数、信息产业产值比重、霍夫曼比例指数等指标衡量产业结构的高级化情况。

（三）政府行为在产业结构高级化过程中的作用

汪德华等（2007）认为，政府支出规模、政府投资规模与服务业比重的增长呈现反向变动关系，表明政府支出与投资对第三产业发展具有抑制作用。周光亮（2012）考察了中国财政分权制度下地方政府投资对产业结构调整的影响，结果显示：地方政府投资中的竞争行为难以有效促进第二、第三产业的协调发展，会对中国产业结构优化升级产生不利影响。王岳平、毛军和刘建民（2014）认为，我国的财税政策会对产业结构高级化产生非对称效应，其效果则更多地取决于各地自身其他因素的影响。靳涛和陈栋

(2014)研究了我国不同区域的地方政府行为对产业结构升级的影响,发现:对于经济发展水平较高的东部地区而言,政府行为会对促进产业升级起到明显的负向作用;而对于市场发育程度较低的中、西部地区而言,政府行为能够更好地引导产业结构的转型升级。

三、研究不足

虽然已有许多关于产业结构演变的研究和文献,但其仍存在以下一些不足。

(一)聚焦国有企业推进产业结构高级化的研究文献十分有限

现有的国内外文献,集中研究的多是产业结构高级化的影响因素、产业结构高级化的测度以及政府在产业结构高级化中的作用这三个方面,而对于如何从国有企业微观层面推进产业结构高级化则较少涉及。

(二)研究结论碎片化,政策指导性不强

即便是有限的、从企业微观层面推进产业结构高级化的研究文献,也只是阐述了微观主体在其中的重要作用,而对于具体推进路径并没有进行全面系统的分析,因而政策指导性不强。

为此,本书从微观国有企业的角度,探讨北京市国有企业构建"高精尖"产业的路径,具体拟解决以下关键问题:在构建"高精尖"产业结构的背景下,北京市国有企业应如何通过有效路径推动实现产业升级?如何优化区域产业布局?如何结合税收、金融、土地、人才、创新等各方面因素形成配套政策体系?如何建立有效运行的自我发展机制?

第二节 研究目的和意义

一、丰富关于国有企业推进"高精尖"产业发展的文献

本书把推动构建"高精尖"经济结构嵌于中国特色国有资产管理体制这个特殊的社会情境之中,分析了国有企业的"高精尖"产业布局与区域空间布局;并从税收、资金、土地、人才、科技创新、自我发展机制新等方面分析国有企业构建"高精尖"经济结构的具体推进路径,从而丰富了产业结构高级化文献。同时,本书通过更为系统性的研究视角,从国有企业层

面推进产业结构高级化的角度进行综合分析,弥补了现有研究大多从产业层面或政府层面研究的不足,并对国有企业构建"高精尖"经济结构时的推进路径进行了阐述。

二、为国有企业推进"高精尖"产业发展提供实践指引

本书聚焦研究北京市国有企业推动构建"高精尖"经济结构的路径问题,从税收、资金、土地、人才、科技创新、自我发展机制等方面对国有企业推动构建"高精尖"经济结构的具体路径进行系统分析,从而为北京市国有企业改革实践提供服务,为政府决策部门提供政策建议。

第三节 研究方法

一、统计分析方法

本书基于多个微观数据库,系统搜集和整理数据,分析了北京市国有企业"高精尖"产业的产业生态布局和区域空间布局,并提出推进构建"高精尖"经济结构的配套措施和自我发展机制。

二、回归分析方法

本书构建计量经济模型,利用回归分析方法实证研究北京市推动"高精尖"经济结构的必要性与可行性。构建北京市"高精尖"经济结构指标评价体系,借助 Stata 等统计软件对相关调研数据进行描述性统计分析与线性回归分析,从"高精尖"产业结构与经济发展、"高精尖"产业结构与税收收入、"高精尖"产业结构与研发创新、"高精尖"产业结构与能源消耗、"高精尖"产业结构与就业率等五个角度出发,探究北京市推动"高精尖"经济结构的必要性与可行性。

三、案例研究方法

本书通过案例研究方法,以"京东方"为例,试图揭示地方国有企业在现有体制背景下如何实现自主创新,以及企业家精神如何影响地方国有企业的自主创新。同时,将初创团队和高管团队作为中介变量,将政府支持因素作为

调节变量，以探究二者在企业自主创新和企业家精神之中的关系机理。

第四节 研究框架及内容

本书在已有国有企业改革和发展存量基础上，在打造北京为全国科技创新中心以及疏解北京非首都功能的"新初始条件"下，从北京市国有企业产业布局与区域空间布局、激励机制与退出机制等方面系统深入研究北京市国有企业推动构建"高精尖"经济结构的具体路径，具体由九章内容构成。

第一章：引言。首先，从理论和实践两方面详细阐述了本书的研究背景和意义。其次，介绍了本书的研究方法、框架和内容、创新点等。

第二章：北京市发展"高精尖"产业的历史演进与政策比较。首先，对各方学者关于"高精尖"产业内涵的观点进行回顾。在此基础上，笔者提出"高精尖"产业是以技术、知识、人才为要素，以创新为支撑，集聚优势资源，具有高收益、高效率、高辐射特征的产业集合。随后，汇总了近年来国家层面、省级层面出台的与"高精尖"产业发展相关的政策，并从区域和产业两个角度展开细致的政策比较分析。其次，聚焦北京市关于十大"高精尖"产业出台的系列政策并对其加以必要阐释。再次，以北京市政府出台的重要相关政策和发生的重要事件为依据，介绍北京市"高精尖"产业发展的四个阶段。最后，从北京市国有企业总体概况、行业特征、改革情况等三个方面介绍了其发展历程。

第三章：北京市国有企业"高精尖"产业生态系统研究。首先，运用描述性统计，分析了北京市国有企业"高精尖"产业的总体状况。其次，以北京市上市公司为研究对象，逐一分析2015—2019年北京市十大"高精尖"产业中，国有企业在盈利能力、创新能力和投资规模上的不同发展特征。最后，总结北京市从事十大"高精尖"产业的国有企业中有待解决的四个问题：一是产业分布区域与战略规划错配；二是营业成本过高，利润水平偏低；三是创新能力参差不齐；四是以投资扩张规模，投资周期长且信息披露不完善。

第四章：北京市国有企业推动构建"高精尖"经济结构的必要性和可行性。首先，针对北京市国有企业与高技术企业发展现状进行分析。其次，对北京市国有企业"高精尖"各产业主要经济指标进行比较评价。最后，选取2016—2019年相关数据，从生产经营、从业人员和研发创新这三个维度出发构建北京市"高精尖"经济结构指标评价体系,并实证检验北京市推动"高精尖"经济结构的必要性与可行性。

第五章:构建"高精尖"经济结构背景下北京市国有企业的产业升级路径研究。本章对北京市国有企业"高精尖"产业的整体发展趋势以及不同"高精尖"产业中国有企业的发展特点进行了梳理。首先,详细比较了北京市国有企业与非国有企业在生产经营、研发效率、发明专利、产品开发等四个方面的表现,并分析其差异。其次,依据不同"高精尖"产业所具备的技术特征,结合不同产业在北京市所处的发展环境,对北京市国有"高精尖"产业的优化升级提出了具体、详细的提升路径。

第六章:构建"高精尖"经济结构背景下北京市国有企业的区域产业布局优化研究。首先,分析了北京市"高精尖"产业的总体分布情况,并对北京市各个功能分区的"高精尖"产业区域分布情况进行了介绍。其次,聚焦中关村示范区的"高精尖"产业分布,从经济规模、经济质量、特色产业等方面分析了全市16个行政区"高精尖"产业区域分布情况。再次,对市内经济技术开发区的"高精尖"产业分布情况进行分析。最后,针对北京市"高精尖"产业区域空间布局中存在的问题提出建议。

第七章:北京市国有企业推进构建"高精尖"经济结构过程中的配套措施。本章基于"资源基础—能力提升—目标引领"的政策逻辑,提出北京市应构建以财税政策、金融政策、土地政策、人才政策以及创新政策等为主体的配套政策体系。其中,财税政策、金融政策、土地政策等可为构建"高精尖"经济结构夯实资源基础,人才政策可为国有企业构建"高精尖"经济结构积累和提升能力,规划与创新政策可为"高精尖"经济发展提供路径规划与创新指引。通过构建上述三位一体的政策体系,北京市国有企业可依托"高精尖"能力撬动"高精尖"资源,协同推进建立"高精尖"经济结构,以支撑经济高质量发展。

第八章:北京市国有企业推进构建"高精尖"经济结构过程中的自我发展机制。本章基于"外部环境—产权结构—内部治理—企业运营"的逻辑架构,尝试厘清北京市国有企业构建"高精尖"经济结构的内部自我发展机制,从而探索"高精尖"转型发展的内生动力及其产生机理。

第九章:国有企业企业家精神驱动"高精尖"产业自主创新的机理——以"京东方"为例。京东方作为北京市地方国有企业,其自主创新

能力在行业内处于领先地位。众所周知，企业高层管理者的目标决策是提高企业自主创新能力的关键所在，而这离不开企业创始人独特的企业家精神。本章通过案例研究方法，探究京东方在地方国有企业体制背景下，其企业家精神与企业自主创新的关系。研究结果表明：以企业创始人的创新能力、冒险精神、远见卓识和国际视野等为主要特征的企业家精神，会直接影响初创团队和高管团队的战斗力，进而推动企业的自主创新。同时，政府支持作为外部因素，会正向调节企业家精神与企业自主创新的关系。

综上，本书的研究框架，如图1-1所示。

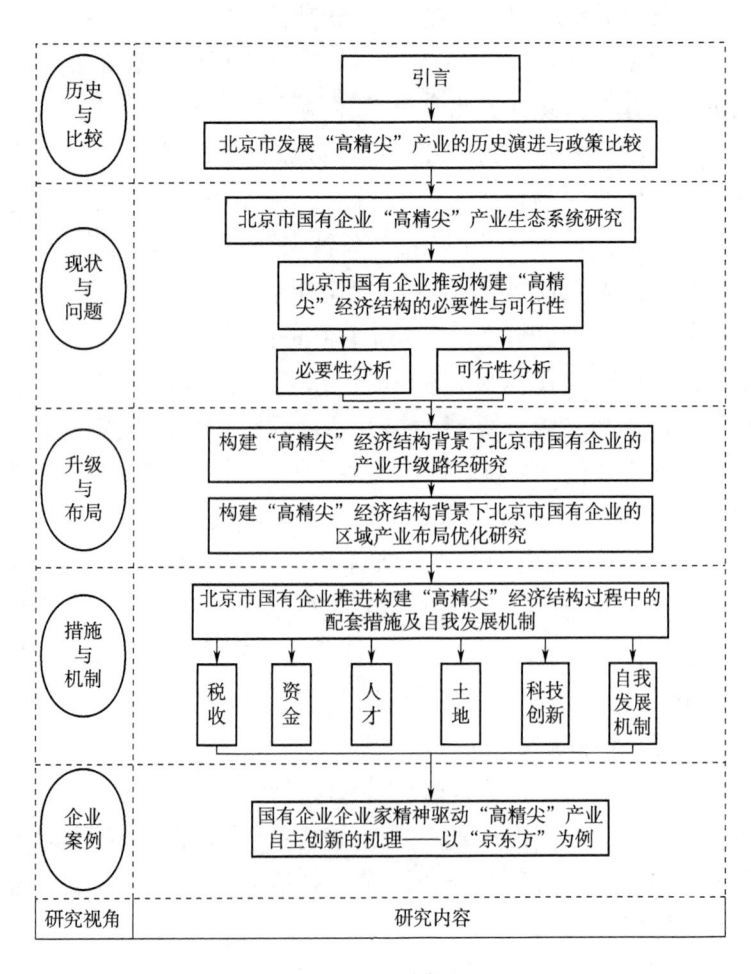

图1-1 研究框架

资料来源：笔者绘制。

第五节　创新之处

本书的创新之处，主要体现在以下四个方面。

第一，系统梳理了北京市国有企业推动构建"高精尖"经济结构的必要性和可行性。本书从生产经营、从业人员和研发创新这三个维度出发，通过八个基础指标构建了北京市"高精尖"经济结构指标评价体系，并利用计量经济学模型实证检验北京市推动构建"高精尖"经济结构的必要性与可行性。

第二，利用翔实数据，全面分析了北京市国有企业产业生态布局与区域空间布局。一方面，从盈利能力、创新能力和投资规模等维度分析了北京市国有企业的产业生态布局。另一方面，从经济规模、经济质量、特色产业等维度分析了北京市国有企业的区域空间布局。

第三，研究了构建"高精尖"经济结构过程中北京市国有企业的优化升级路径。本书依据不同"高精尖"产业所具备的技术特征，结合不同产业在北京市所处的发展环境，对北京市国有企业"高精尖"产业的优化升级提出了具体、详细的提升路径。

第四，提出了北京市国有企业推进构建"高精尖"经济结构过程中的配套措施和内部自我发展机制。本书从财政、税收、土地、人才、科技创新等方面，具体研究国有企业推动"高精尖"经济结构的激励机制和退出机制。同时，还研究了如何构建适合国有企业的内部自我发展机制。

第二章

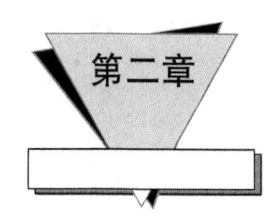

北京市发展"高精尖"产业的历史演进与政策比较

第一节 "高精尖"产业的内涵

为顺应国内外经济形势，强化首都四个功能，推动京津冀协同一体化发展，北京市于 2014 年明确表示，摒弃"大而全"的经济体系，腾笼换鸟、筑巢引凤，构建"高精尖"经济结构。由此，"高精尖"产业被推向"求变谋发展"的潮头之上。可以说，回顾"高精尖"产业的演进历史，就可一览几十年来北京市的经济发展历程。

一、"高精尖"产业的概念

"高精尖"产业在北京的发展历史悠久。这一概念自 20 世纪 60 年代提出以来，历久弥新，指引着北京市经济发展的前进方向。当然，在不同阶段，因发展背景存在差异，对"高精尖"产业的理解也有所不同。例如，20 世纪 60 年代提出的"高精尖"产业，其内涵主要是精兵主义和精品主义，更多关注质量，强调质量第一（董斌，2016）。随着时间的推移，北京市已确立了新的经济发展方向，而"高精尖"产业也被赋予了更加丰富的内涵。

当下，由于学者们关注的焦点各有不同，对于"高精尖"的理解也存在差异。唐建国（2016）主要立足经济结构、产业和产品这三个层面，从附加值、劳动生产率、技术创新等角度研究"高精尖"产业；王玉海、田建国（2017）等更加注重创新，认为"高精尖"是指构建以创新为驱动力，以技术密集型、知识密集型产业为引领，以首都城市战略定位为主、特色产业为辅，以具备比较优势和竞争优势的核心企业为要点的经济结构；吴海建、周丽、韩嵩（2017）则从对经济发展的贡献和行业自身发展能力的角度进行界定，认为高技术、高劳动生产率、高盈利能力是"高精尖"产业发展的主要目标。另有部分学者认为，"高精尖"产业结构是新技术、新工艺等在生产过程中的运用，比其他产业具有更大的科技创新优势，是有"四高三化"（高端、高效、高附加值、高辐射力，集聚化、融合化、低碳化）等明显特征的经济结构。从不同角度探索"高精尖"产业的内涵，有助于我们进一步了解其特点，更好地剖析北京市"高精尖"产业的现在与未来。

总结现有研究"高精尖"产业的文献可见，对这一产业的理解，目前尚处于初步探索阶段，对"高精尖"产业的概念还没有形成统一的看法。结合既有分析，并根据北京市自身区域经济发展特点，本书认为："高精尖"产业是指以技术、知识、人才为要素，以创新为支撑，集聚优势资源，具有高收益、高效率、高辐射特征的产业集合。

所谓"高"，是指技能水平高、创新驱动强、创造价值能力强的高端产业，具备强大的产业竞争优势。具体到北京而言，就是通过融合智能化和信息化，协调北京科技、教育、资本、人才等优势资源，辐射带动周边区域而构建起来的高端产业。

所谓"精"，是指坚持有所为有所不为，有所选择地发展产业。北京市应逐步放弃大而全的产业发展模式，屏弃"传统铺新摊子"的意识，从自身实际出发，精而准地选择符合首都城市定位的产业。

所谓"尖"，是指在一定区域范围内处于顶尖地位，能带动某个行业发展的产业，是该行业的领头羊。这就要求北京市不仅要发展高技术产业，而且要发展位于价值链高端的产业，把握核心技术，创造较高的经济效益。

二、"高精尖"产业的基本特征

近年来，北京市"高精尖"经济体系正在迅速构建，其产业发展特点也不断明晰。尤其是 2017 年出台的十大"高精尖"产业指导意见，明确指出了新时期北京市应主要发展的、具有行业竞争优势的十大新兴产业。综观这些新兴产业，不难发现"高精尖"产业存在以下几方面的特点（如图 2-1 所示）。

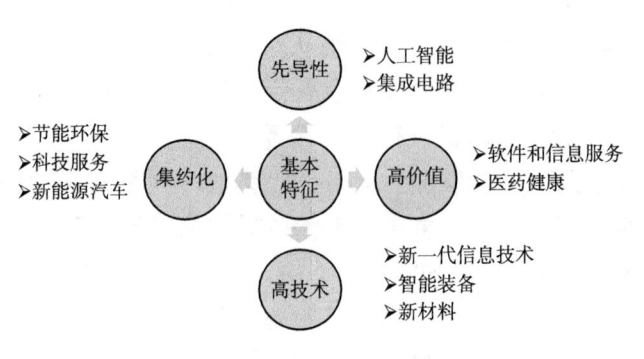

图 2-1 "高精尖"产业的基本特征

先导性：具有先发优势、前沿战略价值和发展引领性作用，能实现全球领跑，如人工智能、集成电路等产业。

高价值：缔造价值能力强，具有较高溢价能力，位于价值链高端，如软件和信息服务、医药健康等产业。

高技术：具有较强的技术研发能力，成长速度快，能带来新的发展机遇，如新一代信息技术、智能装备、新材料等产业。

集约化：对环境友好，对资源的消耗低，利用效率高，环境污染程度低，如节能环保、科技服务、新能源汽车等产业。

第二节　我国"高精尖"产业政策总体情况

近年来，我国战略性新兴产业高速发展，成为国民经济发展体系中的重要力量。2016年，国务院颁发《"十三五"国家战略性新兴产业发展规划》（以下简称《规划》）。《规划》提出，要把战略性新兴产业摆在更加突出的位置，构建现代产业新体系。同时《规划》要求，在"十二五"的建设成果上进一步发展壮大新一代信息技术、高端装备、新材料、生物、新能源汽车、新能源、节能环保、数字创意等战略性新兴产业。

近年来，中央有序出台政策，积极引导产业发展。2017年，为深入实施创新驱动发展战略，中央确定在京津冀、上海、广东、安徽、四川、湖北武汉、陕西西安、辽宁沈阳等八个区域进行创新改革试验，推广改革举措。接下来，又于2018年、2019年出台相关政策，重点突出，多措并举，如《关于提高技术工人待遇的意见》注重的是对人才的培养、激励。

2020年《中共中央关于制定国民经济和社会发展第十四个五年规划和二〇三五年远景目标的建议》指出，推动多个不同产业之间的深度融合发展，以集群式发展的理念对先进制造业进行提升改造，致力于打造构建一批各具特色、优势互补、结构合理的战略性新兴产业增长引擎。

表2-1为近年来我国中央和地方颁布的部分战略性新兴产业政策。

表 2-1　近年来我国中央和地方战略性新兴产业政策汇总（部分）

政策层面	具体政策	发布时间
中央层面	《中共中央关于制定国民经济和社会发展第十四个五年规划和二〇三五年远景目标的建议》	2020.11.03
	《国务院办公厅关于有效发挥政府性融资担保基金作用 切实支持小微企业和"三农"发展的指导意见》	2019.01.22
	《国务院关于推动创新创业高质量发展 打造"双创"升级版的意见》	2018.09.18
	《关于提高技术工人待遇的意见》	2018.03.22
	《国家技术转移体系建设方案》	2017.09.15
	《"十三五"国家战略性新兴产业发展规划》	2016.11.29
	《关于促进加工贸易创新发展的若干意见》	2016.01.04
	《促进大数据发展行动纲要》	2015.08.31
省市级层面	《加快科技创新 发展新一代信息技术等十个高精尖产业的指导意见》	2017.12.26
	《上海市制造业转型升级"十三五"规划》	2016.08.31
	《深圳市战略性新兴产业发展"十三五"规划》	2017.07.06
	《广东省战略性新兴产业发展"十三五"规划》	2017.08.17
	《安徽省促进战略性新兴产业集聚发展条例》	2017.07.01
	《四川省"十三五"战略性新兴产业发展规划》	2017.02.08
	《长江经济带绿色产业发展专项规划》	2017.11.10
	《陕西省"十三五"战略性新兴产业发展规划》	2016.11.02
	《辽宁省壮大战略性新兴产业实施方案》	2015.07.28

在中央决策部署的指引下，各地区、各有关部门积极响应号召，相继出台了一系列相关政策文件，在深化科技体制改革、提升自主创新能力、优化创新创业环境等方面进行了大胆探索。接下来，本书将分别按照区域及产业进行分类，并对相关政策进行解读。

第三节　我国主要区域"高精尖"产业政策比较

一、京津冀

(一) 北京市：构建"高精尖"经济结构

为构建"高精尖"经济结构，北京市政府参考《战略性新兴产业分类(2018)》并结合实际，研究制定了《北京市十大高精尖产业登记指导目录(2018年版)》(以下简称《北京市目录》)。《北京市目录》涉及行业大类10个，行业小类210个。同时，北京市政府印发了《加快科技创新 发展新一代信息技术等十个高精尖产业的指导意见》。具体内容如表2-2所示。

表2-2　北京市十大"高精尖"产业政策体系

政策层面	具体政策	发布时间
总体部署	《北京市人民政府关于印发加快科技创新 构建高精尖经济结构系列文件的通知》	2017年12月
具体规划	《北京市加快科技创新 发展新一代信息技术产业的指导意见》	2017年12月
	《北京市加快科技创新 发展集成电路产业的指导意见》	2017年12月
	《北京市加快科技创新 发展医药健康产业的指导意见》	2017年12月
	《北京市加快科技创新 发展智能装备产业的指导意见》	2017年12月
	《北京市加快科技创新 发展节能环保产业的指导意见》	2017年12月
	《北京市加快科技创新 培育新能源智能汽车产业的指导意见》	2017年12月
	《北京市加快科技创新 发展新材料产业的指导意见》	2017年12月
	《北京市加快科技创新 培育人工智能产业的指导意见》	2017年12月
	《北京市加快科技创新 发展软件和信息服务业的指导意见》	2017年12月
	《北京市加快科技创新 发展科技服务业的指导意见》	2017年12月

资料来源：笔者整理。

(二) 天津市：聚焦、融合、夯实、提升、优化、协同

为全面落实"五大国家发展战略"，实现"一基地三区"的功能定位，天津市于"十三五"期间实施产业引领壮大工程、产业融合发展工程、创

新主体夯实工程、创新能力提升工程、产业布局优化工程、产业发展协同工程等六大重点工程。同时，天津市聚焦高端装备制造、新一代信息技术、航空航天、生物技术与健康、新材料、节能环保、新能源汽车、高技术服务、新能源等九大战略性新兴产业，致力于打造具有创新引领能力与竞争优势的制造强市。

（三）河北省：战略性新兴产业"8358 计划"

河北省立足省情，制定了战略性新兴产业"8358 计划"，即重点发展先进装备制造、新一代信息技术、生物、新能源、新材料、节能环保、新能源汽车、数字创意等 8 个战略性新兴产业，建设石家庄国家生物产业基地、保定新能源国家高技术产业基地、张家口可再生能源示范区、京津冀（河北）大数据综合试验区、廊坊国家信息及高技术服务产业基地等 35 个国家级、省级产业集聚区和示范基地，实施高技术产业化示范工程、创新能力提升工程、重大科技专项工程、"互联网+"及大数据示范工程、"双创"支撑平台建设工程、军民融合产业发展工程、科技型中小企业培训工程、高端人才引培工程等 8 个重大专项工程，力争实现产业规模迅速扩大，产业创新和科技转化成果明显提升，创新创业环境进一步优化。

二、上海市

为打造国际高端制造中心，上海市政府统筹谋划，聚焦重点，在推进生产性服务业的同时，改造提升传统优势制造业，加快发展战略性新兴产业。上海市政府从创新能力、质量效益、绿色发展这三个维度构建全市"十三五"制造业转型升级主要指标体系，为上海市推进制造业转型升级提供了明确的指导依据。表 2-3 为上海市战略性新兴产业政策汇总。

表 2-3 上海市战略性新兴产业政策汇总

政策层面	具体政策	发布时间
总体部署	《上海市制造业转型升级"十三五"规划》	2016 年 8 月
具体规划	《关于本市进一步鼓励软件产业和集成电路产业发展的若干政策》	2017 年 4 月
	《上海市集成电路设计企业工程产品首轮流片专项支持办法》	2017 年 11 月
	《上海市"十三五"节能减排和控制温室气体排放综合性工作方案》	2018 年 5 月
	《上海市促进软件和信息服务业发展"十三五"规划》	2017 年 1 月

续表

政策层面	具体政策	发布时间
具体规划	《上海市工业互联网产业创新工程实施方案》	2018年7月
	《促进上海市生物医药产业高质量发展行动方案（2018—2020年）》	2018年11月
	《上海促进高端装备制造业发展"十三五"规划》	2017年2月
	《关于本市推动新一代人工智能发展的实施意见》	2017年10月
	《上海市智能网联汽车产业创新工程实施方案》	2017年1月
	《上海促进新材料发展"十三五"规划》	2016年12月

资料来源：笔者整理。

三、深圳市

2017年，为主动适应和引领经济发展新常态，落实中央战略部署，深圳市出台《深圳市战略性新兴产业发展"十三五"规划》（以下简称《深圳市规划》），并制定了一系列改革措施与指导文件。根据新的发展规划，深圳市确定了信息经济、生命经济、创意经济、绿色经济、材料基础等五大重点发展对象。

在信息经济方面，《深圳市规划》提出构建国际一流信息港，提升信息核心产业，促进"互联网+"新业态，抢占人工智能、无人驾驶、量子通信等前沿领域。为打造信息经济新引擎，深圳市还提出建设"宽带深圳"工程，以使其信息核心产业跨越发展工程、互联网工程。在生命经济方面，《深圳市规划》提出要发展精准医疗、融合数字技术与生物医药技术等，打造国际领先的生物技术科技创新中心。在创意经济方面，《深圳市规划》提出，培育"文化+"新型业态，以数字技术推动文化创意与设计服务等的融合发展。在绿色经济方面，《深圳市规划》提出，要加快发展新能源产业、高效节能产业、环保产业与再制造产业。在材料基础方面，深圳市致力于进一步夯实产业发展的材料支撑基础。在产业空间格局方面，深圳市提出要结合自身发展优势，致力于构建"三轴并进、区域辐射、全球联动"的产业新发展格局。表2-4为深圳市战略性新兴产业政策汇总。

表 2-4　深圳市战略性新兴产业政策汇总

政策层面	具体政策	发布时间
总体部署	《深圳市战略性新兴产业发展"十三五"规划》	2017 年 7 月
具体规划	《战略性新兴产业发展专项资金扶持政策》	2017 年 4 月
	《深圳生物产业振兴发展政策》	2009 年 9 月
	《深圳市能源发展"十三五"规划》	2016 年 11 月
	《深圳市信息化发展"十三五"规划》	2017 年 1 月
	《深圳市文化发展"十三五"规划》	2016 年 9 月
	《深圳新材料产业振兴发展规划和政策》	2011 年 6 月
	《深圳市生命健康产业规划（2013—2020）》	2013 年 12 月
	《深圳市航空航天产业发展规划》	2014 年 12 月
	《深圳市海洋产业规划（2013—2020）》	2013 年 11 月

资料来源：笔者整理。

四、安徽省（以"合芜蚌[①]国家自主创新示范区"为代表）

2016 年，安徽省立足省情，出台了《安徽省战略性新兴产业"十三五"发展规划》。该规划作为安徽省战略性新兴产业发展的纲领性文件，将新一代信息技术、高端装备和新材料、生物和大健康、绿色低碳、信息经济等五大产业作为战略重点。

智能语音是安徽省最具竞争力的特色新兴产业，为此，安徽省推动智能语音产业重点项目，打造"中国声谷"。此外，安徽省还着眼产业发展前沿，培育量子通信和量子计算、新药创制、核能装备等未来型产业。

五、四川省（以"成德绵[②]产业经济发展带"为代表）

2017 年，四川省政府印发《四川省"十三五"战略性新兴产业发展规划》。该规划立足四川省产业基础与发展潜力，提出大力发展新一代信息技术、高端装备制造、新材料、生物、新能源及新能源汽车、节能环保、数字创意等七个产业，并组织实施八个重点工程。

---

① 即合肥、芜湖、蚌埠。
② 即成都、德阳、绵阳。

尤其是在高端装备制造产业方面，四川省积极打造四川特色油气钻采及海洋工程装备工业体系，力求在页岩气、非常规油气开采工程、海洋油气工程、油气长输管线建设等国家战略所需装备领域实现突破。表2-5为四川省战略性新兴产业政策汇总。

表2-5 四川省战略性新兴产业政策汇总

政策层面	具体政策	发布时间
总体部署	《四川省"十三五"战略性新兴产业发展规划》	2017年2月
具体规划	《四川省"十三五"能源发展规划》	2017年3月
	《四川省信息安全产业发展规划（2015—2020年)》	2016年11月
	《四川省航空与燃机产业发展总体规划（2015—2020年)》	2017年1月
	《四川省科技服务业发展规划（2016—2020年)》	2016年2月
	《四川省养老与健康服务业发展规划（2015—2020年)》	2015年11月

资料来源：笔者整理。

六、湖北武汉

武汉市作为中央在湖北省推行创新改革的试验区，于2016年印发了《武汉市战略性新兴产业发展"十三五"规划》。该规划指出，要在发展新一代信息技术、生命健康、智能制造等优势产业集群的基础上，培育发展新材料、新能源、节能环保和数字创意等成长型产业，形成一批新的经济增长点。同时，该规划着眼未来5~10年的产业发展前沿，前瞻性地布局新能源汽车和航空航天等产业，以打造未来发展新优势。

七、陕西西安

为提升创新能力，在重点领域形成先发优势，2016年，陕西省政府围绕国家战略性新兴产业发展方向，印发了《陕西省"十三五"战略性新兴产业发展规划》。该规划立足陕西省省情，明确要求做大做强新一代信息技术、高端装备制造、新材料、生物技术、新能源、节能环保、新能源汽车等七大战略性新兴产业，实施十大产业创新发展工程，实现经济中高速增长和产业中高端发展。

西安市是中央在陕西推行创新改革的试验区。为此，陕西省以西安高新技术产业开发区、西安经济技术开发区（国家级）等重点园区为承载，在此积极推进增材制造、航空、航天、智能装备等产业的发展，并推动新材料产业、生物技术产业向高端化、规模化方向发展。

八、辽宁

辽宁省在"十三五"规划中提出，要努力形成战略性新兴产业和传统制造业并驾齐驱，现代服务业和传统服务业相互促进，信息化和工业化深度融合的产业发展新格局。为此，辽宁省政府印发了《辽宁省科学和技术发展"十三五"规划》。该规划指出，辽宁省要依托沈阳、大连两市现有基础，聚焦新一代信息技术产业、智能装备产业、生物医药产业和新材料、新能源等产业。同时，辽宁省积极建设"沈（阳）大（连）高新技术产业带"和国家自主创新示范区，致力于将示范区建成为东北亚地区重要的科技创新创业中心、东北老工业基地高端装备研发制造先行区和新兴产业集聚区。

第四节 我国主要"高精尖"产业政策比较

一、集成电路产业

集成电路产业是信息技术产业的核心产业。为推动集成电路产业加快发展，2014年，国务院发布实施了《国家集成电路产业发展推进纲要》（以下简称《纲要》）。《纲要》基于我国集成电路产业的现状和未来发展趋势，从产业规模、技术能力、配套措施和企业培育等四个方面，提出了我国集成电路产业未来发展的短期、中期、长期目标。

为保证目标实现，《纲要》提出体制创新、融资举措、人才培养与引进等一系列保障措施，并成立国家集成电路产业发展领导小组进行统筹规划。《纲要》提出，设立国家产业投资基金，并鼓励社会各类风险投资和股权投资基金进入集成电路领域，支持集成电路产业发展。《纲要》还提出：要推动形成产业链上下游协同创新体系，建立健全集成电路人才培养体系；鼓励引进高层次人才，推动产业可持续发展。表2-6是对《纲要》的政策解读。

表 2-6 《国家集成电路产业发展推进纲要》政策解读

类别	2015 年	2020 年
销售额	>3 500 亿元	>8 700 亿元（年均增速超过 20%）
制造	32/38 纳米规模量产	16/14 纳米规模量产
设计	部门重点领域技术接近国际一流水平（移动智能终端、网络、通信等）	技术达到国际领先水平（移动智能终端、网络通信、云计算、物联网、大数据等）
封测	中高端销售收入占比 30% 以上	
材料	12 英寸硅片产线应用	进入国际采购体系
设备	65~45 纳米关键设备产线应用	进入国际采购体系

资料来源：http://www.chinaidr.com/tradenews/2017-02/110671.html。

二、节能环保产业

（一）完善顶层制度设计

2015 年 4 月 25 日，国务院发布《中共中央 国务院关于加快推进生态文明建设的意见》（以下简称《意见》）。《意见》明确了生态文明建设的总体要求和目标愿景，为后续政策的制定明确了方向。2016 年 3 月，国家发改委发布《国民经济和社会发展第十三个五年规划纲要》，将环境保护作为"十三五"时期国家建设发展的重要关注领域，发展资源节约循环利用关键技术和生态治理修复成套技术，加快节能环保产业发展。

2016 年 12 月 25 日，国家发改委通过《"十三五"节能环保产业发展规划》（以下简称《发展规划》）。《发展规划》基于我国节能环保产业的现实国情与发展阶段，从产业规模、技术水平、企业培育、市场环境等四个方面明确了节能环保产业的主要发展目标。

《发展规划》坚持以节能环保领域的科技创新为核心，坚持市场引领在节能环保产业资源配置中的决定性作用。同时《发展规划》明确要求加强系统节能、水气土环境污染治理、尾矿资源化及工业废渣利用等影响可持续发展的产业的研发攻坚。

（二）推出细分领域政策

1. 大气污染政策

为改善京津冀及周边地区环境空气质量，2017 年，环保部发布《京津冀周边地区 2017 年大气污染防治工作方案》。该方案实施范围包括北京市、天津市以及河北、山西、山东、河南等省份的 26 个城市，简称为"2+26"城市。该方案提出了"2+26"城市发展的主要任务，要求"2+26"城市产业结构调整取得实质性进展，全面推进冬季清洁取暖，加强工业大气污染综合治理，实施工业企业采暖季错峰生产，严格控制机动车排放，强化重污染天气应对。

2. 生活垃圾政策

2016 年 9 月，国家发改委和住建部联合发布《"十三五"全国城镇生活垃圾无害化处理设施建设规划（征求意见稿）》。2017 年，北京市人民政府印发了《北京市生活垃圾分类治理行动计划》，推进本市生活垃圾分类工作。目前，我国北京、上海、广州、深圳、重庆、贵阳等城市已相继出台或更新了垃圾分类政策，要求是：到 2020 年，46 个重点城市完成生活垃圾分类工作；至 2025 年，所有地级市完成生活垃圾分类工作，并完成配套转运端、处置端产能建设和固废处置等工作。表 2-7 为我国颁行的生活垃圾政策汇总。

表 2-7 我国生活垃圾政策汇总

发布时间	具体政策	主要内容
2016 年 5 月	《关于推进再生资源回收行业转型升级的意见》	以回收、分拣环节为重点，同时着眼于再生资源回收分拣、运输、加工处理和利用全过程。从产废源头入手建立健全回收渠道
2016 年 9 月	《"十三五"全国城镇生活垃圾无害化处理设施建设规划（征求意见稿）》	到 2020 年底，直辖市、计划单列市和省会城市（建成区）生活垃圾无害化处理率达到 100%；其他设市城市生活垃圾无害化处理率达到 95% 以上（新疆、西藏除外），县城（建成区）生活垃圾无害化处理率达到 80% 以上
2016 年 10 月	《关于进一步加强城市生活垃圾焚烧处理工作的意见》	将垃圾焚烧处理设施建设作为维护公共安全、推动生态文明建设、提高政府治理能力和加强城市规划建设管理工作的重点
2016 年 10 月	《生物质能发展"十三五"规划》	鼓励建设垃圾焚烧电联产项目。加快应用现代垃圾焚烧处理及污染防治技术，提高垃圾焚烧发电环保水平。加强宣传和舆论引导，避免和减少邻避效应

第二章 北京市发展"高精尖"产业的历史演进与政策比较

续表

发布时间	具体政策	主要内容
2016年12月	《可再生能源发展"十三五"规划》	稳步发展城镇生活垃圾焚烧发电。到2020年，城镇生活垃圾焚烧发电装机达到750万千瓦

资料来源：前瞻产业研究院。

三、软件和信息服务业

软件和信息技术服务业是我国建设制造强国和网络强国的核心支撑。虽然"十二五"期间我国软件和信息技术服务业综合实力进一步增强，但仍面临创新能力不足、技术迭代能力弱、网络安全形势严峻、国际拓展能力弱等问题。

为实现以信息化驱动现代化，建设网络强国，工信部颁布了《国家软件和信息技术服务业"十三五"发展规划（2016—2020年）》。该规划以定性与定量相结合的方式提出了我国软件和信息服务业未来发展的总体目标，并围绕产业规模、技术创新、融合支撑、企业培育、产业集聚等五个方面制定了具体目标。该规划还以创新发展和融合发展为主线，从核心技术、培育壮大新兴业态、推进应用创新和融合、信息安全、产业体系、国际化发展等六个方面进行了重点部署。

同时，该规划针对关键领域创新能力不足的现实情况，设立了信息技术服务能力跃升、云计算能力提升等重大工程。为贯彻落实制造强国、网络强国等国家战略，该规划还提出建设面向服务型制造业的信息技术服务发展、软件和信息技术服务业驱动信息消费等重大工程。

为保障目标实现，该规划从政策法规体系、行业管理制度、财政金融支持、创新人才培养、统筹协调等五个方面，提出了支撑"十三五"时期软件和信息技术服务业发展的政策措施。表2-8为我国颁行的软件和信息服务业政策汇总。

表2-8 我国软件和信息服务业政策汇总

发布时间	具体政策	主要内容
2016年5月	《国务院关于深化制造业与互联网融合发展的指导意见》	到2025年，制造业与互联网融合发展迈上新台阶，融合"双创"体系基本完备，融合发展新模式广泛普及，新型制造体系基本形成，制造业综合竞争实力大幅提升

续表

发布时间	具体政策	主要内容
2015年8月	《促进大数据发展行动纲要》	加快政府数据开放共享，推动资源整合，提升治理能力；推动产业创新发展，培育新兴业态，助力经济转型；强化安全保障，提高管理水平，促进健康发展
2016年7月	《国家信息化发展战略纲要》	到2025年，新一代信息通信技术得到及时应用，固定宽带家庭普及率接近国际先进水平，建成国际领先的移动通信网络，实现宽带网络无缝覆盖
2016年12月	《国家软件和信息技术服务业"十三五"发展规划（2016—2020年）》	到2020年，产业规模进一步扩大，技术创新体系更加完备，产业有效供给能力大幅提升，融合支撑效益进一步凸显，培育壮大一批国际影响力大、竞争力强的龙头企业，基本形成具有国际竞争力的产业生态体系

四、新一代信息技术产业

新一代信息技术作为我国七大战略性新兴产业之一，共包括六个方面，分别是下一代通信网络、物联网、三网融合、新型平板显示、高性能集成电路和以云计算为代表的高端软件。

2015年5月国务院发布《中国制造2025》，提出把新一代信息技术产业作为重点领域，大力推动其突破发展。2016年的《"十三五"国家战略性新兴产业发展规划》提出壮大战略性新兴产业的规模，到2020年把新一代信息技术产业等五个战略性新兴产业发展成为产值规模10万亿元级的新支柱产业。

该规划提出，大力推进高速光纤网络建设、无线宽带网及基础设施建设，构建网络强国基础设施。同时，该规划提出要深入推进互联网在生产领域、生活及公共服务领域的融合应用，促进互联网+新业态创新，培育互联网+生态体系。与此同时，该规划为落实大数据战略，从数据资源开放共享、大数据新应用、大数据安全保障等三方面进行了重点部署。

在信息技术（IT）核心产业领域，该规划明确提出了产业升级对基础性保障和高端化转型的要求。在人工智能领域，该规划提出要加快人工智能支撑体系建设，并推动人工智能技术在各领域的应用。此外，该规划提出要完善网络经济管理方式，深化电信体制改革。

"十三五"期间，新一代信息技术产业的发展继续保持快速创新发展的态势，并具备新基础、新技术、新业务形式和新机制的重要特征。新一代信息技术已广泛应用于我国各领域，对经济和社会发展产生了全面影响。

五、医药健康产业

2016年10月，国务院印发《"健康中国2030"规划纲要》，表明"健康中国"已正式上升为国家发展战略，大健康产业成为中国经济的新引擎。

（一）深化审评审批政策，鼓励药品创新研发

2018年，为推动药物研发，满足用药需求，国家药监局印发了《关于调整药物临床试验审评审批程序的公告》。该公告指出，在收到新药试验申请60日内，申报者如未收到任何有异议通知，新药试验即可自行开始。

（二）加强器械标准规划，完善器械监督管理

2018年，食品药品监管总局发布《医疗器械标准规划（2018—2020年）》。该规划以需求为导向，加快推进我在质量管理、有源、无源等三类重点领域的医疗器械产品标准化工作。

（三）医疗体系持续改革，互联网医疗模式逐渐清晰

2018年1月，国家卫生计生委、国家中医药局联合颁布《关于印发进一步改善医疗服务行动计划（2018—2020年）的通知》。该行动计划提出，自2018年起，建立预约诊疗制度、远程医疗制度等多项制度。

2018年4月，国务院办公厅印发《关于促进"互联网+医疗健康"发展的意见》。该意见从"互联网+医疗健康"的服务体系、支撑体系和行业监管等三个方面提出了14条具体意见，对"互联网+医疗健康"模式的发展具有指导作用。

（四）大部制方案出炉，推动三医联动

2018年，国务院"大部制"改革方案出炉。该方案提出，组建国家卫生和计划生育委员会、食品药品监督管理总局、国家医疗保障局，分别统筹管理医疗卫生和计划生育服务资源，各环节食品药品安全性与有效性，城镇职工养老保险（城职保）、城镇居民养老保险（城居保）、农村户口养老保险（新农合）等三大医保。

六、智能装备产业

（一）做好顶层战略部署

智能制造是新一代信息通信技术与先进制造技术的深度融合。为培育经济增长新动能，落实制造强国战略，2016年12月，工信部、财政部联合印发了《智能制造发展规划（2016—2020年）》。

该规划指出了"十三五"期间我国智能制造产业发展的总体目标，并在关键技术、标准体系、生态体系、重点领域等四个方面提出了具体目标，明确了智能制造产业发展的十项重点任务。此外，该规划还从组织领导、创新体系、财税支持、金融扶持、行业组织、国际合作等六个方面提出了保障措施，以推动规划的落实。

（二）推进智能制造标准化

为指导智能制造标准化工作，解决标准缺失、滞后、交叉重复等问题，工信部于2015年提出建设国家智能制造标准体系，并建立动态更新机制。2018年，工信部、国家标准化管理委员会更新体系标准，并印发《国家智能制造标准体系建设指南（2018年版）》。

该指南提出，从"基础共性"、"关键技术"和"行业应用"等三个维度构建智能制造体系框架，并在此基础上对各个维度进行细分。其中，基础共性标准包括通用、安全、可靠性、检测、评价等五个部分。关键技术标准主要包括智能装备、智能工厂、智能服务、智能赋能技术和工业网络等五个部分。由此，该指南依据基础共性标准和关键技术标准，确定了新一代信息技术、高档数控机床和机器人等十大重点领域，并提出优先在重点领域实现突破，然后逐步覆盖智能制造全应用领域。图2-2总结了智能制造产业的有关国家政策。

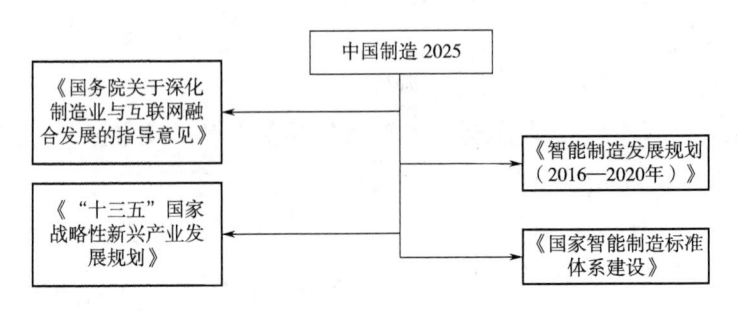

图2-2 智能制造产业国家政策

七、人工智能产业

为抢抓人工智能发展的重大战略机遇，建设创新型国家和世界科技强国，2017年国务院印发《新一代人工智能发展规划》（以下简称《人工智能规划》）。

《人工智能规划》作为指导我国人工智能发展的纲领性文件，在肯定我国人工智能发展的成果的同时也指出，我国人工智能领域在研发、人才（特别是高端人才）、产业体系等三个方面存在短板。为此，《人工智能规划》提出建立人工智能科技创新体系，重点部署高端高效智能经济，前瞻布局新一代人工智能重大科技项目。

在科技创新体系方面，《人工智能规划》提出建立八大基础理论体系、八大关键共性技术体系、五大人工智能创新平台，并要求加强学科建设，培养聚集高端人才。《人工智能规划》为部署高端高效智能经济，大力发展人工智能新兴产业、推进产业智能化升级、培育智能企业领军人物、打造人工智能创新高地等提供了政策依据。为布局新一代人工智能重大科技项目，《人工智能规划》还提出，要形成以新一代人工智能重大科技项目为核心、以现有研发布局为支撑的"1+N"人工智能项目群。

此外，《人工智能规划》针对我国人工智能发展的薄弱环节，提出了一系列明确可操作的措施。同时，从法律法规、支持政策、技术标准和知识产权体系、安全和评估体系、劳动力培训、科普活动等六个方面提出保障措施，以确保《人工智能规划》的有效实施。

八、新能源汽车产业

汽车产业是国民经济的重要支柱产业。随着我国经济持续快速发展和城镇化进程加速推进，在发展汽车产业的同时也带来了严重的能源紧张和环境污染问题。因此，加快培育和发展节能汽车与新能源汽车，是缓解能源和环境压力，推动汽车产业可持续发展的重要战略举措。

2012年，国务院印发了《节能与新能源汽车产业发展规划（2012—2020年）》。该规划成为新能源汽车产业的纲领性文件，指出了新能源汽车产业的发展方向，明确了新能源汽车产业发展中的重点任务。

2019年，为抢抓机遇，建设汽车强国，工信部起草了《新能源汽车产业

发展规划（2021—2035年）（征求意见稿）》。该征求意见稿提出了到2025年我国新能源汽车产业发展的愿景，并提出提高创新能力，构建互融共生、分工合作、利益共享的新型产业生态，推动新能源汽车与能源产业、交通产业、信息通信产业及相关产业的融合发展。同时，该意见稿还提出要大力推动充换电网络建设，推动智能路网建设，推进氢燃料供给体系建设，等等。

九、新材料产业

为深化落实《中国制造2025》，2017年工信部等四部委联合发布《新材料产业发展指南》。该指南是"十三五"期间指导新材料产业发展的重要文件，其将先进基础材料、关键战略材料、前沿新材料等作为主要发展对象，有利于政府部门分类施策，从而提高政策措施的准确性和有效性。

与此同时，国务院及各部委针对新材料相关领域还制定了明确的"十三五"规划。该规划以国务院发布的《"十三五"国家战略性新兴产业发展规划》为核心，工信部于2016年10月发布的《有色金属工业发展规划》和《稀土行业发展规划》等相关内容也包括在内。图2-3梳理了我国在新材料产业领域的相关政策。

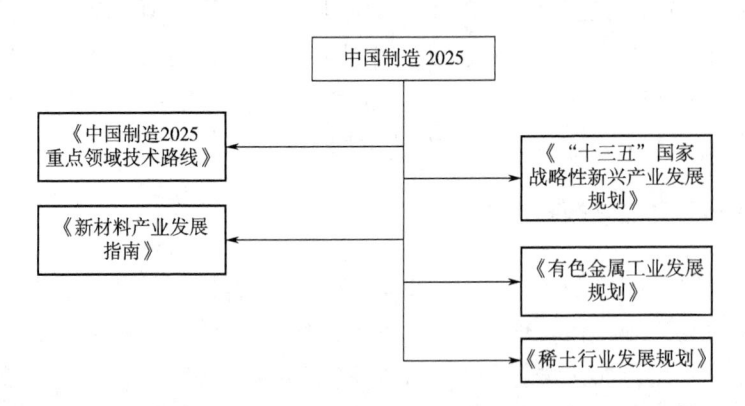

图2-3 我国在新材料产业领域的相关政策

十、科技服务产业

所谓现代服务业，是指在工业化比较发达的阶段产生的、主要依托信息技术和现代管理理念发展起来的、信息和知识相对密集的服务业。

为加快推进我国现代服务业的发展，2017年科技部印发了《"十三五"现代服务业科技创新专项规划》（以下简称《服务业科技创新规划》），以此作为现代服务业的纲领性文件，指导现代服务业的发展。

《服务业科技创新规划》对"十三五"服务业科技发展进行总体部署，构建了"142"体系框架。即一大支柱（基础理论和共性技术）、四个重点领域（生产性服务业、新兴服务业、文化与科技深度融合发展、科技服务业）、两大支撑体系（科技创新体系、产业发展支撑体系）。

基础理论和共性关键技术是我国现代服务业发展的短板。因此，《服务业科技创新规划》围绕"提升服务能力与品质、提升服务效率与效益、提升服务安全与信用"等三个重点问题，加强现代服务业理论研究和共性关键技术研发。

与"十二五"相比，《服务业科技创新规划》新增"推进文化与科技深度融合发展"部分。《服务业科技创新规划》重点布局民族民间文化资源服务、文化艺术展演服务、内容知识服务、影视媒体服务、文化旅游服务和文化创意设计服务等六大领域，提高文化产业整体实力。同时，《服务业科技创新规划》还推动生产性服务业向价值链高端延伸，积极培育发展新兴服务业，着力做大做强科技服务业，完善现代服务业科技创新体系，强化现代服务业发展支撑体系。

第五节 北京市"高精尖"产业发展的四个阶段

北京市"高精尖"产业的发展是一个持续的、不断变化的过程，在不同的历史时期、不同的政策意见指导和不同的城市功能定位背景下，有其各自不同的发展特点。本书以北京市发布的重大政策和发生的重要事件为依据，以时间维度为划分基础，将北京市"高精尖"产业的发展划分为萌芽期、成长期、发展期、成熟期等四个时期（如图2-4所示）。从目前的发展状况来看，北京市的"高精尖"产业在经过一系列的历史变迁之后，在产业层次、产业构成、产品价值和发展方向上都越发成熟，不断引领北京市地方经济的健康发展和繁荣向上。

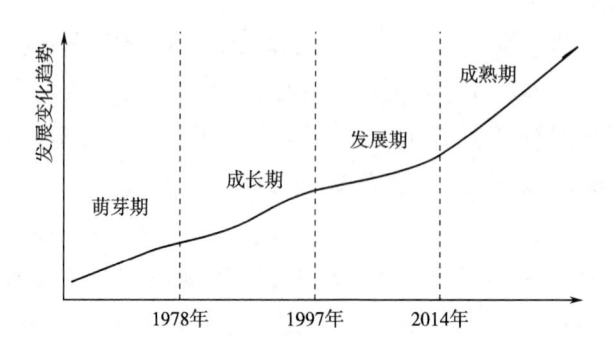

图 2-4　北京市"高精尖"产业的发展阶段

一、萌芽期：以重化工业为核心的"高精尖"产业雏形初现

新中国成立之初，为发展因战争而遭到极大破坏的国内经济，国家在第一、第二个五年规划时期号召国内各地优先发展工业，以重振国内经济。作为首都的北京，紧跟国家优先发展工业的战略，在国家政策指导下开始了工业化之路。1953 年，北京市政府在上报《改建与扩建北京市规划草案要点》时，在规划中提出了将北京建成为强大的工业基地的战略目标，以响应国家优先进行工业建设的号召（武凌君，2014）。虽然该规划并没有得到中央的批示，却体现出北京发展工业的决心，并成为指导北京经济发展方向的主要方针，首都北京的工业建设也由此拉开了帷幕。

在这场声势浩大的工业化建设浪潮中，北京市遵循优先发展重化工业的思想，积极发展冶金、机械等行业。在这一发展思想的指引下，得到发展的重工业产品种类增多，数量增加，水平提升。1958 年 6 月，北京市出台《北京市 1958—1962 年工业规划纲要》进一步指出，北京市不仅要发展重工业，而且要紧跟国际，发展现代化的工业，由此全市迎来了"大上工业"的发展热潮。此举使北京市的工业产值飙升，到 1960 年已达 93 亿元，是新中国成立之初的 54 倍。当然，尽管重工业的快速发展繁荣了北京经济，但发展过程中贪大求快，忽视质量等问题也接踵而至。例如：许多企业因管理不力，在产量提高的同时厂库货物积压也随之增多；一些企业只追求产品的高产量，却忽视了产出效率和质量，厂库的残次产品也随之增加；此外，还出现了轻重工业投资失衡日益恶化等问题。这一系列问题困扰着北京市政府，迫使其不得不反思并整顿工业质量状况。

北京市对此反思之后迈出的第一步便是提出发展"高精尖"工业，提升工业质量。1960年，北京市政府为推动工业持续健康发展，在工业、交通运输、基本建设、财贸方面社会主义建设先进集体和先进生产者代表参加的大会上，确定工业的发展方向应当是"高大精尖"（董斌，2016）。在发展过程中，北京市又提出工业的发展不应仅仅依靠产业规模的扩大，遂屏弃高大精尖中的"大"字，确立了以"质量第一"为核心理念的"高精尖"工业发展指导方针。这是"高精尖"概念在北京的首次提出，其对北京市经济发展的影响是巨大的。自此，北京市经济围绕着不是求大、而是求高的路子展开，这也是北京市产业史上的一个重要转变。

不仅要发展工业，而且要有所选择地发展高质量、"高精尖"的工业，成为这一时期北京市工业建设中最为显著的特征。围绕提高质量、扩大品种的目标，北京市政府做了多方面的工作：一是北京市要求不论大小企业、轻重工业都要创造成本低廉而质量高的产品，并成功研发出175毫米镗床、坐标镗床、65马力柴油内燃机等新产品，试制出仪表车床、电子管、无线电元件等多种精密产品，走在全国前列。二是在工业交通战线上，推进技术革命，加大机械化、自动化的应用范围和深度，缩减手工、体力劳动，提高劳动生产率，争取用最少的资源消耗生产更好的产品。到1960年3月，北京全市范围内较大的技术革新已经超过5.3万项，机械化程度比1959年多了5个百分点。三是走"不是求大，而是求高"的路子，压缩工业建设规模，关停诸如印染厂等非"高精尖"企业；对于中央重点项目，则集中火力优先发展建设。四是在1963—1965年组织了两次有关电子产业的会战，尝试对接国际，开发半导体无线电工业，并成功试制出高精度的数字电压表等精密产品，向国际先进水平大步迈进（董斌，2016）。

北京市发展重化工业的成就是巨大的。到1978年，以"质量"为发展要求的工业产值达70.2亿元（魏晓洁，2012），其中重工业所占比重超过63%。那时，北京市已基本建立起了以机械、石油、化工等重化工业为主的工业体系，解了国家这一时期大规模工业化建设的燃眉之急，同时为北京市下一阶段产业结构调整奠定了坚实的经济基础。

这一时期，以迅速恢复首都经济为发展要义，重化工业成为支撑首都经济的支柱产业。当然，从长远看，该经济发展模式与首都功能不相适应，环

境污染、资源紧张等问题也日渐凸显。为解决这些难题，北京市借改革开放的契机，开始探索新的产业发展模式。

二、成长期：以技术密集型产业为主导的产业结构调整加速

在1983年7月中共中央和国务院审定批复的《北京城市建设总体规划方案》出台之前，经济中心一直是首都的城市功能定位之一。为尽快恢复北京经济而得到着重发展的重工业，虽然使首都经济得以喘息，却因经济建设与首都功能的冲突，也带来了一系列问题，其中环境问题最为突出。为解决这一时期出现的问题，充分利用北京市已有的资源，1980年，借改革开放的契机，中央在《关于首都建设的四项方针》中指出，北京市作为首都要明确自身的功能定位，即北京是政治中心和文化中心，而不是一定要成为经济中心（戚本超、周达，2006）。自此，中央对首都的功能定位进行了重新调整，不再强调其经济中心的地位，北京市的产业发展也由此开始向适合首都特点的经济建设的方向转移。

1983年7月，在对《北京城市建设总体规划方案的批复》中，中央指出，现阶段的北京不适合继续发展对环境破坏程度高的重工业，而是应当以高精尖、技术密集型工业为中心进行发展（梅松，2009）。中央对该方案的批复，明确了这一时期北京市的产业发展方向，也由此揭开了北京市"高精尖"产业新时期发展的大幕。

以此为开端，北京市积极求变谋发展，解放思想，向技术密集型产业进军。一方面，调整以重工业为发展方向的思路，关停部分高能耗、重污染的传统工业，对冶金、化工等传统制造业进行技术革新，发展适合首都特点的食品、光学、仪器仪表等耗能低、污染少、价值高、技术高的产业（王军，1995）。另一方面，北京市从自身资源禀赋的条件出发，充分利用已有的工业基础和空间资源优势，把经济建设转移到依靠科学技术的轨道上，并集中研究了电子工业、轻型汽车、光学、新型建材等对接国际市场，具有巨大获利空间的高新技术产业。

1988年，以国家高新技术产业开发试验区的成立为标志，我国高新技术产业在北京地区得到蓬勃发展，走科技含量高、资源消耗少、环境代价小的高新技术产业化的新路也成为北京市这一时期的目标。该试验区的成立为北京市带来了强大的科技资源，留住了大量高端人才，成为北京市"高精

尖"产业发展的重要载体。至1995年,技术密集型产业从业人员已有9 741人,为北京创造了212.82亿元的产值,高新技术对经济的推动作用越发明显。

根植于技术密集型的"高精尖"产业,是这一时期北京市立足国际,因产业发展需要而作出的调整,标志着北京市的经济改革和产业发展方向已开始适合首都的特点。此后,北京市的"高精尖"产业成果不断涌现:一是电子信息技术成长迅速。相比1980年,1994年的北京工业产值已达417.9亿元,其中具有高附加值的电子工业占比10.9%,汽车行业占比10%(王军,1995)。二是服务业、旅游业、食品业等贴近人民生活的行业开始得到重视。

值得注意的是,1993年,中央在对北京市城市规划的批复中重申,北京不再发展重工业,而是要尝试发展第三产业,这一批复顺应了改革开放新时期对产业结构优化升级的要求。由此,北京市的第三产业得到发展,服务经济初现端倪,到1994年,北京市第三产业占比已达48.91%(武凌君,2014),首次超过第二产业(见图2-5);产业结构也由原先的"二、三、一"调整到"三、二、一"。

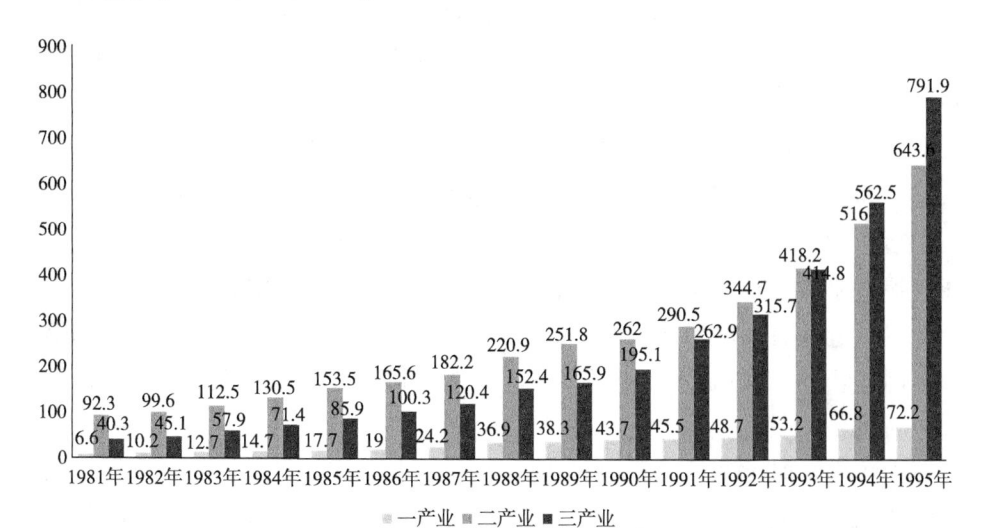

图2-5 1981—1995年北京市产业结构变化

资料来源:北京市统计局。

1995年末，北京市区域生产总值达1 507.7亿元[①]。实践证明，北京市发展技术密集型产业是顺应规律之举，这不仅促进了北京地区经济的不断繁荣，而且促使其产业结构不断调整优化，有利于北京市全身心投入，走适合首都特点的经济建设道路。

三、发展期：服务经济在"首都经济"战略的助推下日益壮大

20世纪80年代，主要发展属于技术密集型方向"高精尖"产业的做法，反映了首都在国内经济转型时期的尝试与探索。从80年代到90年代中期，这种积极的尝试与探索有力推动了高技术产业在北京的发展，首都经济发展的日新月异也满足了这一时期北京参与国际竞争的需要。但是，随着改革开放的不断深入，高新技术大而不强、多而不精，第三产业不够发达，产业结构不甚合理等问题也逐渐凸显（梅松，2009）。这迫切要求北京市重新梳理经济发展思路。

1997年，北京市着眼未来，立足实际，在第八次党代会上提出发展以知识经济为导向、以高新技术产业为重点、以现代服务业为主体、以现代制造业为支撑的"首都经济"（史利国，2007）。这一战略首次提出将首都的经济建设和服务功能相统一，从而为北京市的经济建设提供了一种新的发展思路和发展模式，成为引导该时期首都经济建设的重要纲领性战略。

在"首都经济"战略的引领下，走服务与经济紧密结合的新路子成为这一时期最为典型的特征。2005年，中央批复了北京市于2004年提交的《北京城市总体规划（2004年—2020年）》，明确了首都的"四个服务"职能，提出要优化产业布局，促进第三产业和高新技术业的持续发展等具体要求，以打造"宜居城市"。这一批复推动了北京市第三产业的发展，为北京市由制造经济转向服务经济打下了坚实的基础，带动北京地方经济向深层次、高质量发展。

为解决当时北京市高技术产业层次低、技术弱、自创少的弊端，2009年国务院批准成立中国首个自主创新示范区——中关村国家自主创新示范区

---

① 该数据来自北京市统计局：北京统计年鉴2018（http://tjj.beijing.gov.cn/nj/main/2018-tjnj/zk/indexch.htm）。

第二章 北京市发展"高精尖"产业的历史演进与政策比较

（以下简称"中关村示范区"）①。以中关村示范区的成立为标志，北京市产业发展模式迈入自主创新的全新阶段，在新的创新发展环境下破旧布新、由大到强地成长起来，带动产业集中力量突破核心技术和关键技术，提高核心竞争力，降低对外依赖度，推动北京制造向北京智造移动。据不完全统计，截至2013年，入驻中关村示范区的企业已超16 000家，创收35 735.6亿元，研究与试验发展人员达152 772人，专利授权22 308件②，足见北京市的高新技术产业发展持续走在国家前列。中关村示范区在京成立，使北京紧扣时代脉络，跻身国际一线都市成为可能，加快了北京向高端产业迈进的步伐。

高技术的迅猛发展为服务经济的成长提供了契机，在此基础上，北京市的服务经济不断发展壮大。一方面，具有比较优势的金融业成为北京市经济发展的亮点，对北京市经济发展的贡献值呈现逐年递增趋势，在2013年实现收入2 822.1亿元③。另一方面，为把服务经济这块蛋糕做大做好，北京市先后发布《关于推进首都科技金融创新发展的意见》《关于印发北京市促进软件和信息服务业发展指导意见的通知》等政策指导意见，从政策层面带动金融、信息服务等具有较高溢价能力的产业积极参与研发创新，提升竞争优势。至2013年，北京市第三产业产值已经达到14 986.5亿元，作为经济主体的现代服务业引领作用愈发明显，产值增长10 751.5亿元。其中，率先在京得到发展的文化创意产业（就全国范围内而言）增加值为2 578.1亿元，北京市的服务经济特征日益明显。

发展服务经济，既是时代的要求，也是历史的必然，是北京走适合首都特点经济建设的重要引擎。但在发展过程中，仍然依赖传统的路径和发展模式、继续铺新摊子、产业发展大而全等问题变得日益突出，北京市如何打破传统经济建设束缚，持续优化现有产业结构，成为亟待解决的新问题。

1978—2013年，首都北京的服务经济在制造经济的基础上有了很大发

---

① 2009年3月，国务院印发《关于同意支持中关村科技园区建设国家自主创新示范区的批复》，明确了中关村科技园区为国家自主创新示范区。这是国家成立的首个自主创新示范区，将其定位为具有全球影响力的科技创新中心。

② 数据来自北京市统计局：北京统计年鉴之"2014中关村国家自主创新示范区企业科技活动情况"（http://tjj.beijing.gov.cn/nj/main/2014_tjnj/content/mV439_2408.htm）。

③ 数据来自北京市统计局：北京市2013年国民经济和社会发展统计公报（http://tjj.beijing.gov.cn/tjsj/sjjd/201511/t20151123_320885.html）。

展，服务业成为新的增长点，吸引了众多国际企业和国内企业将目光投向北京。伴随经济建设重心的转移，北京市也积极地向建设具有全球影响力的国际都市不断靠拢。

四、成熟期：以"高端服务业"为引领的产业格局已然形成

在国际再制造产业兴起的背景下，国内"一带一路"倡议、"京津冀一体化发展"规划等先后发布。在此背景下，北京市顺势而为，抓住机遇，有所选择地发展高端产业。2014年2月，习近平总书记视察北京时指出，北京市要继续调整优化现有产业结构，产业发展不能泛而粗，要屏弃菜叶，精选菜心，使经济发展更好地服务城市战略，实现首都经济深层次开发、高质量发展的要求。习近平总书记的这次讲话高屋建瓴地指出了北京市现有的经济发展弊端，要求北京市放弃原先大而全的产业发展策略，要有所选择地发展顶尖的、具有领先优势的朝阳产业。这次讲话对北京市的发展而言具有里程碑式的重要意义。

以习近平总书记2014年2月视察北京时的讲话为根本遵循，同年5月，北京市组织召开"深入贯彻落实习近平总书记在北京考察时的重要讲话精神调研座谈会"，下决心疏解与首都功能不匹配的非核心功能，并于当年出台被称为"史上最严"的产业目录清单——《北京市新增产业的禁止和限制目录（2014年版）》，关闭清退一般性的制造和高污染企业近400家，从而及时为"高精尖"产业的在京发展让渡了空间（张伯旭，2015）。这一产业目录的出台，标志着北京经济建设正在逐渐告别传统的"聚集资源求增长"的路径依赖，转而走上了"疏解功能谋发展"的新路子。

既然"菜叶"都剥去了，即非首都核心功能已得到了很大疏解，那么"菜心"即新产业该如何选择呢？为此，北京市精挑细选，意在发展更多依靠科技、创意、资本、人才等无形要素投入的高端服务业。2017年，北京市政府为本地经济量体裁衣，重磅出台了有关十个"高精尖"产业发展的指导意见，明确回答了北京市将发展哪些行业、在哪些方面发展、怎样发展等一系列问题。该指导意见的出台，显示出北京不仅要发展，而且要发展得更好这一核心理念，彰显了北京市构建与国际接轨的现代化经济体系的决心。此后，北京市又分别于2017年、2018年相继发布了有关"高精尖"经济结构的财政、土地支持政策，积极以政策为引导，为"高精尖"产业发

展护航。

以高端服务业为主，立足存量，提质增效，构造"高、新、轻、智、特"的产业体系，成为这一时期北京市的发展核心，并以此加速二、三产业的融合。在此过程中，北京市的高端产业发展出现了明显的高昂态势，主要表现在以下几个方面。

（一）新经济新业态出现在人们的视野

一方面，共享经济兴起，工业云、大数据、物联网等得到不同程度发展，共享单车、在线医疗等新兴产业如雨后春笋般涌现；另一方面，创意农业、体验农业等新业态受到追捧，一、二、三产业融合成为可能。

（二）高技术产业创新成果层出不穷

例如，国内首批抗肿瘤新药"盐酸洛拉曲克"面世，京东方液晶面板技术达到国际领先水平，12英寸28纳米刻蚀机、离子注入机落地销售，建立1×16×N的中小企业公共服务体系，率先建成国内软件和信息服务交易所及大数据交易服务平台，以文化创意为主的"独角兽"数量居全国之首等[1]，产业创新动能明显。根据《北京市2020年国民经济和社会发展统计公报》的数据，截至2020年末，北京市区域生产总值约为36 102.6亿元。如图2-6所示，北京市2020年实现新经济增加值13 654亿元，按现价计算，比上年增长6.3%[2]。

（三）产业结构调整加速

2020年，北京市产业结构已顺利过渡到三次产业构成为0.4∶15.8∶83.8的阶段，其中第三产业增加值30 278.6亿元，相比2019年增长1.0%。由此可见，现阶段依托现代服务业和高技术产业而发展的"高精尖"经济，其未来将是一片蓝海。

现代服务业和高技术产业的相互融合，互为补充，有力推动了北京经济向产业价值的中高端迈进。以高端服务业为主导的"高精尖"经济结构已然形成，"高精尖"产业正带领北京以高昂的姿态走向国际化舞台。

---

[1] 资料来自北京市经济和信息化局：2016年北京市工业和信息化工作报告（http://jxj.beijing.gov.cn/zcjd/ghjh/bjsjh/111720.htm）。

[2] 数据来自北京市统计局：北京市2020年国民经济和社会发展统计公报（http://www.beijing.gov.cn/gongkai/shuju/tjgb/202103/t20210312_2305454.html）。

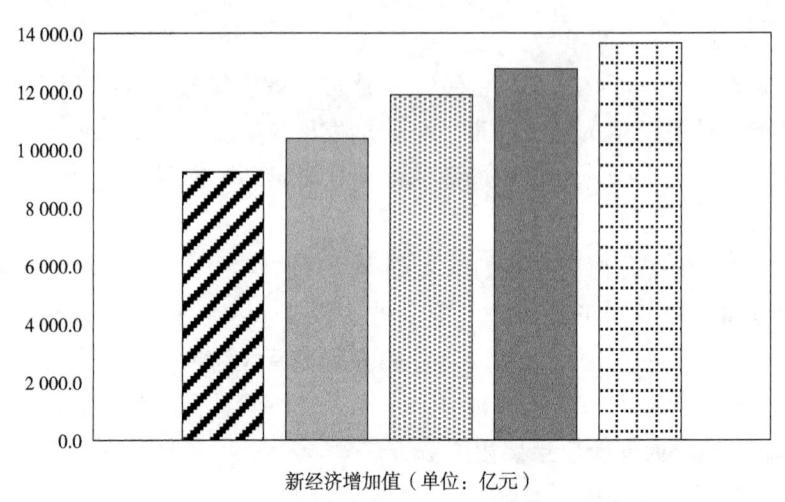

图 2-6　2016—2020 年北京市新经济增加值变化

资料来源：北京市统计局。

第六节　北京市"高精尖"产业演进的逻辑

改革开放重新塑造了国内经济发展模式，社会主义市场经济也由此走入大众视野。在全面利好的时代环境中，北京市抓住机遇，适时调整现有产业结构，疏存量、调增量，着力构建"高精尖"产业结构体系。在此期间，北京市政府相继出台各类政策，对"高精尖"产业的演进起到了明显的驱动作用。

本书以北京市政府出台的相关重要政策和在北京市发生的相关重要事件为依据，以时间为划分节点，将 20 世纪 60 年代北京市提出发展"高精尖"产业至今的历史大致分为四个阶段：1960—1978 年、1978—1996 年、1996—2014 年、2014 年至今。在上述不同阶段中，北京市的"高精尖"产业发展有其各自的发展方向、发展行业和标志事件，具体如表 2-9 所示。

第二章　北京市发展"高精尖"产业的历史演进与政策比较

表2-9　北京市"高精尖"产业演进逻辑

时期	阶段1 （1960—1978年）	阶段2 （1978—1996年）	阶段3 （1996—2014年）	阶段4 （2014年至今）
重点发展方向	走工业化发展道路	1. 重点发展技术密集、附加值高、经济效益高，适合首都特点的产业 2. 第三产业开始发展	1. 走高端、高效、高辐射力的产业发展之路 2. 发展科技型经济、服务型经济、文化型经济、开放型经济、循环型经济 3. 引导企业向"专、精、特、新"的方向发展	1. 着眼提质增效，使战略性新兴产业成为先导性、支柱性产业 2. 加快形成创新引领、技术密集、价值高端的经济结构
主要发展行业	机械工业、交通运输设备制造业、仪器仪表、计量器具制造业、冶金、钢铁、石油、化工等行业	食品、电子、纺织、轻工、光学、印刷、仪器仪表、新型建材、传统工艺美术品、家用电器、汽车、医药等	电子信息、生物工程和新医药、光机电一体化及新材料、软件产业、研发产业、信息服务、移动通信、计算机及网络、集成电路、光电显示等	新一代信息技术、集成电路、医药健康、智能装备、节能环保、新能源汽车、新材料、人工智能、软件和信息服务、科技服务
转折标志/发生的重要事件	改革开放（1978年）	国家高新技术产业开发试验区获批成立（1988年）	国家自主创新示范区成立（2009年）	习近平总书记视察北京并发表重要讲话（2014年）

资料来源：笔者整理。

从表2-9中可以看到，北京市"高精尖"产业的发展历程有以下演进特征和趋向：

一是重点发展方向从最初的中低端工业转向适合首都经济发展特点的高端产业，尝试发展人工智能等处于价值链高端的战略性新兴产业；

二是发展技术方面完成了从起初的引进、模仿到自主创新的跨越，从而提高了自主研发能力，实现了由新到高的技术蜕化，原始性创新明显

增多；

三是产业发展不再仅仅追求"专、精、特、新"，而是更要提质增效，从增量扩能转向存量优化，以实现高质量发展；

四是主要发展行业由机械、化工等重化工业转向高技术制造产业，再转向如今的医药、软件和信息服务等与首都北京功能定位相匹配的高端服务业，二、三产业加速融合。

分析北京市"高精尖"产业的演进特征，既可以看到国内产业环境蜕变的历程，也可以看到北京市经济发展方向的转变。改革开放之前，受国内"大上工业"背景的影响，北京市发展经济的重点更多是放在重化工业上，诸如先进化工、合金钢冶炼、无线电、精品纺织等产业也在这一时期得到振兴。

随着改革开放，北京市的产业结构不断优化，经济建设方向开始向发展能快速拉动经济的高技术产业转变。1988年，原本名不见经传的中关村获批成立北京市高新技术产业开发试验区，引发高技术发展热潮，加强了首都产业技术的研发、应用能力。这一时期，虽然高技术产业得到了北京市一定力度的扶持，但其尚处于发展初期，更多的还是引进、模仿而非自主创新，而这不利于抢占高端产业制高点。

2009年，为改变当时北京市自创少、技术弱、模仿多、复制多的现状，经中央批复，国家首个自主创新示范区在原先中关村产业园区的基础上成立，以加强产业原始性创新能力。在此基础上，北京市"高精尖"产业一步步跳脱传统产业的束缚，不断铸新汰旧。2014年，为继续强化顶端设计，借习近平总书记视察北京之契机，北京市政府打破传统的增量扩能路线，将战略性新兴产业作为首都经济发展的一大增长点，并出台"高精尖"系列产业目录，以有选择地发展高端产业。

截至2020年末，北京市区域生产总值为36 102.6亿元。其中，2020年全年战略性新兴产业实现增加值8 965.4亿元，按现价计算，增长6.2%；高技术产业实现增加值9 242.3亿元，比上年增长6.4%（如图2-7所示）。战略性新兴产业和高技术产业的蓬勃发展，有力地推动了北京市工业经济向产业价值链的中高端迈进。

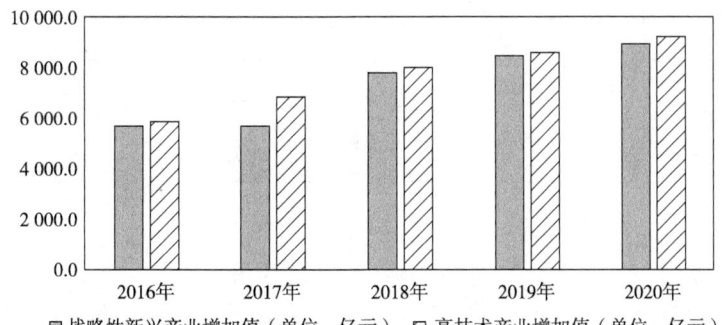

第二章　北京市发展"高精尖"产业的历史演进与政策比较

图 2-7　2016—2020 年北京市战略性新兴产业、高技术产业增加值

资料来源：北京市统计局。

第七节　北京市"高精尖"产业政策分析

为构建"高精尖"的经济结构，北京市从 21 世纪初至今已先后出台多项政策，从财政、人才、土地等层面鼓励更多企业进入"高精尖"产业，助力北京产业发展。

一、政策数量

本书通过北京市政府官方网站"首都之窗"，系统梳理了 1999 年到 2021 年 8 月的相关文件，通过检索"高精尖""土地""人才"等关键词，发现北京市政府在此期间总共出台了与"高精尖"产业相关的文件 320 个。

从时间维度上看，北京市 1999 年出台有关"高精尖"产业的政策文件 1 个，2000 年出台政策文件 2 个。而 2001 年政策数量猛增到 18 个；2002—2008 年趋于平稳；对比前一阶段，2009—2018 年出台政策的数量明显增加。在所统计的年份中，出台政策数量最多的三个年份分别是 2017 年、2015 年和 2019 年。其中，2017 年共出台有关"高精尖"产业发展的政策 28 个，是其间出台政策数量最多的一年。2015 年、2019 年出台的政策均为 24 个。具体政策出台的数量变化情况如图 2-8 所示。

一系列政策的出台，对于"高精尖"产业而言，都是重大利好。分析政策出台的时间点可知，相关政策的出台与北京市的经济发展背景紧密相关。

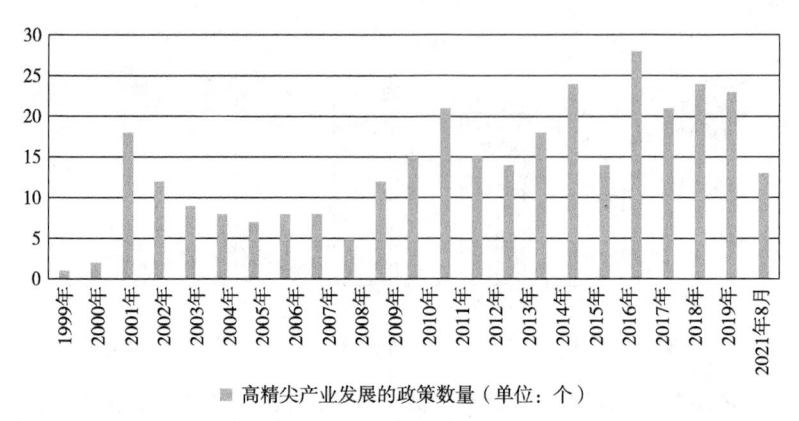

图 2-8　北京市出台有关"高精尖"产业政策文件的数量变化情况

资料来源：首都之窗。

21世纪初，世界上包括电子信息技术在内的"高精尖"产业蓬勃兴起。为把握时代机遇，搭上国际经济发展的快车，北京市不仅下大力气实施"首都二四八重大创新工程"，而且出台《关于贯彻国务院鼓励软件产业和集成电路产业发展若干政策实施意见的通知》《〈首都经济创新服务体系建设纲要〉和〈首都创业孵化体系建设纲要〉的通知》[1]等政策文件18个，以鼓励在京企业积极参与创新建设，向电子信息技术、软件、集成电路等产业不断靠拢，显示出北京立足国际，发展"高精尖"产业的决心。

2011年是北京市第十二个五年规划的起点。此时，北京市向高端产业迈进的步伐正在加快，但"高精尖"产业大而不强、强而不精等由来已久的问题依然没有得到切实解决。为实现"高精尖"产业的高质量、深层次发展，加大自主创新的实力，北京市积极以政府政策为引导，鼓励企业从跟随模仿转向自主创新，以实现产业跟跑、并跑到领跑的转变。

2015年，北京市发布关于"高精尖"产业的政策文件24个，显示出2014年习近平总书记在京视察并发表系列讲话之后，北京市在产业改革方面"腾笼换鸟"的决心。这一时期，北京市出台的政策涉及人才引入、财政支持、税收减免等，目的是争取全方面、多层次的资源为本地"高精尖"产业的发展贡献力量，向建设具有国际影响力的科技创新中心跃进。

---

[1]　资料来源于北京市政府电子门户网站"首都之窗"。

第二章　北京市发展"高精尖"产业的历史演进与政策比较

2017年，为实现首都经济多层次开发、高质量发展的要求，北京市出台多项涉及土地、财政、人才等有关"高精尖"产业的政策，以明确"高精尖"产业发展的方向，放弃大而全的发展战略，有所选择地发展高端产业。

2021年出台的《北京市"十四五"时期高精尖产业发展规划》，进一步从打造新体系、优化新格局、建筑新根基、深化新活力等多个方面，对"高精尖"产业的高质量发展进行了全面而细致的部署。

二、土地政策、财政政策和人才政策

北京市历年出台的有关"高精尖"产业的系列政策主要集中在土地、人才、财政这三个方面，从1999年至2021年8月，相关的政策文件总共有171个。其中，数量最多的是与财政有关的政策，共计出台88个，占三者总量的51.46%。在"高精尖"产业人才培养、人才扶持方面，共计出台68个政策文件，占三者总量的39.77%。上述政策中与土地相关的政策出台数量最少，共计15个，占三者总量的8.77%。具体如图2-9所示。

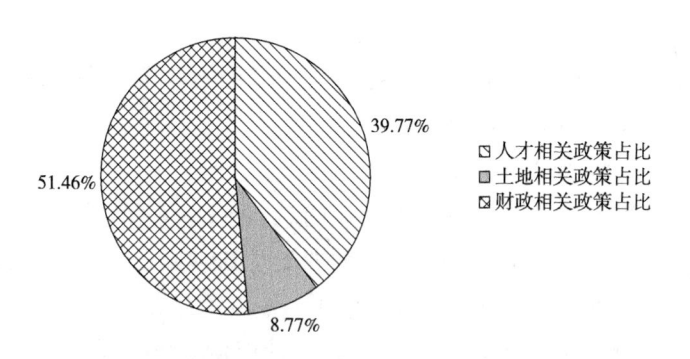

图2-9　1999年至2021年8月北京市出台的有关土地、
人才、财政的"高精尖"产业政策分布

资料来源：首都之窗。

从北京市历次五年发展规划中可知，出台政策的数量总体呈现出波动增长的趋势，具体如图2-10所示。其中，"九五"规划期间出台的三类政策数量最少，在此期间，有关"高精尖"产业政策的文件数量有2个，均为人才方面的文件。"十五"规划期间出台的政策文件数量为20个，其中财政方

面的14个，人才方面的5个，仅有1个政策与土地相关。"十一五"规划期间出台的政策文件数量为14个，其中财政方面的文件有7个。"十二五"规划期间出台的政策文件为23个，其中财政方面的文件有16个。"十三五"规划期间出台的政策文件数量截至目前为最多，共计41个，其中与财政相关的政策文件有16个，与人才相关的政策文件有20个，与土地相关的政策文件有5个。

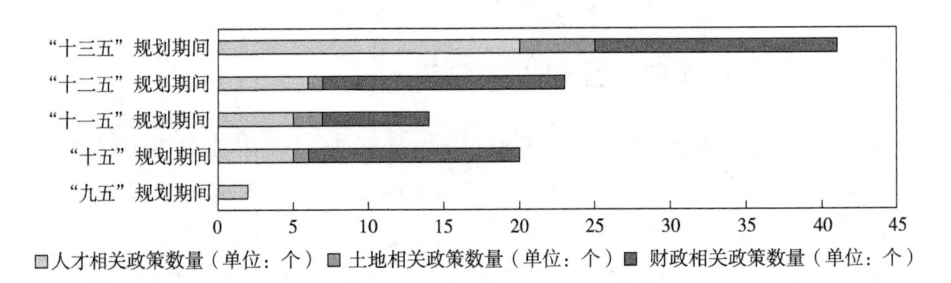

图2-10 "九五"规划至"十三五"规划期间北京市出台的有关土地、财政、人才的"高精尖"产业政策数量

资料来源：首都之窗。

由图2-10可知，针对"高精尖"产业出台的政策更多围绕的是人才和财政方面，土地方面的政策则较少涉及。

企业的发展壮大离不开人才，人才一直是各大企业竞相争夺的稀有资源。但如何留住人才又一直是各大企业的难点、痛点。为帮助在京企业留住高端人才，北京市在第十三个五年规划期间，陆续出台《关于印发首都科技领军人才培养工程实施管理办法的通知》《印发北京市引进人才管理办法（试行）的通知》[①] 等，鼓励企业利用北京的资源禀赋优势，引进高校人才，同时鼓励高校、企业、研究机构等三方合作设置人才融合发展实训基地，实现产学研融合发展。例如，2018年房山区人民政府为推动"高精尖"产业发展，吸引人才在房山就业、创业，为"高精尖"创新人才专配了公租房，用以解决现有部分高端人才因"职住分离"而导致的通勤时间过长的困扰。

财政方面，北京市政府积极以财政资金为引导，综合运用股权投资、产

---

① 资料来源于北京市政府电子门户网站"首都之窗"。

业基金、贷款贴息、担保等方式来大力促进"高精尖"产业的发展。例如，"十三五"期间，为使财政资金全方面覆盖研发创新、转化孵化、市场应用等环节，北京市先后出台《关于印发〈中关村国家自主创新示范区产业发展资金管理办法〉的通知》《关于财政支持疏解非首都功能构建高精尖经济结构的意见》[①]等政策，以促进"高精尖"产业的健康发展。2013年，北京市在对重大科技成果转化和产业统筹资金方面的支出预算已达100多亿元，统筹资金主要用于信息技术、生物医药、节能环保、新能源等具有重要战略意义的新兴产业的发展。同时，北京市还鼓励社会资金进入"高精尖"产业，以引导社会资本对前沿重大创新技术、新兴产业等进行投资。2017年，北京市宣布，以政府为主导出资200亿元，设立科技创新基金，与天使投资等社会资本共同发力，主要投向原始创新、成果转化、发展落地等三个产业发展阶段，以培育"高精尖"产业新的增长极。

用地方面，北京市创新产业用地方式，采用灵活的土地使用方式（如短期土地租赁、厂房租赁、弹性出让等），以降低土地使用成本，方便企业进行土地购买或租赁，为"高精尖"企业在京经营提供有力的保障。同时，加强监管，确保土地用于"高精尖"项目。

第八节　北京市国有企业改革与发展历程

自改革开放以来，北京市国有企业经历了不同的发展阶段，在推动首都经济高质量发展方面发挥了重要作用。本节首先总结北京市国有企业概况，然后分析北京市国有企业的行业特征，最后探讨北京市国有企业改革研究成果。

一、北京市国有企业概况

第一，企业的资产规模保持持续快速增长。相比2014年，北京市国有企业的资产规模到2018年已经增长了10倍。

第二，企业从业人数逐步下降。2004—2018年，北京市国有企业从业人数减少了33万人以上，其中2013年和2018年的从业人数环比下降幅度

---

① 资料来源于北京市政府电子门户网站"首都之窗"。

分别为15%和12%。

第三，国有企业收入水平波动上升。虽然2008年和2018年国有企业收入水平比上一期均有所下滑，但是下降幅度有所放缓，其中2018年比2013年只下降了5%左右。

第四，企业利润稳步增长。2008年，北京市国有企业的利润实现扭亏为盈；2008—2018年，利润增加了四倍，呈现良好的上升趋势。表2-10为2004—2018年北京市国有企业概况。

表2-10　2004—2018年北京市国有企业概况

年份	2004	2008	2013	2018
资产规模（万亿元）	8.91	—	19.92	100.49
从业人员（万人）	117.39	113.66	96.61	84.22
收入（万亿元）	0.77	0.48	3.07	2.91
利润（万亿元）	-0.01	0.20	—	1.08

资料来源：相关年度《北京经济普查年鉴》。

二、北京市国有企业的行业特征

行业特征体现的是北京市国有企业的行业布局和发展状况。表2-11汇总了北京市各行业中国有企业的数量、资产规模和盈利能力等。其中，规模以上高技术制造业，信息传输、软件和信息技术服务业以及科学研究和技术服务业等是与北京市发展十大"高精尖"产业高度关联的行业。据此可以探究北京市国有企业具有以下几个行业特征。

表2-11　北京市国有企业各行业主要财务状况

行业	资产规模（亿元）	营业收入（亿元）	营业利润（亿元）
工业	8 560.08	2 818.59	-34.41
其中：规模以上高技术制造业	355.53	178.89	15.30
建筑业	9 853.98	5 369.62	206.67
批发和零售业	7 094.95	8 761.03	148.30
交通运输、仓储和邮政业	3 962.16	461.48	92.50
住宿和餐饮业	357.78	91.13	-0.53

续表

行业	资产规模（亿元）	营业收入（亿元）	营业利润（亿元）
信息传输、软件和信息技术服务业	8 777.48	221.89	639.50
房地产业	9 314.85	624.87	101.07
租赁和商务服务业	68 661.76	1 306.40	3 175.72
科学研究和技术服务业	6 664.53	842.46	175.99
水利、环境和公共设施管理业	2 844.80	179.46	-9.15
居民服务、修理和其他服务业	30.06	11.57	2.39
教育业	20.83	17.57	-0.25
卫生和社会工作	51.78	61.19	-10.19
文化、体育和娱乐业	1 678.89	474.06	54.12

资料来源：《北京经济普查年鉴2018》。

（一）资产规模

在资产规模方面，北京市国有企业在各行业中的资产规模差异显著，"高精尖"产业规模参差不齐。其中，国有企业在租赁和商务服务业中的资产规模最大，达到68 661.76亿元，大约是位列第二的建筑业的7倍。

与北京市十大"高精尖"产业相关的国有企业资产规模占总资产规模的比例为12.35%。其中，信息传输、软件和信息技术服务业占比为6.87%，科学研究和技术服务业占比为5.2%，资产规模在所有行业中处于中上游；而规模以上高技术制造业占比仅为0.28%，资产规模相对较小。

（二）盈利能力

在盈利能力方面，北京市国有企业在部分行业中的营业收入与营业利润水平不一致，"高精尖"产业利润水平较高。结合营业收入和营业利润两个指标综合分析，北京市国有企业在批发和零售业、建筑业以及工业中的营业收入总额明显领先于其他行业，但是其在这三个行业中的营业利润却较低，尤其是在工业行业中，国有企业呈现亏损情况。在"高精尖"产业中，营业收入占北京市国有企业总营业收入的比例为5.85%，但营业利润占北京市国有企业总营业利润的比例却达到了18.29%。

三、北京市国有企业改革研究成果

一些学者针对北京市国有企业改革进行了相关讨论，总结了北京市国有

企业改革的发展特征，并为国有企业改革方案的制定提出了相应建议。

（一）在北京市国有企业改革发展的特征方面

高佐之（2008）将北京市国有企业改革划分为四个阶段：1979—1983年是以"扩权让利、利润分成"为特点的正式起步阶段；1984—1992年是以"承包经营，二权分离"为特点的发展阶段；1993—2002年是以"转换企业经营机制，建立现代企业制度"为特点的制度创新阶段；2003年以后是以"国有资产管理体制改革，政资分开推进三个创新"为特点的体制机制创新的全新阶段。

郭钧岐等（2019）则从北京市工业发展阶段的角度，梳理了北京市国有企业在相应阶段中的改革方向，具体包括：一是改革起步阶段，国有企业推进承包经济改革，扩大企业自主权；二是攻坚克难阶段，全面推行现代企业制度；三是制度创新阶段，进一步推进国有企业的改制重组；四是转型升级阶段，加快国有企业经济转型升级，形成改革制度体系。

（二）在北京市国有企业改革方案方面

李曦辉（2016）将北京市属国有企业分为三类，即公共产品生产、特殊功能及一般商业性，在此基础上提出遵循"分类改革、分类治理"的发展思路，并详细分析了对一般商业性市属国有企业进行混合所有制改革的必要性和关注重点。姜英武（2019）以北京市一级国有企业——北京金隅集团为研究对象，阐述了北京金隅集团发展混合所有制经济的六大措施，并总结出"政策支持是前提，领导有力是保障，服务首都是根本"的改革经验。

上述研究表明，在北京市国有企业改革过程中，需要分析当前的阶段特征，遵循因地制宜的原则，实施与现有能力相配套的方案。当然，在推行北京市十大"高精尖"产业政策的过程中，对于怎样有效发挥北京市国有企业的作用这一点，目前还缺乏足够的探索。因此，在接下来的研究中，需要进一步讨论北京市国有企业发展如何与十大"高精尖"产业政策的功能相辅相成，从而协同推进首都经济高质量发展。

四、北京市国有企业与其他直辖市国有企业产业发展比较

在我国产业结构不断调整升级的发展背景下，国内四大直辖市相继出台相关的产业政策，以实现经济的高质量发展。在此，本书主要比较的是国内四大直辖市规模以上国有工业企业在工业发展水平和科学技术基础等方面的

状况差异。究其原因，工业在国民经济中一直占据重要地位，在产业改革过程中始终得到高度重视，而在发展高端制造业的同时，也离不开科学技术的支持。本书尝试基于这一视角，探讨北京市国有企业在改革发展中已经建立的优势和未来仍有待改进的地方。

表2-12是四大直辖市2021年公布的2020年主要指标。

表2-12　2020年四大直辖市规模以上国有工业企业主要指标

	工业发展水平			科学技术基础	
	工业总产值（万元）	资产规模（万元）	利润总额（万元）	研发支出（万元）	新产品销售收入（万元）
北京市	7 630 014	399 300 384	-5 349	26 009	143 653
上海市	526 100	294 534 100	14 700	4 500	144 000
天津市	3 250 724	3 250 724	-13 050	—	—
重庆市	1 302 121.4	3 221 690.8	52 626.9	32 562	19 723

资料来源：2021年各直辖市统计年鉴。

（一）在工业发展水平方面

北京市国有企业的工业总产值是763亿元左右，占北京市工业总产值的3.65%，在四个直辖市中位居第一。北京市国有企业的资产规模在四个直辖市中也为最高，接近4万亿元。北京市国有企业和天津市国有企业的利润总额分别是-5 349万元和-13 050万元，即规模以上国有企业的工业利润处于亏损状态。重庆市规模以上国有工业企业的盈利能力为最佳，其2020年的利润总额达到52 626.9万元，占重庆市规模以上工业企业利润总额的2.04%。由此可见，北京市国有企业的工业发展规模较大，但是获利水平有待提高。

（二）科学技术基础方面

北京市国有企业的研发（R&D）支出是26 009万元，占北京市规模以上工业企业研发支出的0.87%，略低于重庆市。北京市国有企业的新产品销售收入是143 653万元，略低于上海市。但是，其在北京市规模以上工业企业中的占比则达到了0.27%，比上海市高出0.12个百分点。可见，北京市国有企业重视研发投入，并且其研发的新产品转化为经济价值的能力较强。

第三章

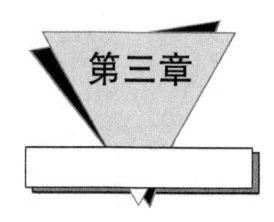

北京市国有企业"高精尖"产业生态系统研究

第三章 北京市国有企业"高精尖"产业生态系统研究

2017年12月26日，北京市正式出台《北京市十大高精尖产业指导意见》。北京市经济和信息化局统计数据显示，在这一规划指导下，北京市"十三五"期间规模以上工业增加值年均增速达到4.6%，规模以上制造业企业研发经费内部支出占主营业务收入比重达1.7%，高技术制造业增加值占制造业的比重提升至35.9%，这表明北京市经济正向高质量方向发展。

与此同时，北京市还注重引导并激励市属国有企业在"高精尖"产业布局中充分发挥示范效应。2018年8月26日，北京市国资委发布《推动市属国有企业加快科技创新 大力发展高精尖产业的若干措施》，从项目投资、研发人才、创新激励等方面助力北京市国有企业提高创新能力，加强科技成果转化，从而推动国有企业在构建"高精尖"产业结构过程中能够发挥支撑引领作用。

此外，各大科技园区不断与国有企业开展、深化合作。2018年8月31日，中关村国家自主创新示范区官网"关于发布中关村企业与市属国有企业合作需求信息的通知"强调，双方要深入融合创新发展，搭建创新平台。

当然，也有研究指出，国有企业在产业结构布局中尚存在一些不足之处。黄群慧（2016）认为，我国国有企业发展方式以投资驱动的快速规模扩张为主导，但这种投资驱动的跨越式发展方式已经无法适应环境的新变化。当前，北京市属国有企业存在产业布局分散、空间结构不合理、处于价值链低端等问题，这对构建"高精尖"产业结构带来了一定的阻碍。

有鉴于此，本章计划对下列问题展开探讨：北京市国有企业发展十大"高精尖"产业的基础如何？此类产业具有怎样的发展特征？与同一产业中的北京市非国有企业相比，其存在哪些优势和劣势？国有企业在构建"高精尖"产业的过程中亟待解决的问题有哪些？通过对上述问题的深入分析，探索在"十四五"规划中如何更加有效地发挥国有经济的战略支撑作用，为构建北京市"高精尖"产业格局提供有力支持。

第一节 北京市国有企业总体状况分析

本节通过对比北京高技术产业中的国有企业与非国有企业在盈利能力、创新能力、投资规模等方面的发展现状，阐述国有企业在发展"高精尖"产业上存在的优势与劣势。由于国有企业与非国有企业之间存在明显的数量

差异，故本书对各项衡量指标取均值，以便更加准确地进行差异比较。所有指标数据均来源于2014年至2021年发布的《中国高技术产业统计年鉴》。

一、盈利能力

本节选取主营业务收入，以分析北京市高技术产业中不同产权性质的企业在盈利能力上的差异。为了剔除企业数量的影响，本书采用以下指标：

平均主营业务收入＝主营业务收入/企业数量

根据图3-1可知，2013年至2018年间，国有企业已逐步赶超非国有企业。其中，2013—2014年，国有企业的平均营业收入与非国有企业之间的差距明显缩小，仅相差0.13亿元左右。自2015年起，国有企业的平均主营业务收入开始超过非国有企业，两者收入差距达到0.3亿元以上。然而，在2019年和2020年，国有企业的平均主营业务收入逐渐下降并且低于非国有企业。这表明国有企业在高技术产业中具备一定的市场竞争力，但是仍未占据绝对的市场竞争优势地位。

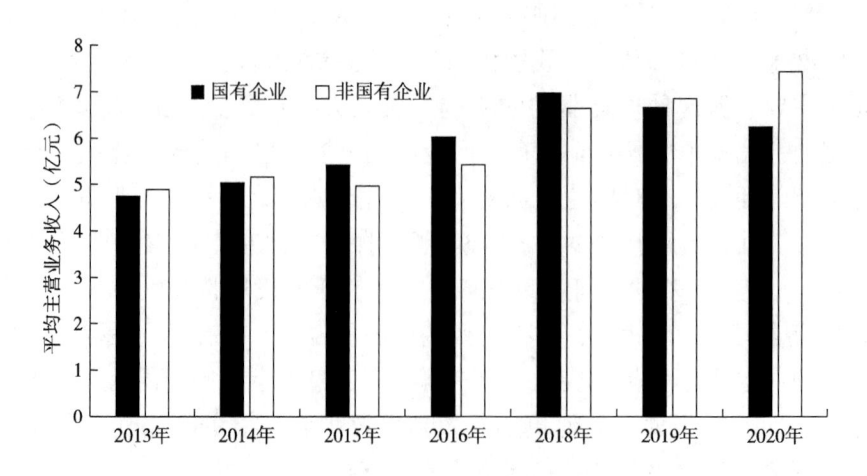

图3-1 北京市国有高技术企业与非国有高技术企业平均主营业务收入对比
资料来源：笔者整理。

二、创新能力

对北京市高技术产业创新能力采用创新效率来衡量，并将其分为专利研发创新效率和新产品研发创新效率两个指标。

（一）专利研发创新效率

专利研发创新效率是指专利申请量占研发经费支出的比重。本书选取这一指标来反映每亿元研发经费支出所创造的专利个数，该指标的数值越大，说明专利研发创新效率越高。如图3-2所示，北京市国有企业和非国有企业的专利研发创新效率呈现以下阶段性特征：2015年之前，非国有企业的专利研发创新效率高于国有企业；2015年至2019年，国有企业和非国有企业专利研发创新效率交替赶超；2020年，国有企业专利研发创新效率显著高于非国有企业。

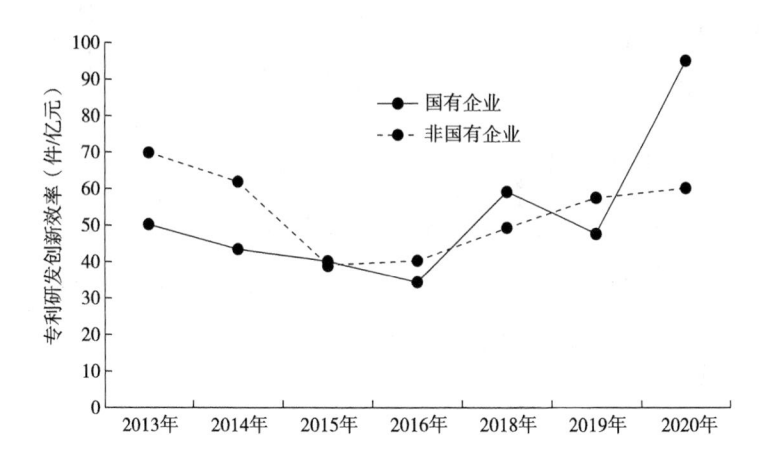

图 3-2 北京市国有企业与非国有企业专利研发创新效率对比

资料来源：笔者整理。

总体上看，自2016年开始，国有企业的专利研发创新效率开始接近北京市高技术产业专利研发效率的总体水平；到2020年，国有企业每亿元创造的专利数量超过非国有企业约35件，显示其在专利研发方面的创新能力有明显提升。

（二）新产品研发创新效率

新产品研发创新效率是指新产品开发经费支出占新产品销售收入的比重。这一指标反映了每一单位的销售收入中所包含的研发成本，是一个反向指标，即该指标值越小，说明新产品的研发创新效率越高。换言之，新产品研发创新效率是对企业的研发成果转化为经济价值效果的创新质量评价。

如图3-3所示，2013年以来，北京市国有企业的新产品研发创新效率的指标值始终高于非国有企业，即国有企业的新产品研发转化为经济价值的能力较非国有企业为低。以 2018 年为时间节点，从图 3-3 中可见北京市国有企业的表现存在不同的特征：2018 年之前，国有企业的新产品研发创新效率这一指标的数值持续下降，这说明国有企业中新产品开发经费支出占新产品销售收入比重下降，新产品研发创造经济价值的能力提高；2018 年之后，其新产品研发创新效率这一指标的数值迅速提高，并在 2020 年突破了 45%，这反映出国有企业新产品销售收入中所含的研发成本有所增加。可见，国有企业新产品研发转化为经济价值的能力有待进一步改善。

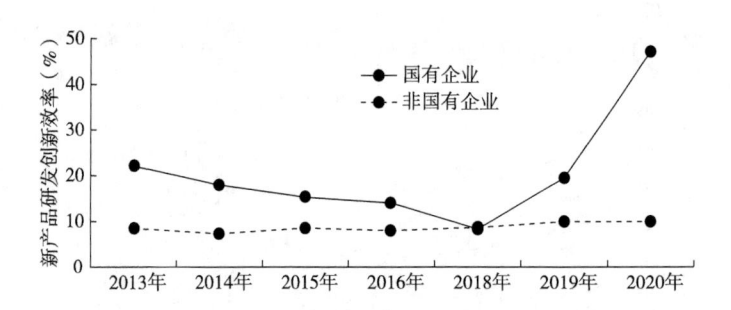

图 3-3　北京市国有企业与非国有企业新产品研发创新效率对比

资料来源：笔者整理。

三、投资规模

2013 年至 2016 年期间，北京市高技术产业的投资项目数量呈现减少的趋势，投资金额则表现为先下降后增加的态势。

在投资项目数量上，如图 3-4 所示，北京市国有企业平均项目施工数量稳定在 0.15~0.2 个，平均建成投产的项目数量保持在 0.03~0.05 个。2013 年至 2015 年，北京市国有企业的平均项目施工数量和平均建成投产项目数量均少于非国有企业；到 2016 年，这一情况有所转变，即国有企业的平均项目施工数量和平均建成投产项目数量均略高于非国有企业。

在投资项目金额上，如图 3-5 所示，北京市国有企业的平均投资额一直比非国有企业高，但两者的差额存在减少的趋势。北京市国有企业的平均新增固定资产波动明显，尤其是 2014 年比 2013 年减少了 0.98 亿元，而 2014 年至 2016 年处于 0.1 亿元至 0.2 亿元的范围之中；非国有企业则呈阶梯式

下降，其中2015年比2014年减少了0.25亿元。除2014年，其余年份北京市国有企业的平均新增固定资产均比非国有企业高，其中2016年前者接近后者的2倍。

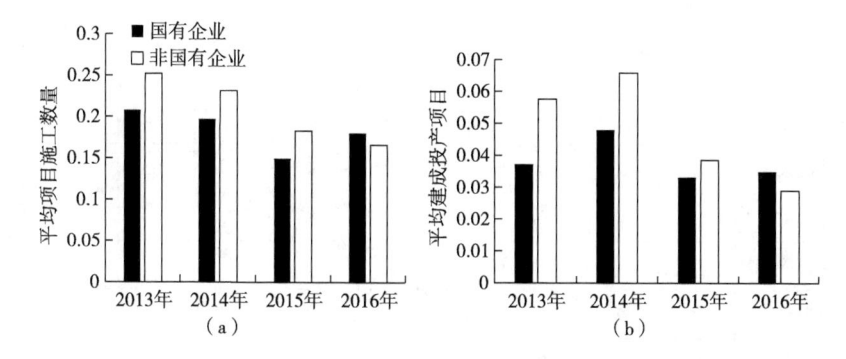

图3-4　北京市国有企业与非国有企业投资项目数量对比

资料来源：笔者整理。

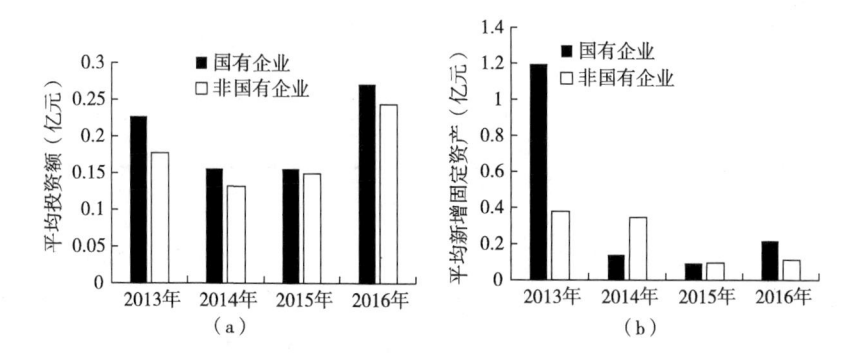

图3-5　北京市国有企业与非国有企业平均投资项目金额对比

资料来源：笔者整理。

由此可见，相比非国有企业，国有企业以投资驱动规模扩张，并且投资力度较大。此举虽然为北京市构建"高精尖"产业提供了可靠的资金来源，但同时也承担着更高的项目风险。

四、区域分布

据中国经济金融研究数据库（CSMAR）统计，截至2019年12月，北京市属国有企业共有63家，其中属于十大"高精尖"产业的国有上市公司数量为28家，占比约44.4%。表3-1是北京市国有企业布局"高精尖"产业在全市各个地区分布数量的统计结果。

表3-1 北京市"高精尖"产业国有企业地区分布

	昌平区	朝阳区	大兴区	东城区	海淀区	门头沟	石景山	顺义区	经济技术开发区	总计
节能环保	0	0	0	0	5	1	1	1	0	8
医药健康	0	2	0	0	2	0	0	0	2	6
新材料	0	0	0	1	1	0	1	0	0	3
科技服务	0	1	1	0	0	0	0	0	0	2
集成电路	0	2	0	0	1	0	0	0	0	3
智能装备	0	2	0	0	0	0	0	0	0	2
新能源汽车	1	0	0	0	0	0	0	0	1	2
新一代信息技术	0	0	0	0	1	0	0	0	0	1
软件和信息服务	0	0	0	0	1	0	0	0	0	1
人工智能	0	0	0	0	0	0	0	0	0	0
总计	1	7	1	1	11	1	2	1	3	28

资料来源：笔者整理。

由表3-1可知，从事"高精尖"产业的国有企业所处区域相对集中，产业类型呈多样化。北京市从事"高精尖"产业的国有企业主要聚集在海淀区和朝阳区。其中海淀区的国有企业数量最多，共有11家，涉及6类"高精尖"产业；接下来是朝阳区，区内从事"高精尖"产业的国有企业数量共有7家，涉及4类"高精尖"产业。北京市其他区域的国有企业数量多在1~3个。例如，北京经济技术开发区共有3家从事"高精尖"产业的国有企业，其中2家从事医药健康产业，1家从事新能源汽车产业；石景山区有2家，分别从事节能环保产业和新材料产业；昌平区、大兴区、门头沟和顺义区各有1家从事"高精尖"产业的国有企业。

具体分析上述各个"高精尖"产业的地区分布状况可知：

一是北京市国有企业在节能环保产业上的地域布局最为集中，主要聚集在海淀区；

二是集成电路产业和智能装备产业相对集中，大部分分布在朝阳区；

三是医药健康产业、新材料产业和科技服务产业均匀分布在不同区域；

四是人工智能产业中尚未有国有企业对此专门进行布局。

第二节　北京市国有企业各"高精尖"产业发展分析：基于上市公司

本节对北京市属国有上市公司和非国有上市公司在十大"高精尖"产业中的盈利能力、创新能力和投资规模方面的差异等进行逐一分析，以更好地发现北京市属国有企业在发展"高精尖"产业中的优势与劣势。

在衡量指标上，企业的盈利能力方面，选取主营业务收入和营业毛利率这两个指标；创新能力方面，从研发投入和研发产出两个角度来分析，其中研发投入选取的指标是研发资金投入占营业收入比重，而研发产出选取企业持有专利数量。此外，在企业的投资规模指标方面，选取的是在建工程账面价值和已完工在建工程转出的价值。

研究时间范围是 2015 年至 2019 年，以便对比政策颁布前 3 年和政策颁布后 2 年北京市的国有企业与非国有企业随时间发展而发生的变化。各项指标的数据均来源于 CSMAR 数据库。此外，对于某些企业涉及多个"高精尖"产业的情况，则根据该企业年报，手工整理其所在各个行业所对应的主营业务收入和营业毛利率，以保证数据准确可靠。

一、集成电路

集成电路产业中的国有企业营业收入远高于非国有企业，但是后者的毛利率一直在稳步增长。2015 年至 2019 年期间，国有企业营业收入持续攀升，增长了 1.77 倍；而非国有企业营业收入增长缓慢，尽管 5 年间增长了 124%，但仍然不到国有企业平均营业收入的 3%。可是从平均毛利率来看，国有企业的盈利水平与非国有企业相比则有待改善：国有企业的平均毛利率整体上稳定在 20%~30%；非国有企业的毛利率则保持持续上升的趋势，连续 5 年高于国有企业至少 15%，并且自 2017 年起二者之间的差距有所增大。这一结果说明，在集成电路产业中，虽然国有企业营业收入相对较高，但是由于其营业成本过高，导致其获利能力反而不如非国有企业。

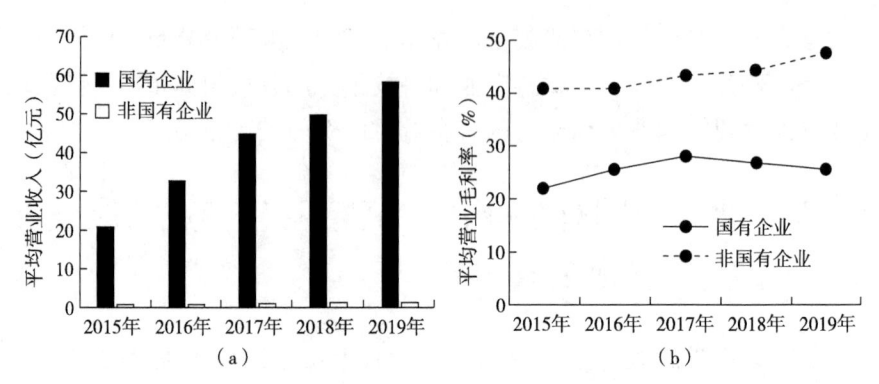

图 3-6　北京市不同产权性质企业集成电路产业盈利能力对比

资料来源：作者整理。

（一）在研发投入方面

相较于非国有企业，国有企业研发资金投入占比普遍偏高，这一情况主要集中在 2016 年和 2017 年。2017 年之后，国有企业与非国有企业之间的差距有所缩减。2018 年和 2019 年都基本稳定在 13% 左右。研发专利方面，国有企业平均持有专利数量水平高于非国有企业。自 2016 年起，国有企业专利持有量始终高于非国有企业，尤其是 2017 年开始呈现急剧增长的态势，表现出卓越的研发产出能力（见图 3-7）。

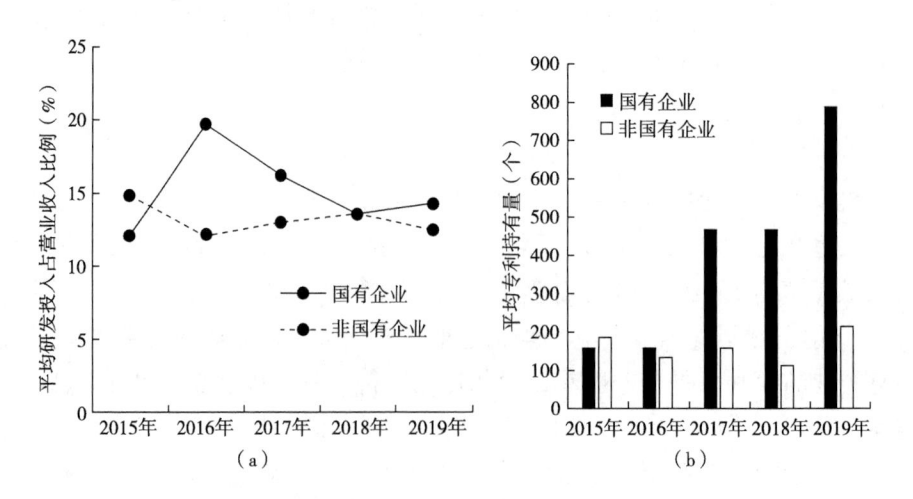

图 3-7　北京市不同产权性质企业集成电路产业创新能力对比

资料来源：笔者整理。

（二）在建工程投资方面

国有企业的在建工程投资额均高于非国有企业。如图3-8所示，国有企业平均在建工程投资规模连年大幅上升，2019年达到2015年的近5倍，投资规模显著超过非国有企业，且两者之间的差距越来越明显。在建工程进度方面，非国有企业的表现则优于国有企业。2015年非国有企业在建工程进度为42.10%，2019年非国有企业的平均在建工程进度为26.11%；而国有企业在建工程项目进度一直为0。出现这一现象的原因，一方面是信息披露不完善导致的，另一方面是该产业中因在建工程完工而新增的固定资产价值也为0。

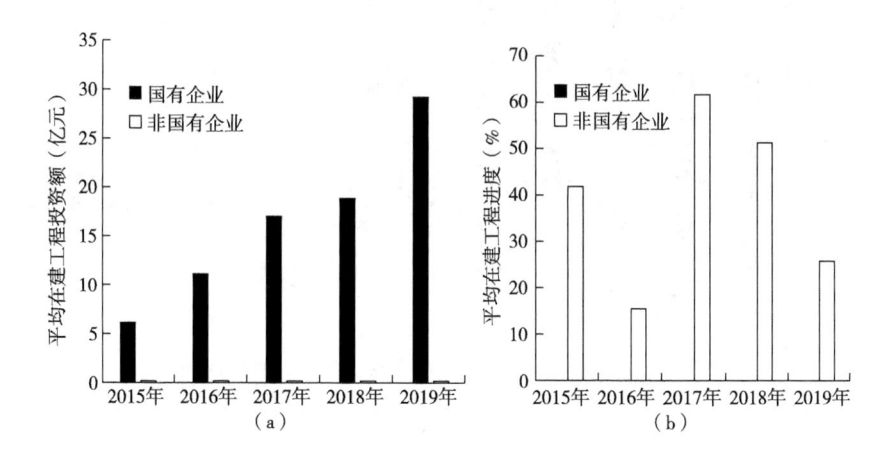

图3-8　北京市不同产权性质企业集成电路产业投资情况对比

资料来源：笔者整理。

二、节能环保

与非国有企业相比，国有企业营业收入较高，营业毛利率保持平稳且逐步趋同。如图3-9所示，国有企业和非国有企业的营业收入变化趋势一致，并且国有企业的营业收入连续5年高于非国有企业，是非国有企业的2.3~3倍。国有企业的平均营业毛利率保持平稳，主要在20%~30%的区间内波动；而非国有企业自2017年起下跌至30%以下；国有企业与非国有企业在2017年至2019年的平均营业毛利率则基本相同。可见，国有企业在营业收入方面表现更突出，可是因其营业成本偏高，导致盈利能力略显不足。

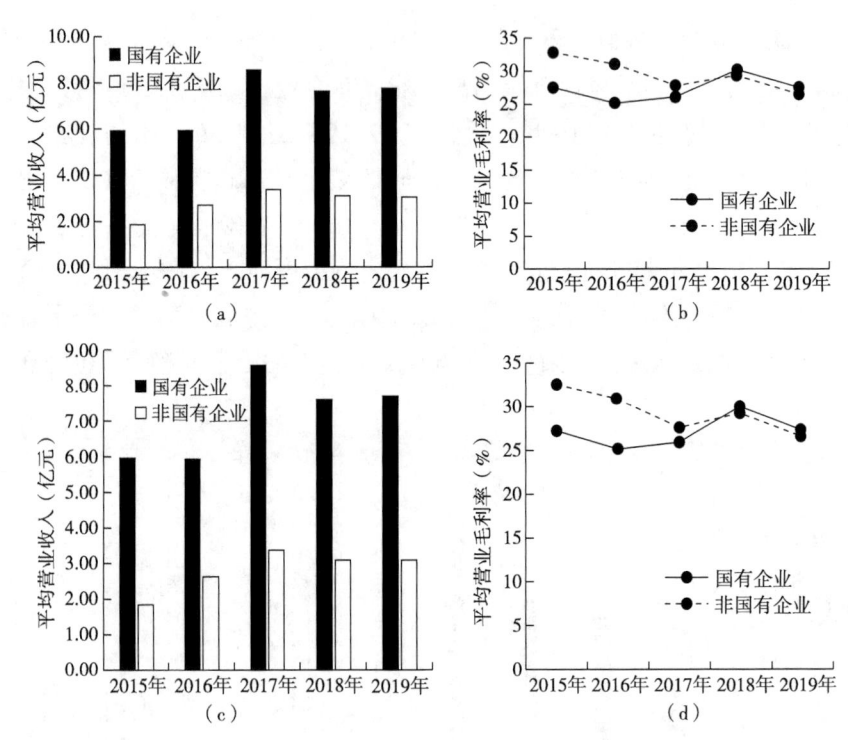

图 3-9 北京市不同产权性质企业节能环保产业盈利能力对比

资料来源：笔者整理。

（一）研发投入方面

如图 3-10 所示，国有企业的研发资金投入占比在 5 年间的变化是 4 个百分点，非国有企业则是 2 个百分点。这说明国有企业与非国有企业在对研发的重视程度上没有显著差异。在研发专利方面，国有企业平均持有专利数量明显高于非国有企业。2015 年的专利持有数量国有企业比非国有企业多 154 个，到 2019 年则达到 473 个，可见国有企业的研发产出能力表现出了较高水平。

（二）在建工程投资方面

如图 3-11 所示，国有企业在建工程投资额连续扩大，但是重点在建工程完工进度偏低。北京市国有企业在建工程项目投资额始终高于非国有企业，平均在建工程投资额从 2015 年的 1.66 亿元扩大至 2018 年的 5.68 亿元。2015 年至 2018 年国有企业在建工程完工进度在 30%~40% 的范围内波动，2019 年约为 60.85%；非国有企业则保持稳定提升。国有企业投资规模巨

大，为节能环保产业提供了重要的资金支持。可是，其单个项目投资额高，建设周期较长，这使企业承担了较高的资金风险。

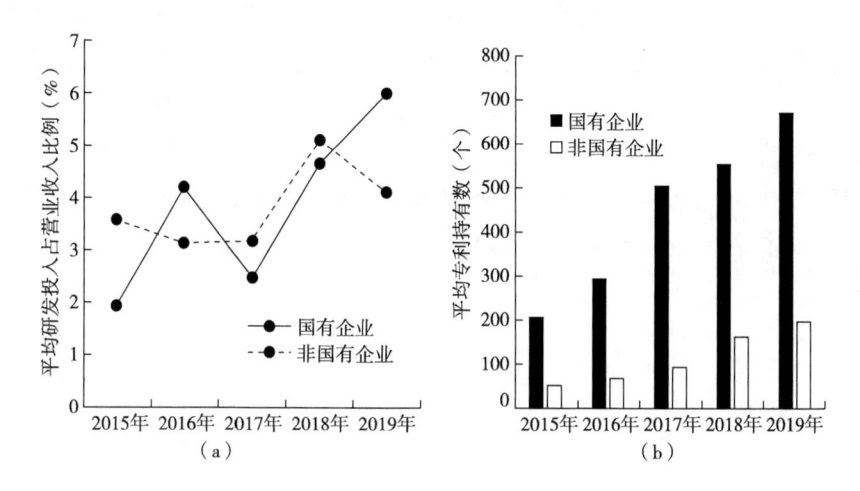

图 3-10　北京市不同产权性质企业节能环保产业创新能力对比

资料来源：笔者整理。

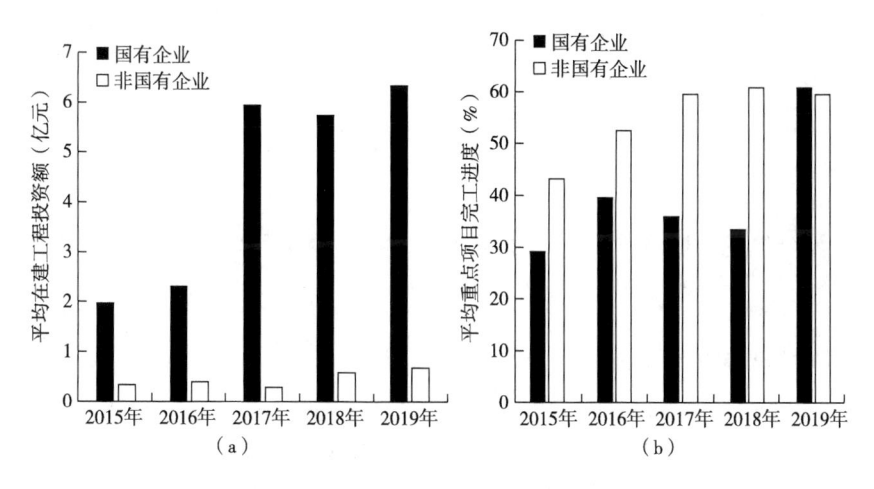

图 3-11　北京市不同产权性质企业节能环保产业投资规模对比

资料来源：笔者整理。

三、软件和信息服务

在软件和信息服务产业中，国有企业的营业收入低于非国有企业，但

是营业毛利率高于非国有企业。北京市国有企业自2016年开始布局软件和信息服务业，其营业收入以15%以上的速度稳定增长，从占非国有企业平均营业收入的1/5增加到1/3。2019年，从事该产业的国有企业的平均营业收入为0.79亿元，同年非国有企业的平均营业收入为2.68亿元。从平均营业毛利率来分析，则国有企业表现优于非国有企业。2019年，国有企业的营业毛利率在60.27%左右，非国有企业平均营业毛利率约为42.00%，国有企业比非国有企业高出约20%。通过上述对比数值，反映出北京市国有企业在软件和信息服务产业中具备较好的盈利能力（见图3-12）。

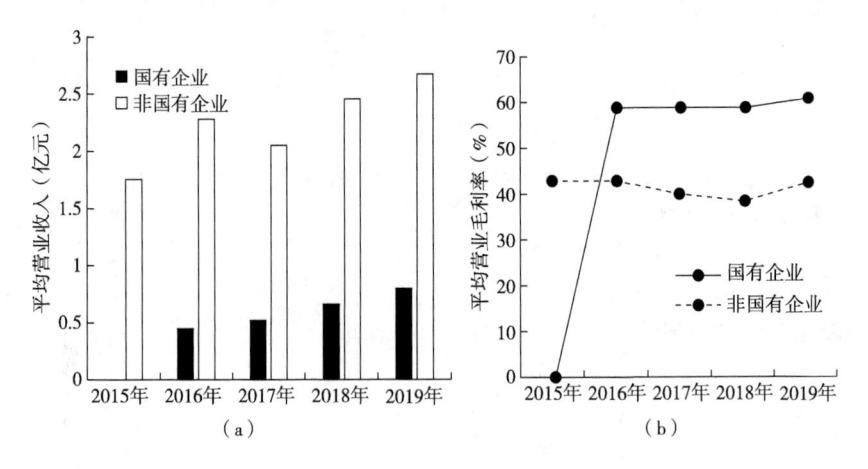

图3-12 北京市不同产权性质企业在软件和信息服务产业中的盈利能力对比
资料来源：笔者整理。

（一）研发投入方面

国有企业的平均研发资金投入占比变化相对稳定，集中在5%至13%区间内波动。在研发专利方面，国有企业平均持有专利数量明显高于非国有企业，后者从2015年的平均40个增加至2019年的平均54个（见图3-13）。不同于非国有企业的缓慢增加，国有企业平均持有专利数量增长趋势明显。从国有上市公司内部来看，在布局软件和信息服务产业的3家国有企业中，同方股份表现出了更强的创新能力，而其他国有上市公司在2015年至2019年期间的平均持有专利数量分别为18个、60个、48.5个、29个和6个，低于非国有上市公司。可见，北京市国有上市公司的研发投入水平相比非国有上市公司偏低，其研发产出主要依赖于一家企业。

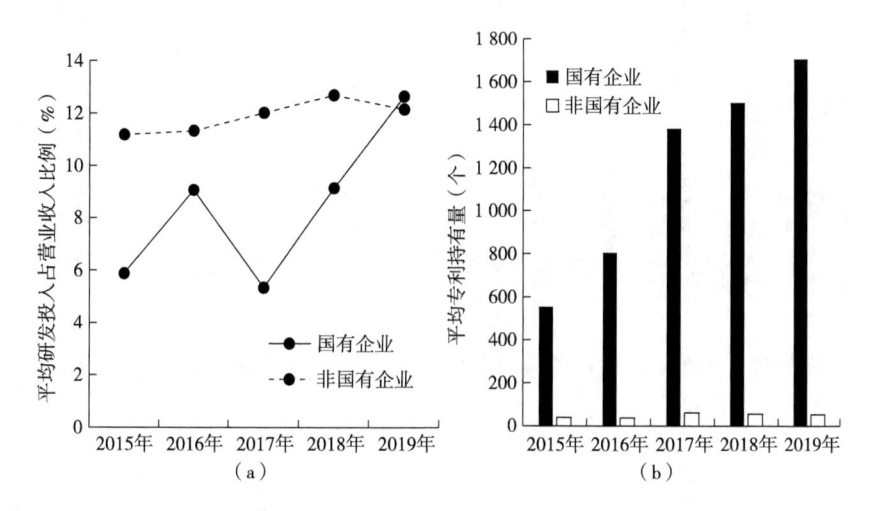

图 3-13　北京市不同产权性质企业在软件和信息服务产业中的创新能力对比

资料来源：笔者整理。

（二）在建工程投资方面

北京市国有企业的在建工程投资额方面表现出下降趋势，而非国有企业处于稳定状态。当然，国有企业的在建工程投资额仍是非国有企业的4.5 倍及以上。以 2019 年为例，国有企业的在建工程投资额约为 0.38 亿元，非国有企业的在建工程投资额约为 0.029 亿元；国有企业的在建工程进度为 64.23%，高于非国有企业在这 5 年间的最高值（见图 3-14）。综合来看，北京市国有企业在软件和信息服务产业上进行了大规模投资，但由于单个项目的投资额过高，加之完工进度缓慢，从而在一定程度上导致其投资效率偏低。

四、新材料

北京市新材料产业中的国有企业营业收入显著高于非国有企业，但是营业毛利率却低于非国有企业。国有企业营业收入持续保持上升趋势，并且比非国有企业高出 17~20 倍。国有企业的营业毛利率基本稳定，但是与非国有企业相比存在明显差距。不过，自 2017 年以后，这一差距开始缩小并一直保持在 15% 左右（见图 3-15）。

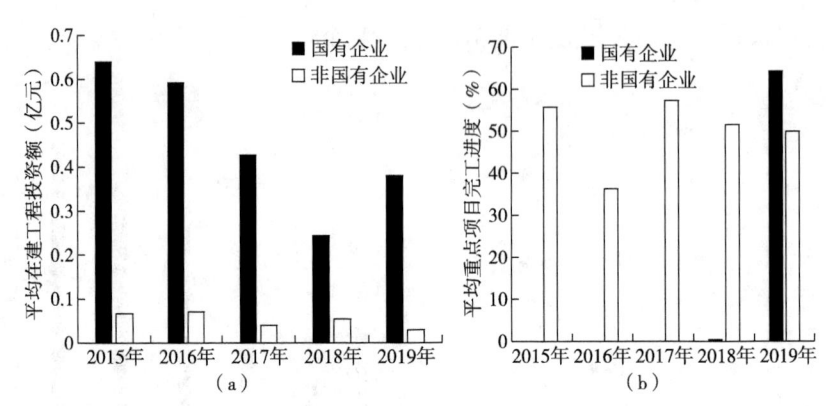

图 3-14　北京市不同产权性质企业在软件和信息服务产业中的投资规模对比

资料来源：笔者整理。

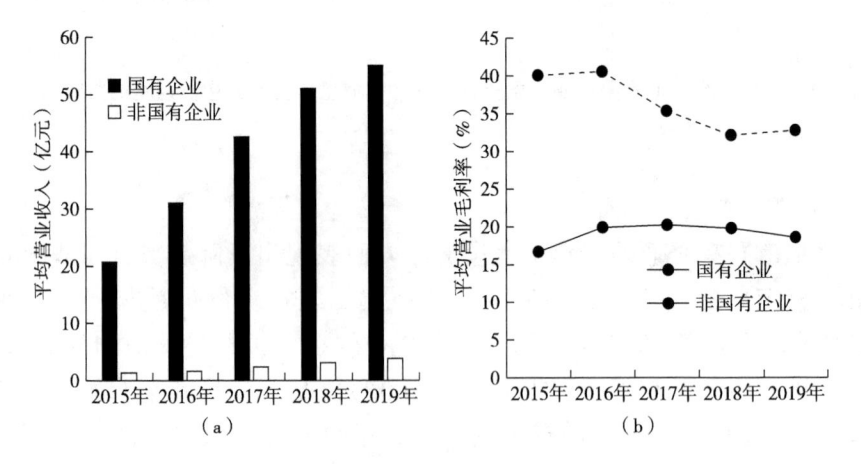

图 3-15　北京市不同产权性质企业在新材料产业中的盈利能力对比

资料来源：笔者整理。

（一）研发投入方面

国有企业在 0.8% 至 2% 的区间内波动，非国有企业在 3.4% 至 4.6% 的范围变动，即国有企业平均研发资金投入占比略低于非国有企业，同时二者之间的差距已有所缩小。在研发专利方面，国有企业平均持有的专利数量总体上高于非国有企业（特别是在 2015 年至 2016 年期间）。但是在 2017 年至 2019 年期间，国有企业和非国有企业的专利持有数量差距快速缩小（见图 3-16）。从国有上市公司来看，在布局新材料产业的 3 家国有企业中，除了 1 家企业

尚未持有专利之外，另外 2 家企业专利持有数量在 100 件至 330 件之间。国有企业在新材料产业中研发投入较低而研发产出较高，说明其创新能力高于非国有企业。

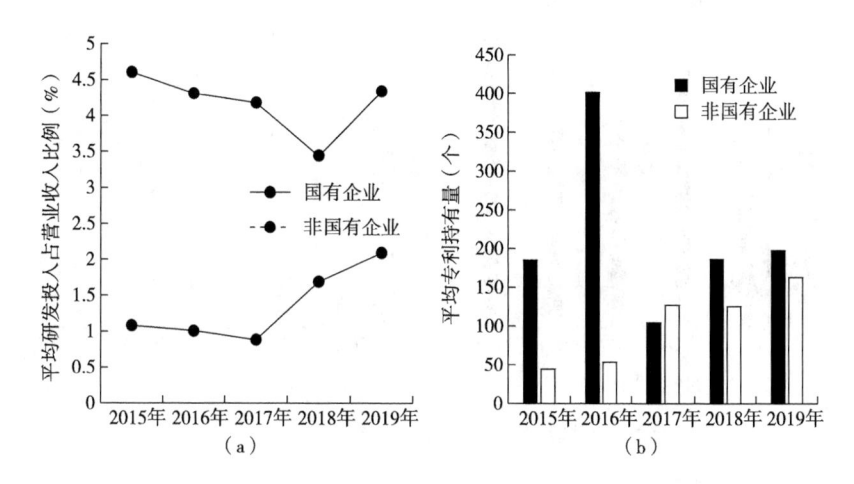

图 3-16　北京市不同产权性质企业在新材料产业中的创新能力对比
资料来源：笔者整理。

（二）在建工程投资方面

如图 3-17 所示，国有企业在建工程投资额波动上升，已完成在建工程投资额呈现倒 U 形趋势，而非国有企业大体上没有明显变化。国有企业的投资力度大，基本上一直为非国有企业的 18~20 倍。其中，2016 年国有企业与非国有企业的投资力度相差最大，二者的投资数额分别为 7.90 亿元和 0.24 亿元。虽然投资力度大，但是国有企业重点在建工程项目的进度却较为缓慢（目前显示的进度数据仅 2016 年的 18.6%），非国有企业则保持每年 70% 以上的完工进度。这反映出国有企业的项目工程建设周期较长，建设进度相对缓慢。

五、新能源汽车

如图 3-18 所示，在新能源汽车产业中，国有企业的营业收入显著高于非国有企业，其营业毛利率的变化幅度则小于非国有企业。具体来看，在营业收入方面，国有企业的营业收入连年增长，非国有企业则先增加后减少，并且国有企业与非国有企业的收入差距在逐渐拉大。在营业毛利率方面，新

能源汽车产业整体上呈现波动下降的趋势，不过国有企业的下降幅度比非国有企业更加和缓。这说明国有企业在新能源汽车产业具备一定的盈利能力。

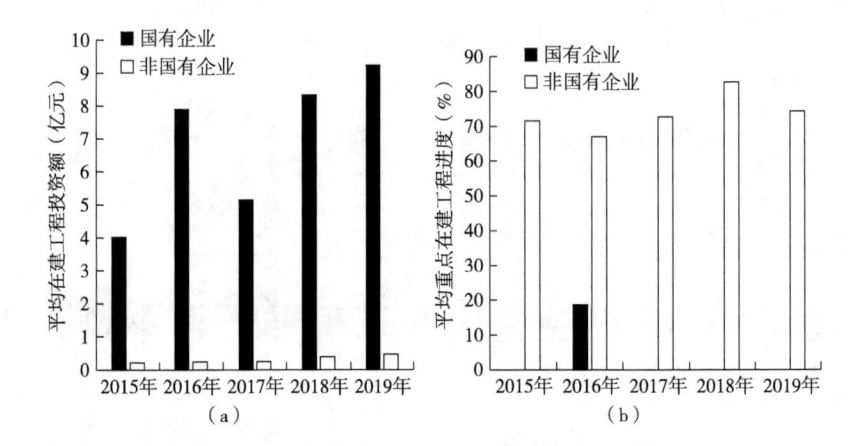

图 3-17　北京市不同产权性质企业在新材料产业中的投资规模对比

资料来源：笔者整理。

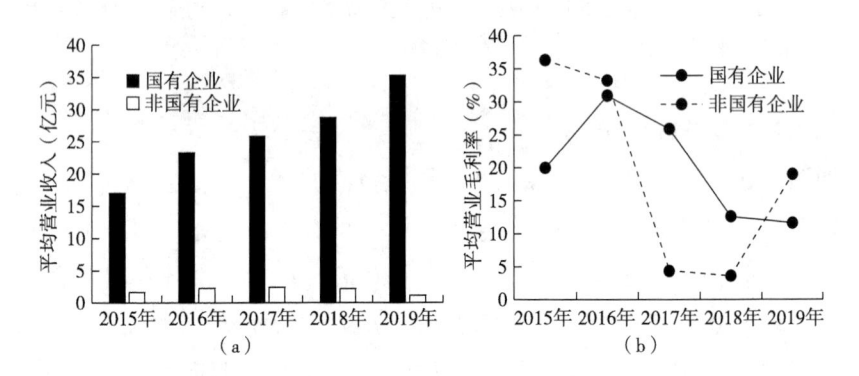

图 3-18　北京市不同产权性质企业在新能源汽车产业中的盈利能力对比

资料来源：笔者整理。

（一）研发投入方面

如图 3-19 所示，相比非国有企业，国有企业的平均研发资金投入偏低，2019 年二者间的这一差距有明显扩大：2019 年北京市国有企业的平均研发资金投入占比与非国有企业相比低了 10 个百分点左右。不过，国有企业平均持有专利数量仍远超非国有企业。以 2017 年至 2019 年为例，国有企业平均持有的专利数量始终高于非国有企业，至少是非国有企业的 16 倍。这说明在

新能源汽车产业中国有企研发资金使用效率较高,具有较高的研发产出水平。

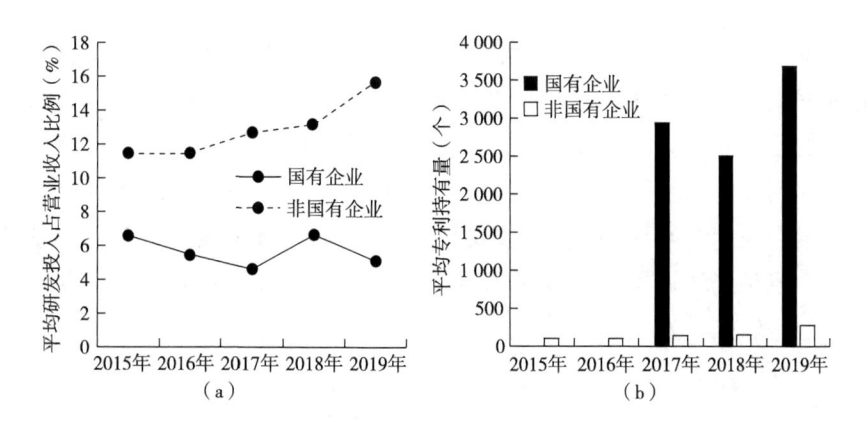

图 3-19　北京市不同产权性质企业在新能源汽车产业中的创新能力对比

资料来源:笔者整理。

(二) 在建工程投资方面

如图 3-20 所示,国有企业投资额远远高于非国有企业。以 2019 年为例,北京市国有企业平均在建工程投资额高达 1.55 亿元,非国有企业的平均在建工程投资额则为 0.054 亿元。此外,国有企业的在建工程建设进度较快,其 2015 年至 2019 年的平均进度保持在 60% 左右,高于非国有企业在这 5 年间的最高值。这说明国有企业投资规模较大,项目进展顺利,积极促进了新能源汽车产业的发展。

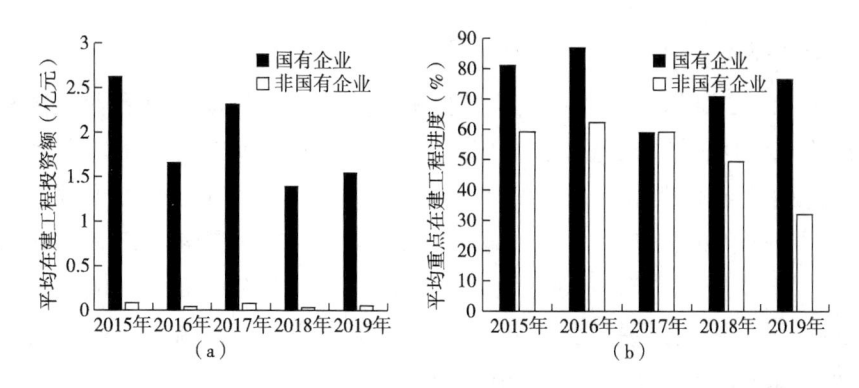

图 3-20　北京市不同产权性质企业在新能源汽车产业中的投资规模对比

资料来源:笔者整理。

六、新一代信息技术

如图 3-21 所示，在新一代信息技术产业中，国有企业的营业收入和营业毛利率变化幅度较小，且低于非国有企业。2015 年至 2019 年，北京市国有企业的营业收入只增长了 6.98%，非国有企业则增加了 84.6%。此外，二者之间的营业收入差距也越来越大。在平均营业毛利率方面，国有企业基本保持稳定，在 18% 至 24% 的范围内轻微浮动；非国有企业的营业毛利率则连续减少，但是仍然比国有企业高出约 17%。这一结果意味着国有企业的发展相对稳定，但是其发展速度落后于非国有企业。

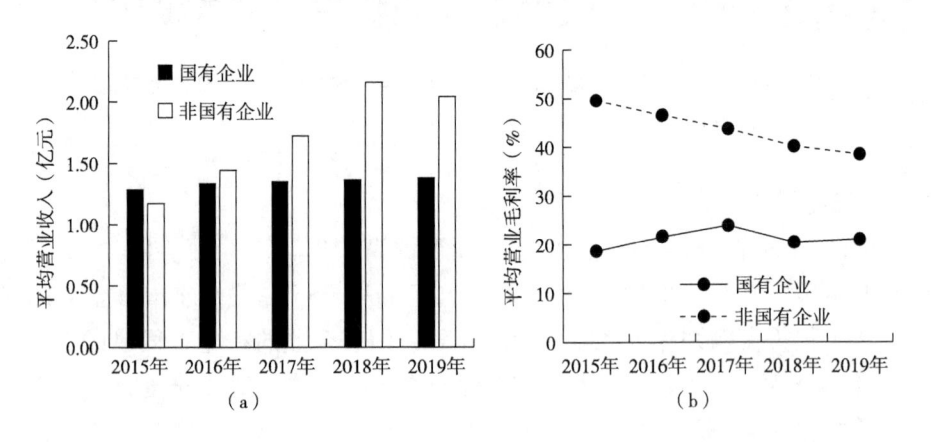

图 3-21 北京市不同产权性质企业在新一代信息技术产业中的盈利能力对比
资料来源：笔者整理。

（一）研发投入方面

如图 3-22 所示，在新一代信息技术产业中，相比非国有企业，国有企业的研发投入水平较低且变化平稳。在研发资金投入占比上，国有企业在 1.4% 至 2% 之间轻微增长，非国有企业则连续 4 年保持 11% 的增长率，2019 年更是增加至 16.52%。此外，国有企业在该产业的平均持有专利数量为 0 个，非国有企业的数量则从 2015 年平均 60.82 个增加至 2019 年平均 100.95 个。上述数据说明，在新一代信息技术产业中，国有企业需要加强研发投入水平，并且其创新能力亟待改善。

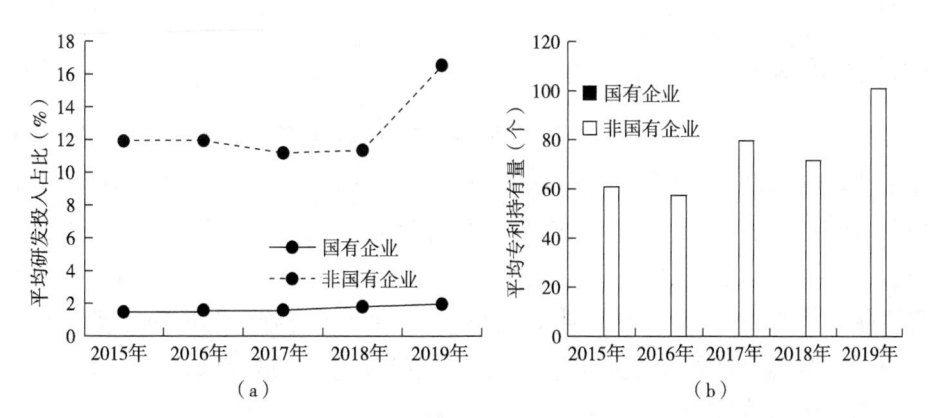

第三章 北京市国有企业"高精尖"产业生态系统研究

图 3-22 北京市不同产权性质企业在新一代信息技术产业中的创新能力对比

资料来源：笔者整理。

（二）在建工程投资方面

如图 3-23 所示，国有企业的在建工程投资额大体上呈增长趋势，在建工程完工进度则表现为先上升后下降；而非国有企业在完工进度上存在一定的波动性。国有企业的在建工程价值更高，呈现阶梯式增长，并且其项目价值与非国有企业之比已从 3 倍增加至 10 倍。国有企业的在建工程完工进度在 2018 年出现下降且低于非国有企业，但这可能是新增在建工程项目所致。总体上看，国有企业对新一代信息技术产业持续进行投资建设，并不断开拓新项目，工程进展较为稳定。

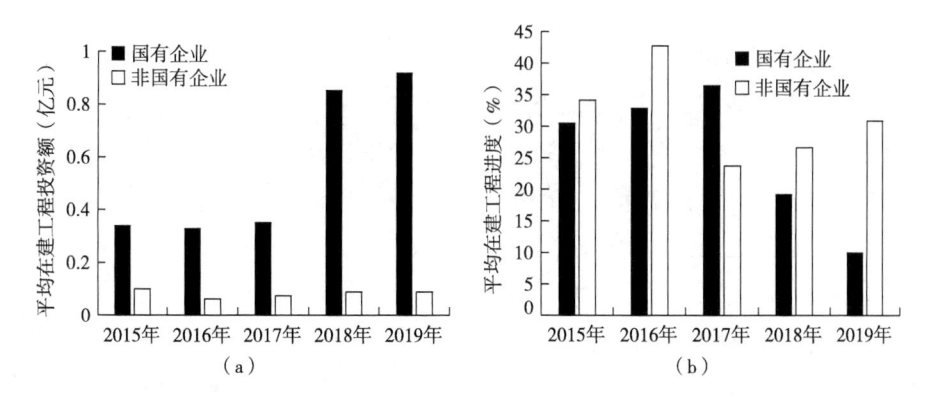

图 3-23 北京市不同产权性质企业在新一代信息技术产业中的投资规模对比

资料来源：笔者整理。

> 75 <

七、医药健康

如图 3-24 所示，国有企业营业收入和营业毛利率保持持续上升趋势，其中营业收入高于非国有企业，营业毛利率则低于非国有企业。具体而言，国有企业的营业收入增长幅度较非国有企业更大，且二者营业收入差距逐年增加。2019 年，国有企业平均营业收入为 4.06 亿元，同年非国有企业平均营业收入为 2.96 亿元。在营业毛利率方面，国有企业和非国有企业同时保持增长，两类企业的营业毛利率均提高了 10%以上。这反映出国有企业存在营业成本偏高导致营业毛利率偏低的问题。

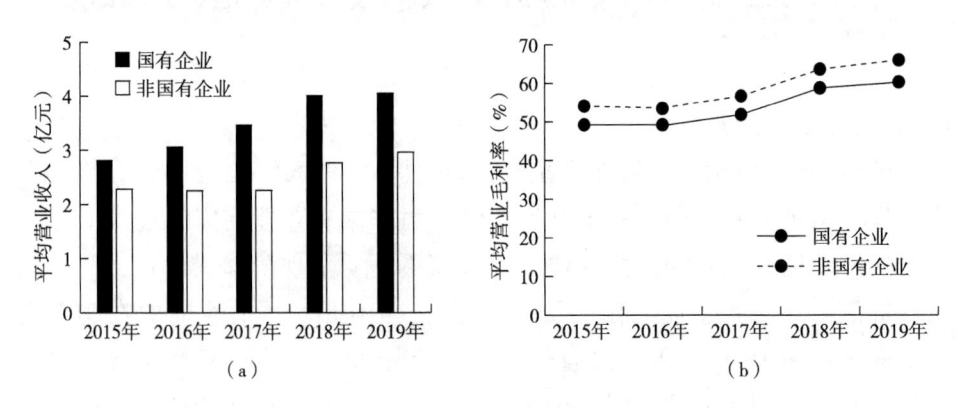

图 3-24 北京市不同产权性质企业在医药健康产业中的盈利能力对比

资料来源：笔者整理。

（一）研发投入方面

如图 3-25 所示，国有企业研发投入水平较低且没有明显变化。2015 年至 2019 年，国有企业平均研发资金投入占比稳定在 2%~3%，非国有企业则在 6%至 9%之间轻微变动。2019 年，国有企业平均研发资金投入占比为 2.87%，非国有企业平均研发资金投入占比 8.85%。国有企业平均持有专利数量低于非国有企业，其中数量相差最多的年份是 2016 年，这一年北京市国有企业平均持有专利数量仅为当年非国有企业的约 10%。尽管非国有企业的数量波动较大，但是始终高于国有企业。这说明在医药健康产业中，国有企业仍然需要进一步提高研发产出水平。

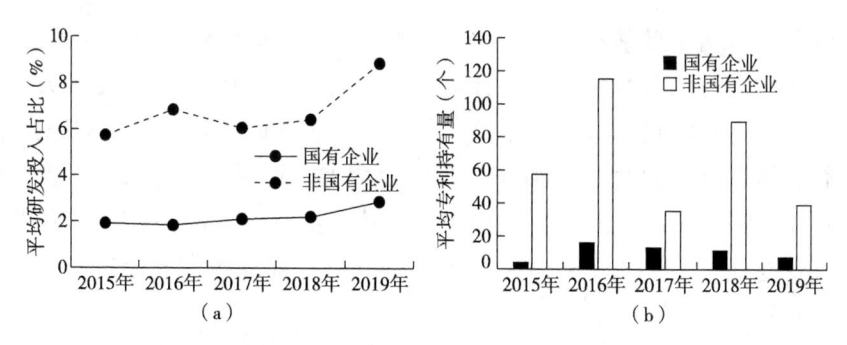

第三章　北京市国有企业"高精尖"产业生态系统研究

图 3-25　北京市医药健康产业中的国有企业和非国有企业平均研发投入占比差异
资料来源：笔者整理。

（二）在建工程投资方面

如图 3-26 所示，国有企业在建工程投资规模方面显著高于非国有企业。国有企业在建工程投资规模较大，2019 年虽有明显下降，但这是由于该年度完工的在建工程项目较多，新增固定资产价值达到 0.69 亿元。此外，国有企业的在建工程进度每年都稳定在 50%以上，比非国有企业的建设进度高 10%左右。这说明相比非国有企业，国有企业工程项目投资力度大，同时工程得到稳步推进。

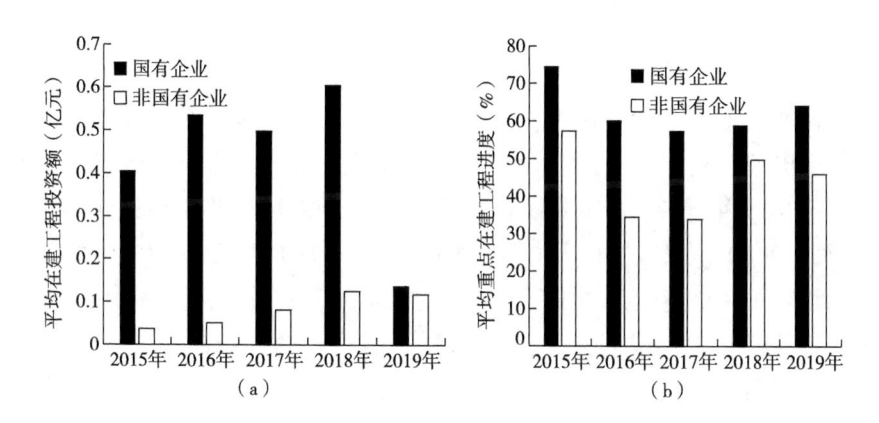

图 3-26　北京市不同产权性质企业在医药健康产业中的投资规模对比
资料来源：笔者整理。

八、智能装备

如图 3-27 所示，在智能装备产业中，相比非国有企业，北京市国有企

业的营业收入偏低且基本没有变化，同时营业毛利率整体偏低。国有企业的营业收入在1亿元左右，而非国有企业的营业收入已从2.56亿元提升到5.5亿元，二者之间的收入差距逐年扩大了。国有企业的营业毛利率先增加后减少，而非国有企业的营业毛利率先减少后增加。但是，除了2017年国有企业的营业毛利率略高于非国有企业之外，其他年份国有企业的营业毛利率比非国有企业低5%~10%。这说明国有企业在该产业的盈利能力较差。

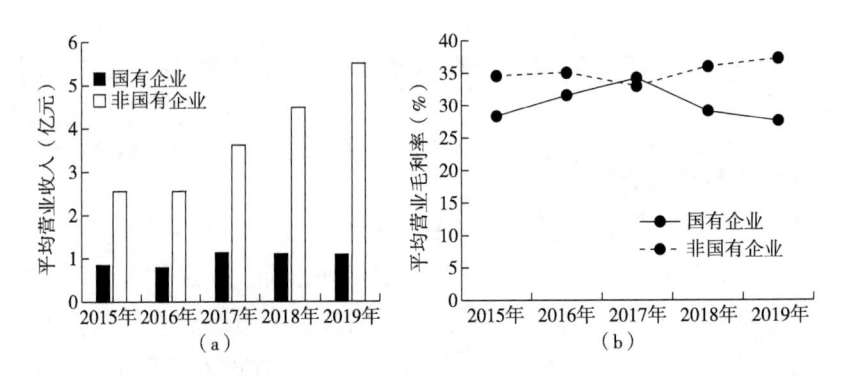

图3-27 北京市不同产权性质企业在智能装备产业中的盈利能力对比

资料来源：笔者整理。

（一）研发投入方面

在智能装备产业中，国有企业研发投入水平同非国有企业差别较小，但是研发产出差距突出。如图3-28所示，国有企业平均研发资金投入占比变化较大，2015年至2017年高于非国有企业5%以上，2018年比非国有企业低了8%，2019年二者的比例相同。国有企业平均持有专利数量连续5年为0个，而非国有企业的平均持有专利数量从337个增长至525个。这说明，在智能装备产业中，国有企业应该提高研发投入的利用效率，将研发投入转化为研发产出，提高创新能力。

（二）在建工程投资方面

如图3-29所示，国有企业在建工程投资额明显少于非国有企业，不过项目的完工进度相对较高。国有企业在建工程的规模远远低于非国有企业，二者相比，前者最低仅为后者的0.7%，最高为11%。但是，国有企业的重点在建工程进度比非国有企业高出10%以上。这说明，国有企业在智能装备工程项目上的投资相对较少，工程建设则稳步推进，反映出国有企业在该产

业的投资，不刻意追求数量上的扩张，而是注重质量的提升。

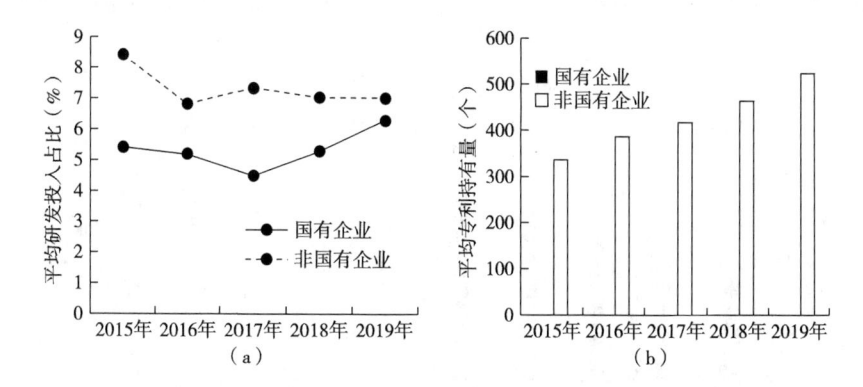

图 3-28 北京市不同产权性质企业在智能装备产业中的创新能力对比

资料来源：笔者整理。

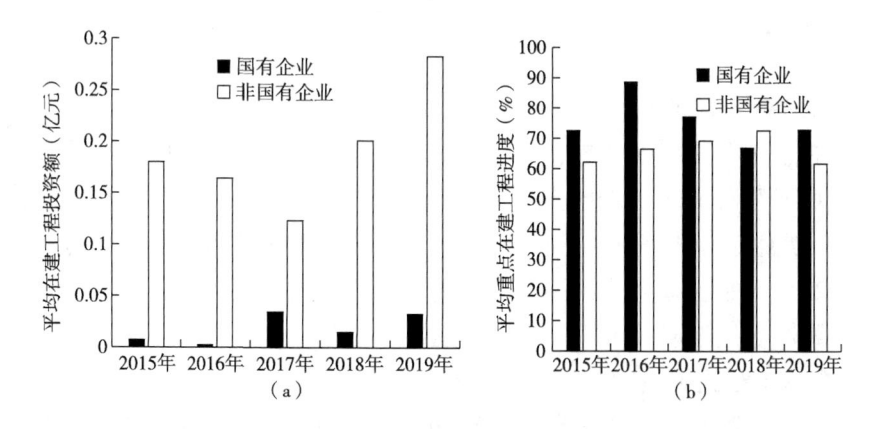

图 3-29 北京市不同产权性质企业在智能装备产业中的投资规模对比

资料来源：笔者整理。

九、科技服务

如图 3-30 所示，在科技服务产业中，北京市国有企业的营业收入持续增长且与非国有企业差距较小，营业毛利率整体呈下跌趋势。国有企业和非国有企业在 2019 年的营业收入分别是其在 2015 年营业收入的 2.34 倍、2.1 倍，二者之间的营业收入差额则在 0.4 亿元以内。此外，国有企业的营业毛利率出现了缓慢下降的趋势，并于 2019 年达到最低值 35%；而非国有企业的营业毛利率始终高

于国有企业，且大部分年份差额达到20%。这表明在该产业的国有企业和非国有企业营业收入方面实力相当，但是国有企业依然存在获利能力不足的问题。

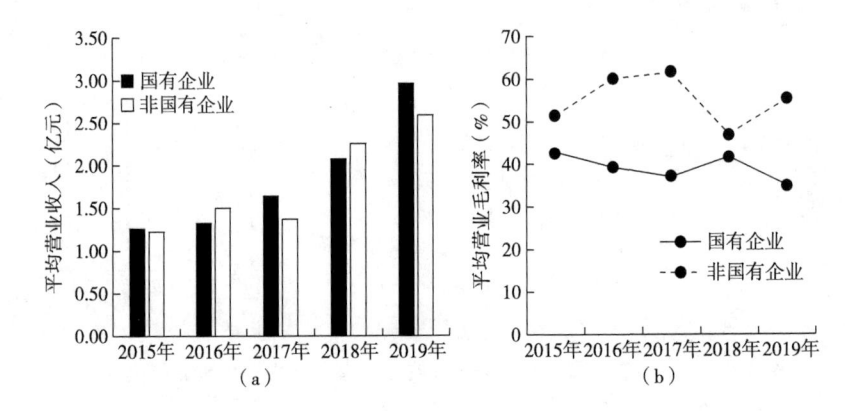

图3-30 北京市不同产权性质企业在科技服务产业中的盈利能力对比

资料来源：笔者整理。

（一）研发投入方面

国有企业在科技服务产业中尚未开展大规模投资，而非国有企业在该产业的平均研发资金投入占比在12%到15%之间。在研发产出方面，截至2019年12月底，从事科技服务产业的国有企业研发专利数量少，持有专利数量为0个；非国有企业的平均持有专利数量为2~3个。由此可知，国有企业在该产业处于起步阶段，需要加强研发创新。

（二）在建工程投资方面

从事科技服务产业的国有企业于2017年开始了较大规模的在建工程投资，并且其投资额已于2019年超过非国有企业。此外，该产业中国有企业和非国有企业的在建工程完工进度均基本为0。整体上看，国有企业在科技服务产业上的投资建设起步较晚，前期投资规模和扩张速度较快，对这一领域的重视程度有待进一步加强。

十、人工智能

如图3-31所示，截至2019年12月底，北京市尚没有国有企业在人工智能产业布局。非国有企业在人工智能产业中的收入则不断攀升，但是营业毛利率存在下降趋势，直到2019年才有小幅度回升，总体营业毛利率保持

在35%~45%。在研发方面，非国有企业的研发人员投入比例从22%增加到30%，研发资金投入比例在10%至12%之间。在研发产出方面，非国有企业平均持有专利数量为2~3个。在工程建设方面，非国有企业的在建工程项目数量为1~2个，2016年的在建工程完工进度为100%。由此可见，国有企业和非国有企业在人工智能领域都处于起步阶段，其中国有企业的进展相对较慢，需要加强研发上的探索创新和相关投资。

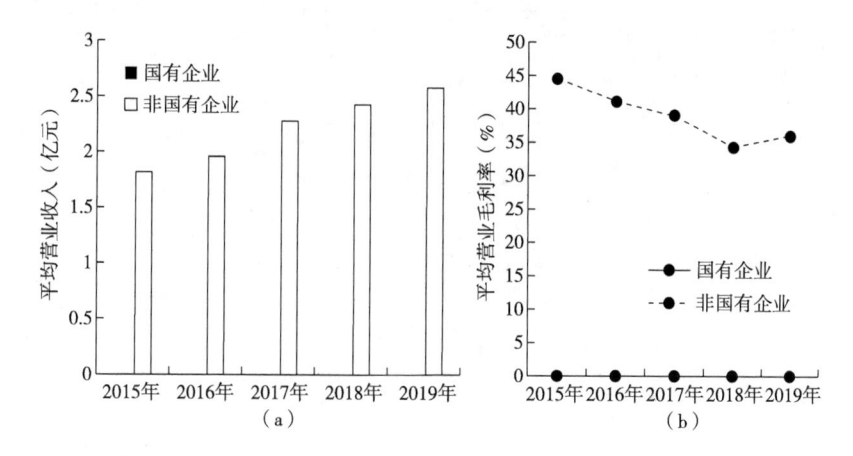

图 3-31　北京市不同产权性质企业在人工智能产业中的盈利能力对比

资料来源：笔者整理。

第三节　北京市"高精尖"产业中的国有企业发展问题

北京市国有企业在发展"高精尖"产业上具有发挥引领示范作用的能力。从总体上看，相比非国有企业，国有企业的盈利能力较强，可为企业提供持续的资金来源；国有企业重视并积极投入创新研发活动，并且具备开展较大规模投资建设的资金实力。不过，国有企业在布局"高精尖"产业时仍然存在以下不足。

一、国有企业部分"高精尖"产业的区域分布与产业发展规划出现错配

部分区域的政策发展规划与本区域国有企业已有的资源优势不一致，可

能导致资源错配的问题。根据2021年8月北京市人民政府关于印发《北京市"十四五"时期高精尖产业发展规划》的通知，本书汇总了部分"高精尖"产业的区域分布规划，具体如表3-2所示。

表3-2　北京市"高精尖"产业区域分布规划与实际分布情况对比

"高精尖"产业类型	规划方案	国有企业
集成电路	北京经济技术开发区、海淀区、顺义区	朝阳区、海淀区
节能环保	昌平区、房山区、大兴区	以海淀区为主
智能装备	北京经济技术开发区、昌平区、房山区	朝阳区
医药健康	昌平区、海淀区、大兴区、北京经济技术开发区	朝阳区、海淀区、北京经济技术开发区
软件和信息服务	海淀区、朝阳区	海淀区
新一代信息技术	海淀区、朝阳区、北京经济技术开发区	海淀区
科技服务业	"三城一区"、城市副中心	朝阳区、大兴区
人工智能	海淀区、朝阳区、北京经济技术开发区	暂无布局

资料来源：首都之窗。

通过"高精尖"产业区域分布规划和国有企业所在区域的对比结果来看，从事集成电路产业、节能环保产业、智能装备产业和科技服务业的国有企业大多聚集在朝阳区或海淀区。然而，朝阳区的产业区域分布规划却以新一代信息技术产业、软件和信息服务产业的建设为主，这在一定程度上不利于国有企业与同行业企业的沟通交流。此外，这种情况还会造成相关企业所能享有的当地产业政策扶持较少，从而限制其自身产业优势的有效发挥。

二、国有企业营业成本过高，利润水平偏低

不同"高精尖"产业中的国有企业盈利能力存在差异，其中软件和信息服务产业、新能源汽车产业具有较强的盈利能力，但是其他"高精尖"产业中则表现出以下两类主要问题。

(一)"双高"现象，即高营业收入与高营业成本并存

具体是指国有企业的营业收入高于非国有企业，但是营业毛利率却偏低。这种现象普遍存在于从事"高精尖"产业的国有企业之中，且主要集中在以传统制造业为基础的"高精尖"产业中，包括集成电路产业、节能

第三章 北京市国有企业"高精尖"产业生态系统研究

环保产业、新材料产业、医药健康产业等。除此之外,科技服务产业也表现出相似的问题。出现这种现象的原因,主要是国有企业的营业成本过高,其营业成本的构成包括直接材料费用、直接人工费用、制造费用等。这说明,国有企业在构建"高精尖"产业的过程中,可能存在生产流程有待优化、工人技能培训欠缺、成本控制尚未完善等问题。

(二)"双低"现象,即低营业收入与低营业利润并存

这是指国有企业的营业收入和营业毛利率均低于非国有企业。这类现象主要发生在新一代信息技术产业和智能装备产业当中。这反映出国有企业可能存在两方面的问题:一是在这两类"高精尖"产业中的市场竞争力有所不足,需要从经营模式、销售渠道等方面继续探索有效的获利方式;二是国有企业亟待挖掘并塑造自身的成本优势。

(三)不同产业之间的国有企业创新能力参差不齐,特别是以现代信息技术为核心的产业急需增加创新产出

在北京市十大"高精尖"产业中,国有企业的研发创新能力存在差异。在以传统制造业为基础的"高精尖"产业中(如集成电路、节能环保等),国有企业具有雄厚的研发基础和突出的创新能力;在以现代信息技术为核心的"高精尖"产业中(如新一代信息技术、人工智能等),国有企业则呈现出较弱的研发能力。根据北京市国有企业整体上表现出来的创新能力,本书将其划分为四个梯队,各梯队的特征及其存在的问题如下。

1. 第一梯队

处于创新能力第一梯队的是集成电路产业、新材料产业和新能源汽车产业。这些产业表现出低投入、高产出的特点,其依托传统的制造业工艺,具备扎实的创新研发基础,重视研发投入,具备较高的研发产出水平。

2. 第二梯队

处于创新能力第二梯队的是节能环保产业、软件和信息服务产业。从整体上来看,国有企业在这些产业中展现出较强的创新产出能力,但主要依赖于某一家创新实力强大的企业作为支撑。这表明此类产业中不同国有企业之间的创新能力差距较大,为此需要发挥龙头企业的引领作用,以增强其他国有企业的研发能力,推动产业内各企业的协同发展。

3. 第三梯队

处于创新能力第三梯队的产业是医药健康产业、新一代信息技术产业和

智能装备产业。这些产业在研发投入或研发产出转化方面存在亟待解决的问题。例如，智能装备产业的创新能力不足主要体现为研发成果的产出效率低。虽然国有企业高度重视研发，但是这些研发投入转化为有效成果的周期较长。此外，医药健康产业、新一代信息技术产业中的国有企业在资金、人员等研发投入上的分配相对不足，对研发工作缺乏足够的重视，且研发投入转化为产出的能力亟待提高。

4. 第四梯队

处于创新能力第四梯队的产业是科技服务产业和人工智能产业。虽然不同产权性质的企业在这类产业中都处于起步阶段，但是相比非国有企业而言，国有企业的发展进程呈现较明显的暂时性缓慢特点，说明其需要加强在研发创新方面的力度。

（四）国有企业以投资扩张规模，投资周期长且信息披露不完善

国有企业在发展"高精尖"产业时，以投资扩张产业规模，投资项目多且投资额度高，然而其完工进度较慢。例如，集成电路等产业的完工进度为0，当期也无因在建工程完工而产生新增固定资产。一方面反映出国有企业投资规模庞大，工程建设周期长，潜在的资金风险高；另一方面说明国有企业可能存在重点在建工程项目信息披露不完善等问题，以及缺乏健全的工程阶段性监督反馈制度。下面就不同产业中项目投资力度和建设进度的差异，有针对性地进行说明。

1. 投资规模大，项目进程稳定推进

在新能源汽车产业、医药健康产业和新一代信息技术产业布局的国有企业，其投资力度大，并且能有效保障投资项目的有序推进。从事智能装备产业的国有企业，尽管投资力度较小，但是其注重投资项目稳步发展，不盲目追求投资数量的扩张。

2. 投资规模大，但单个项目投资额过高且项目周期长

这类产业主要包括集成电路产业、节能环保产业、软件和信息服务产业和新材料产业。从总量上来看，这些产业的发展获得了雄厚的资金支持，项目投资力度较大。不过，单个投资项目的金额往往偏高，并且伴随较长的建设周期，从而增加了国有企业所承担的资金风险。这也反映出国有企业项目建设过程中的财务核算可能不及时，且项目监管不到位。

3. 投资规模小，亟待推进产业布局

这类产业主要包括科技服务产业和人工智能产业。相比非国有企业，国有企业在科技服务产业上的投资建设起步较晚，前期投资规模和扩张速度较快，但是建设进度上未有明显进展。国有企业和非国有企业在人工智能领域都处于起步阶段，其中国有企业的投资存在暂时性滞后现象，亟待进一步展开其对人工智能领域的实践和探索。

（五）部分国有企业的经营战略未围绕与"高精尖"产业有关的经营业务开展，从而分散了国有企业的内部资源

根据 CSMAR 数据库中披露的上市公司子公司的经营业务可知，部分以"高精尖"产业为核心业务的国有企业的投资业务事项包括房地产业、租赁服务业、餐饮业等。仅以房地产行业为例，在披露了子公司业务的北京市国有企业中，投资与主营业务无关的房地产项目的公司占比达到25%，并且其子公司分布在北京以外地区的数量占比超过60%。与主业不相符合的战略投资过多，不仅分散了国有企业有限的资源，而且在一定程度上影响了国有企业打造从生产环节到销售环节的一体化战略布局，进而阻碍其实现"高精尖"产业链价值的最大化。

第四章

北京市国有企业推动构建"高精尖"经济结构的必要性和可行性

第四章　北京市国有企业推动构建"高精尖"经济结构的必要性和可行性

第一节　北京市国有企业及高技术企业发展现状

一、国有企业发展现状

（一）国有企业就业贡献度

加快国有企业改革与布局结构优化，有助于推动北京市"高精尖"产业发展（吕汉阳、韩晨华，2020）。近年来，北京市国有企业员工人数总体较为稳定，2016年为496.2万人（为2015—2019年期间最多），2017年下降为482.1万人，2018年国有企业员工数进一步下降为467.96万人。国有企业员工与北京市总人口的比值（即国有企业就业率）保持在较高的20%左右。其中，国有企业就业率2016年最高，为22.84%；2017年为22.21%；2018年最低，也达到了21.73%；2019年又增加至22.70%（如图4-1所示）。上述数据说明，北京市国有企业在解决北京市居民就业方面作出了重要贡献。

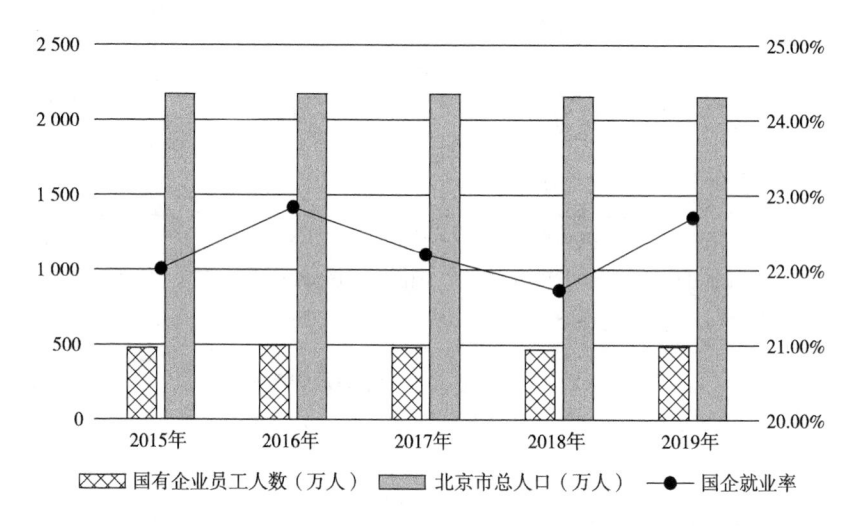

图4-1　北京市国有企业就业贡献度分布

资料来源：笔者整理。

（二）国有企业经济贡献度

2015—2019年，北京市国有企业利润总额变动趋势明显，其中2015年

和2016年国有企业经营状况较好，企业利润总额分别为12 256.3亿元和11 732.8亿元。但此后三年国有企业利润总额相较前两年下降趋势明显，其中：2017年为10 544.7亿元；2018年为9 356.5亿元；2019年有所回升，为9 783.9亿元。同时，这五年北京市的地区GDP总额持续上涨，从2015年的24 779.1亿元增长至2019年的35 445.1亿元。国有企业利润总额占地区GDP的比重在2015年、2016年分别为49.46%和43.39%；2017年国有企业利润总额占地区GDP的比重有所下降，为35.29%；2018年和2019年国有企业利润总额占地区GDP的比重依次为28.26%和27.60%。这一时期北京市的地区GDP总额增长趋势明显，使国有企业利润总额占其地区GDP总额的比重有所下降。总体而言，北京市国有企业的利润所得仍是北京市经济增长的重要组成部分。

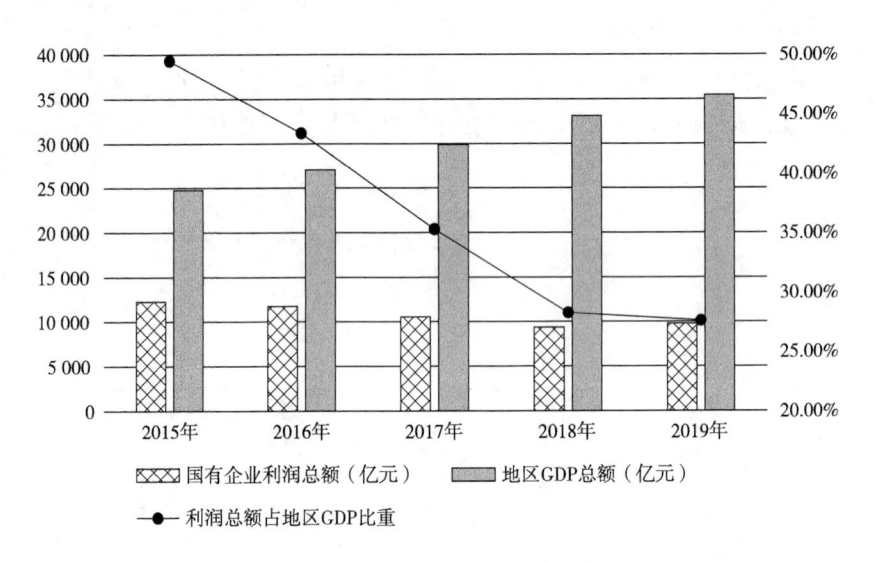

图4-2 北京市国有企业经济贡献度分布

资料来源：笔者整理。

二、高技术企业发展现状

（一）高技术企业就业贡献度

北京市高技术企业从业人员平均人数发展状况如图4-3所示。统计结果显示，2013—2019年，北京市高技术企业员工人数有持续性小幅下降趋势。

其中，2013 年为 28.7 万人，此后该指标的数值逐年下降，到 2019 年北京市高技术企业员工人数减少为 25.7 万人。北京市高技术企业员工人数占北京市总人口的比重一直则稳定在 1.1%~1.4%。其中，2013 年占比最高，为 1.36%；2019 年占比 1.19%。总体而言，高技术企业解决了部分北京市就业问题。

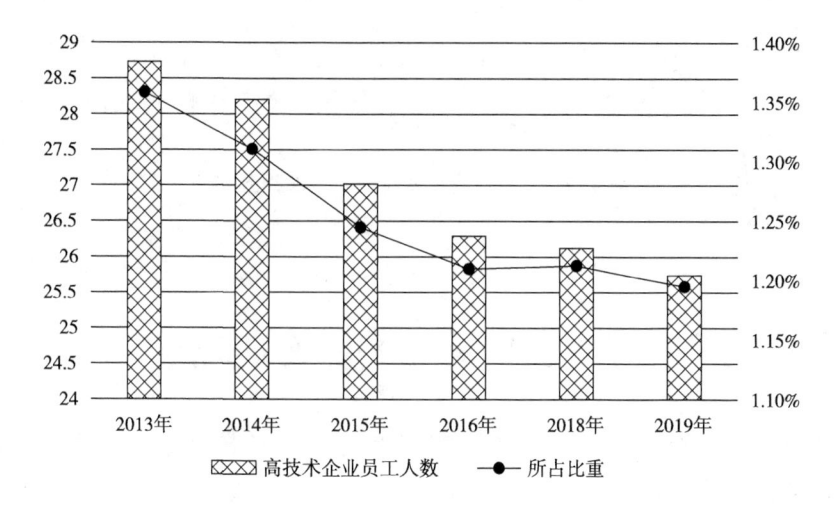

图 4-3 北京市高技术企业从业人员平均人数分布

资料来源：笔者整理。

（二）高技术企业经济贡献度

北京市高技术企业利润总额发展历程及现状如图 4-4 所示。2013—2019 年，北京市高技术企业利润总额有较大增长。尽管 2013—2015 年的利润总额有所下降，但在 2015 年之后，利润总额持续提升且提升幅度较大。其中，国有企业利润总额从 2013 年的 113.7 亿元下降为 2019 年的 86.0 亿元；非国有企业利润总额则进步十分明显，从 178.7 亿元增长为 436 亿元，差额 257.3 亿元，增长率达 143.98%。国有高技术企业利润总额占地区 GDP 的比重略有下降趋势，2013 年占比为 0.5%，2018 年、2019 年国有高技术企业利润总额占地区 GDP 的比重分别为 0.27% 和 0.24%。总体而言，北京市高技术企业是北京 GDP 增长的有效动力之一。

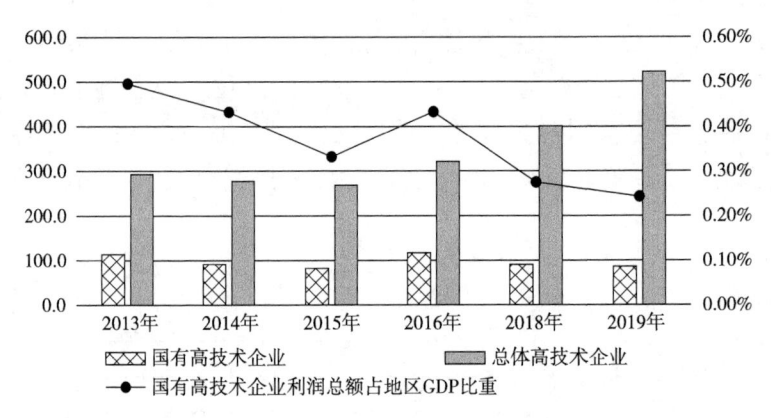

图 4-4　北京市高技术企业利润总额分布

资料来源：笔者整理。

第二节　北京市"高精尖"产业发展现状

北京市"高精尖"产业是指以首都重大发展需求和重大技术突破为基础，对首都经济社会全局和长远发展具有重大引领支撑作用的产业（裴映雪、殷晓倩，2021）。本书根据从 CSMAR 数据库中获取的 28 家从事"高精尖"产业的北京市国有企业名单，对北京市各"高精尖"产业在 2019 年的研发人员、研发投入、主营业务收入、净资产收益率、营业利润率、营业毛利率等指标进行比较分析。

其中，集成电路产业在研发投入方面占有绝对优势。在平均研发人员数量方面，集成电路产业平均人数最多，为 9 116 人，是最低人数（智能装备产业，247 人）的近 37 倍。新能源汽车产业、新材料产业和软件和信息服务产业分别为 2 397 人、1 325 人和 1 235 人。在平均研发投入金额方面，集成电路产业的投入金额最高，为 46.09 亿元，远高于其他产业；新能源汽车产业也相对较高，为 16.32 亿元；新一代信息技术产业最低，为 0.54 亿元。

新材料产业与集成电路产业的主营业务收入远超其他产业。在平均主营业务收入方面，集成电路产业依旧以 580.72 亿元的高额收入位列第一；新材料产业紧随其后，为 550.05 亿元；智能装备产业相对较低，为 10.84 亿元。在平均净资产收益率、平均营业利润率方面，医疗健康产业分别以

0.10%和0.28%位列第一。智能装备产业的平均净资产收益率为-0.05%,新能源汽车产业的平均净资产收益率、平均营业利润率都较低。在平均营业毛利率方面,医疗健康产业依旧最高,为0.79%;新能源汽车产业最低,为0.12%。表4-1为北京市国有企业从事"高精尖"产业时的主要经济指标。

表4-1 北京市国有企业从事"高精尖"产业时的主要经济指标

产业类别	平均研发人员数量（人）	平均研发投入金额（亿元）	平均主营业务收入（亿元）	平均净资产收益率（%）	平均营业利润率（%）	平均营业毛利率（%）
集成电路	9 116	46.09	580.72	0.05	0.06	0.26
节能环保	483	2.87	83.91	0.06	0.08	0.35
软件和信息服务	1 235	9.25	119.17	0.09	0.09	0.41
科技服务	378	0.63	29.63	0.05	0.14	0.35
新材料	1 325	10.55	550.05	0.05	0.07	0.19
新能源汽车	2 397	16.32	352.77	0.00	0.06	0.12
新一代信息技术	566	0.54	27.59	0.04	0.21	0.22
智能装备	247	0.63	10.84	-0.05	0.08	0.28
医疗健康	300	1.71	20.30	0.10	0.28	0.79
医药健康	253	1.35	44.04	0.09	0.12	0.55

资料来源:笔者整理。

第三节 北京市推动构建"高精尖"经济结构的可行性和必要性

"高精尖"经济结构具有这样几个特点:以创新性为驱动力,以知识(技术)密集型产业为主导,具备比较优势与竞争优势。其中,"高"指的是产业层次高,具有高端引领作用。位于首都北京的国有企业,大多具有较高的产业发展水平和强大的产业竞争力。"精"指的是资源占用小,产值利润大,具有高效低耗特征。北京市国有企业在投入端对资本、人力、技术等要素的投入,在产值利税、产品质量、服务占比、品牌效应等方面的产出,

有助于提升提升企业生产效率。"尖"指的是科技品质优，创新特色足，可发挥创新驱动的作用。北京市高技术人才聚集，国有企业也有动力积极招募科技创新人才，搭建支撑创新的平台。对于北京市而言，推动构建"高精尖"经济结构具有一定的可行性。

推动"高精尖"产业发展的重要性已经得到了相关学者的验证（王晖等，2019；张继红，2019）。在对北京市国有企业发展现状与产业布局评价的基础上，本章将继续以中关村科技园作为研究样本，通过实证研究方法来验证北京市推动构建"高精尖"经济结构的必要性。

中关村科技园发端于 20 世纪 80 年代，1988 年正式命名为"中关村科技园区"。经过几十年的发展，中关村科技园区现已形成较为成熟的发展格局，拥有海淀、昌平、顺义、大兴、亦庄、房山、通州、东城、西城、朝阳、丰台、石景山等 17 个园区并实现市域范围内的全域覆盖。学者裴映雪（2021）、宋健坤（2020）、张天奕等（2020）、尹夏楠等（2020，2019）、吴爱芝（2019）、杨正一（2019）、唐建国（2016）等从产业布局、人才保障、自主研发、政策支持、资源配置效率、企业创新能力等维度，已提出促进"高精尖"产业发展的建议与推动"高精尖"产业发展的必要性。

一、指标体系构建

（一）"高精尖"产业发展指标体系的建构原则

为验证北京市推动构建"高精尖"经济结构的必要性，需要建立科学客观的"高精尖"产业发展指标评价体系，而科学客观的评价体系具有以下几个特点：①科学性。即以理论科学为基础，指标具有科学特点，以此建立科学的北京市"高精尖"产业发展指标评价体系。②客观性。对于指标体系的建构，必须选择有代表性的基础指标，以避免因个人主观偏好而导致的指标选择误差。③全面性。在构建指标评价体系时，必须对所构建的"高精尖"产业有充分的了解，以选取最具代表性的指标，建立较为准确的"高精尖"产业发展指标评价体系。

（二）"高精尖"产业发展指标评价体系构建

"高精尖"产业虽然刚刚兴起，但是在与"高精尖"有很大相似性的高技术产业方面，国内外的学者已取得了较为丰富的研究成果。本章在已有学者的研究基础上，结合北京市"高精尖"产业发展现状与数据可得性，从

生产经营、从业人员、研发创新等三个维度出发，构建如表4-2所示的评价指标体系。

表4-2 北京市"高精尖"产业发展指标评价体系

一级指标	一级指标	二级指标
"高精尖"产业结构（HTI）	生产经营	工业总产值（Indus_output）
		高新技术企业数目（hightech_num）
		高新技术企业利润总额（hightech_pro）
	从业人员	从业人员期末人数（worker）
		研究开发人员数量（developer）
	研发创新	当年专利申请数（patent_app）
		当年专利授权数（patent_lic）

（三）"高精尖"产业发展指标权重确定

1. 数据标准化处理

采用主成分分析法对"高精尖"产业发展指标评价体系中的各项指标确定权重。首先，对指标进行 Z-Score 标准化处理，这样可以将不同量级的数据转化为统一量度，以保证数据之间的可比性。其次，通过以下公式进行标准化处理，最终得到均值为0、标准差为1的样本。

$$Z\_Score_i = \frac{x_i - \mu}{\delta}$$

式中，Z_Score_i 为观测值 i 标准化之后的值，x_i 为观测值 i，μ 为总体均值，δ 为总体标准差。

2. 主成分分析法

KMO 和巴特利特球形检验。KMO 检验的核心，是对简单相关系数和偏相关系数进行比对。若变量之间的简单相关系数平方和显著高于偏相关系数平方和，则表明变量之间的偏相关系数越小；值越接近，原始变量数据越适合做主成分分析。巴特利特球形检验的零假设是相关矩阵为单位矩阵，如果拒绝零假设，则认为相关矩阵不是单位矩阵，原始变量数据之间存在相关性。结果如表4-3所示，从中可以看出 KMO 值为 0.84，且在 1% 置信水平下显著。以上数据说明此变量很适合用因子分析进行相关研究。

表 4-3 KMO 和巴特利特球形检验结果

KMO 和巴特利特检验		
KMO 取样适切性量数		0.840
巴特利特球形度检验	近似卡方	1 142.673
	自由度	21
	显著性	0.000

计算相关系数矩阵,初步判定各个指标之间的相关程度(如表 4-4 所示)。

表 4-4 相关系数矩阵

指标	Indus_output	hightech_num	hightech_pro	worker	developer	patent_app	patent_lic
Indus_output	1.000	0.572	-0.099	0.629	0.585	0.571	0.588
hightech_num	0.572	1.000	-0.055	0.985	0.987	0.960	0.954
hightech_pro	-0.099	-0.055	1.000	-0.068	-0.053	-0.064	-0.069
worker	0.629	0.985	-0.068	1.000	0.995	0.980	0.978
developer	0.585	0.987	-0.053	0.995	1.000	0.984	0.981
patent_app	0.571	0.960	-0.064	0.980	0.984	1.000	0.996
patent_lic	0.588	0.954	-0.069	0.978	0.981	0.996	1.000

公因子方差、总方差解释如表 4-5、表 4-6 所示。

表 4-5 公因子方差结果

公因子方差		
	初始	提取
Indus_output	1.000	0.468
hightech_num	1.000	0.958
hightech_pro	1.000	0.989
worker	1.000	0.991
developer	1.000	0.984
patent_app	1.000	0.970
patent_lic	1.000	0.970

表 4-6　总方差解释结果

成分	初始特征值			提取载荷平方和		
	总计	方差百分比	累计百分比	总计	方差百分比	累计百分比
1	5.327	76.106	76.106	5.327	76.106	76.106
2	1.002	14.310	90.416	1.002	14.310	90.416
3	0.594	8.489	98.905			
4	0.062	0.889	99.794			
5	0.008	0.112	99.906			
6	0.003	0.048	99.954			
7	0.003	0.046	100.000			

最终计算得出各指标的权重，如表 4-7 所示。

表 4-7　各指标权重

指标	权重
Indus_output	0.10
hightech_num	0.17
hightech_pro	0.06
worker	0.17
developer	0.17
patent_app	0.17
patent_lic	0.16

二、变量定义与数据来源

（一）被解释变量

1. 经济发展

　　该指标反映北京市各区域的经济发展水平，以两个指标来衡量：一为地区生产总值（gdp），直观反映宏观经济发展水平；二为居民人均可支配收入（income），反映经济发展在居民中的体现。

2. 税收收入

　　该指标反映市内各区域的税收收入（taxation），是区域财政收入的主要

来源。

3. 研发创新

该指标反映市内各区域在研发创新方面的发展，以专利相关数据来衡量，包括专利申请量（$patent\_1$）和专利授权量（$patent\_2$）。

4. 能源消耗

该指标反映的不仅仅是单一的能源消耗量（$energy$），更是技术进步、劳动力充裕等支撑资源的反映，主要以用电量与GDP的比重来衡量。

5. 就业率

该指标反映就业人数与总人数的比重，以反映各区域的就业水平（$employ$）。

（二）解释变量

"高精尖"产业发展水平（HTI-tech industries，HTI）。本章基于首都功能定位和非首都功能疏解，以"10+3"之"高精尖"产业政策为导向，通过指数设计来全面反映北京市"高精尖"产业的发展水平。具体而言，本章通过生产经营、从业人员、研发创新等维度建构"高精尖"产业发展评价指标体系。

（三）控制变量

（1）期末人数（Peo），指各区域在年末时人员的数量。

（2）投产企业个数（$businesses$），指各园区投入生产的企业个数。

（3）累计已开发面积（$area$），指在规划范围内达到"七通一平"标准的、具备进行房屋建筑物施工或出让条件的土地面积。

（4）企业内部日常研发经费支出（rd），指企业在日常研发中的研发经费投入。

以上变量数据均来自北京市区域统计年鉴。

（四）模型设定

为验证北京市"高精尖"产业发展对经济发展水平的促进作用，本章构建如下双对数模型，这样可以消除部分异方差问题，且其回归结果具有良好的经济学含义。

$$\ln Y_{i,t} = \beta_0 + \beta_1 * \ln HTI_{i,t} + \beta_2 * X_{i,t} + \varepsilon_{i,t} \quad (4-1)$$

式中，$Y_{i,t}$ 为被解释变量，包括经济发展水平、税收收入、研发创新、能源消耗、就业率等；$HTI_{i,t}$ 代表园区 i 在第 t 年的"高精尖"产业发展水平；$X_{i,t}$ 为控制变量；$\varepsilon_{i,t}$ 为误差项。

三、实证结果分析

（一）描述性统计

主要变量的描述性统计结果如表4-8所示。"高精尖"产业发展指数均值的对数为9.61，标准差为1.23；地区生产总值对数的均值为15.99，标准差为1.18。这说明北京市各区域的经济发展水平存在显著差异。专利申请量对数的均值为8.57，专利授权量对数的均值为8.00。专利申请量对数的标准差为1.44，专利授权量对数的标准差1.47。

表4-8　主要变量的描述性统计分析

	mean	sd	p25	p50	p75	min	max
$\ln gdp$	15.99	1.18	14.90	15.88	16.82	14.02	18.19
$\ln income$	10.88	0.25	10.68	10.81	11.10	10.49	11.39
$\ln taxation$	14.45	1.31	13.63	14.14	15.31	11.81	17.62
$\ln patent\_1$	8.57	1.44	7.27	8.73	9.42	5.46	11.36
$\ln patent\_2$	8.00	1.47	6.72	8.27	8.89	4.53	10.80
$\ln energy$	3.43	0.68	2.79	3.57	3.83	2.03	4.84
$\ln employ$	3.35	0.58	2.81	3.35	3.74	2.50	4.49
$\ln high$	9.61	1.23	8.79	9.66	10.34	7.20	12.67
$businesses$	1 332	2 690	155.5	344	1 100	61	12 331
$area$	1 716	3 297	288.8	704.6	1 352	120	14 176
peo	150 000	290 000	29 803	76 918	140 000	6 484	1 300 000
rd	146.10	328.70	14.30	47.90	109.5	3	1 797

（二）相关性分析

相关性分析结果如表4-9所示，从中可以看出，"高精尖"产业（lnHTI）与地区生产总值（lngdp）和人均可支配收入的相关系数分别为0.636和0.510，都为正值且在1%置信水平下显著。"高精尖"产业（lnHTI）与税收收入（lntaxation）的相关系数为0.603，为正值且在1%置信水平下显著。"高精尖"产业（lnHTI）与专利申请量（lnpatent1）专利授权量（lnpatent2）的相关系数分别为0.697和0.679，都为正值且在1%置信水平下显著。"高精尖"产业（lnHTI）与能源消耗（lnenergy）的相关系数为-0.418，在1%置信水平下显著。"高精尖"产业（lnHTI）与就业率（lnemploy）的相关系数为0.323，为正值且在1%置信水平下显著。

表 4-9 主要变量相关性分析结果

	lngdp	lnincome	lntaxation	lnpatent1	lnpatent2	lnenergy	lnemploy	lnhigh	businesses	area	peo	rd
lngdp	1.000											
lnincome	0.723***	1.000										
lntaxation	0.920***	0.812***	1.000									
lnpatent1	0.933***	0.675***	0.858***	1.000								
lnpatent2	0.940***	0.684***	0.882***	0.990***	1.000							
lnenergy	-0.629***	-0.883***	-0.712***	-0.565***	-0.585***	1.000						
lnemploy	0.696***	0.692***	0.663***	0.543***	0.566***	-0.733***	1.000					
lnhigh	0.636***	0.510***	0.603***	0.697***	0.679***	-0.418***	0.323***	1.000				
businesses	0.319***	0.316***	0.318***	0.384***	0.367***	-0.310***	0.147	0.763***	1.000			
area	0.282**	0.208*	0.269**	0.335***	0.322***	-0.226*	0.093	0.686***	0.966***	1.000		
peo	0.332***	0.473***	0.328***	0.237*	0.249**	-0.475***	0.564***	0.013	-0.069	-0.116	1.000	
Rd	0.313***	0.461***	0.331***	0.218*	0.230*	-0.449***	0.526***	0.017	-0.062	-0.108	0.979***	1.000

注：*** 为 $p<0.01$，** 为 $p<0.05$，* 为 $p<0.1$。

(三) 回归分析

1. "高精尖"产业结构与经济发展

如表 4-10 所示,列 1、列 2 展示了"高精尖"产业（lnHTI）对地区生产总值（lngdp）的回归检验结果。其结果显示,未加入控制变量时,"高精尖"产业对地区生产总值的回归系数为 0.610；加入控制变量后,系数变为 0.926,即"高精尖"产业结构每提高 1%,地区生产总值将提高约 0.93%。

表 4-10 "高精尖"产业结构与经济发展回归结果

	lngdp (1)	lngdp (2)	lnincome (3)	lnincome (4)
lnHTI	0.610***	0.926***	0.104***	0.098***
	(0.138)	(0.130)	(0.024)	(0.027)
$businesses$		-0.000***		0.000*
		(0.000)		(0.000)
$area$		0.000**		-0.000**
		(0.000)		(0.000)
peo		0.000		0.000
		(0.000)		(0.000)
rd		-0.001		-0.000
		(0.001)		(0.000)
Constant	10.131***	7.066***	9.880***	9.890***
	(1.294)	(1.117)	(0.227)	(0.236)
Observations	64	64	64	64
R-squared	0.404	0.584	0.260	0.516
F	19.53	31.24	19.22	28.26

注：*** 为 $p<0.01$,** 为 $p<0.05$,* 为 $p<0.1$。

列 3、列 4 为"高精尖"产业（lnHTI）对人均可支配收入（lnincome）的回归检验结果。结果显示,在未加入控制变量时,"高精尖"产业结构对人均可支配收入的回归系数为 0.104；加入控制变量后,回归系数变为 0.098。这说明"高精尖"产业结构每提高 1%,人均可支配收入将提高约 0.098%。以上结果验证了"高精尖"产业结构对经济发展的正向促进效用。

2. "高精尖"产业结构与税收收入

如表4-11所示,列1、列2分别为"高精尖"产业结构(lnHTI)对税收收入(lntaxation)在未加入控制变量与加入控制变量的回归结果。在未加入控制变量时,"高精尖"产业结构对税收收入的回归系数为0.646,在1%置信水平下显著;加入控制变量时,"高精尖"产业结构对税收收入的回归系数为0.914,在1%置信水平下显著。这说明"高精尖"产业结构每提高1%,税收收入将提高约0.914%。由此可见,"高精尖"产业结构的建设对税收收入有着显著的正向促进作用。

表4-11 "高精尖"产业结构与税收收入回归结果

	lntaxation	
	(1)	(2)
ln*HTI*	0.646***	0.914***
	(0.147)	(0.165)
businesses		-0.000*
		(0.000)
area		0.000
		(0.000)
peo		0.000
		(0.000)
rd		0.001
		(0.002)
Constant	8.245***	5.663***
	(1.370)	(1.444)
Observations	64	64
R-squared	0.364	0.507
F	19.28	16.21

注:*** 为 $p<0.01$,** 为 $p<0.05$,* 为 $p<0.1$。

3. "高精尖"产业结构与研发创新

表4-12为"高精尖"产业结构与研发创新回归结果。表中列1、列2为"高精尖"产业结构(lnHTI)对专利申请量(lnpatent_1)的回归结果。

第四章 北京市国有企业推动构建"高精尖"经济结构的必要性和可行性

结果显示,未加入控制变量时,"高精尖"产业结构对专利申请量的回归系数为0.816,在1%置信水平下显著;加入控制变量之后,"高精尖"产业结构对专利申请量的回归系数为1.150,在1%置信水平下显著。也就是说,"高精尖"产业每提高1%,专利申请量将提高约1.15%。

表4-12 "高精尖"产业结构与研发创新回归结果

	lnpatent_1		lnpatent_2	
	(1)	(2)	(3)	(4)
lnHTI	0.816***	1.150***	0.813***	1.170***
	(0.172)	(0.145)	(0.174)	(0.151)
businesses		-0.000**		-0.000***
		(0.000)		(0.000)
area		0.000*		0.000*
		(0.000)		(0.000)
peo		0.000		0.000
		(0.000)		(0.000)
rd		-0.002		-0.002
		(0.002)		(0.002)
Constant	0.728	-2.472*	0.193	-3.227**
	(1.620)	(1.266)	(1.646)	(1.315)
Observations	64	64	64	64
R-squared	0.486	0.594	0.461	0.581
F	22.55	35.72	21.79	34.70

注:*** 为$p<0.01$,** 为$p<0.05$,* 为$p<0.1$。

列3、列4为"高精尖"产业结构(lnHTI)对专利授权量(lnpatent_1)的回归结果。结果显示,未加入控制变量时,"高精尖"产业结构对专利申请量的回归系数为0.813,在1%置信水平下显著;加入控制变量之后,"高精尖"产业结构对专利申请量的回归系数为1.170,在1%置信水平下显著。也就是说,"高精尖"产业每提高1%,专利申请量将提高约1.17%。"高精尖"产业结构的构建对于研发创新具有显著的正向影响。

4. "高精尖"产业结构与能源消耗

表4-13为"高精尖"产业结构与能源消耗的回归结果。表中列1为未加入控制变量的回归结果,结果显示"高精尖"产业结构对能源消耗的回归系数为-0.23,在1%置信水平下显著。列2为加入控制变量的回归结果,结果显示"高精尖"产业结构对能源消耗的回归系数为-0.164,在5%置信水平下显著。也就是说,"高精尖"产业结构每提升1%,其能源消耗将降低约0.164%。由此可见,北京市"高精尖"产业结构能显著降低其能源消耗。

表4-13 "高精尖"产业结构与能源消耗回归结果

	lnenergy	
	(1)	(2)
ln*HTI*	-0.230***	-0.164**
	(0.059)	(0.073)
businesses		-0.000
		(0.000)
area		0.000
		(0.000)
peo		-0.000**
		(0.000)
rd		0.001
		(0.001)
Constant	5.646***	5.220***
	(0.572)	(0.640)
Observations	64	64
R-squared	0.175	0.421
F	15.02	20.74

注:*** 为 $p<0.01$,** 为 $p<0.05$,* 为 $p<0.1$。

5. "高精尖"产业结构与就业率

表4-14为"高精尖"产业结构对就业率的回归结果。列1为未加入控制变量的回归结果,系数为0.153,在1%置信水平下显著。列2为加入控制

变量之后的回归结果，系数为 0.199，在 1% 置信水平下显著。这说明"高精尖"产业结构每提高 1%，就业率将提高约 0.199%，即"高精尖"产业结构的推进有助于提高就业率。

表 4-14 "高精尖"产业结构与就业率回归结果

	lnemploy	
	(1)	(2)
ln*HTI*	0.153***	0.199***
	(0.057)	(0.060)
businesses		-0.000
		(0.000)
area		0.000
		(0.000)
peo		0.000***
		(0.000)
rd		-0.001*
		(0.001)
Constant	1.881***	1.278**
	(0.551)	(0.530)
Observations	64	64
R-squared	0.104	0.443
F	7.063	30.71

注：*** 为 $p<0.01$，** 为 $p<0.05$，* 为 $p<0.1$。

第四节 本章小结

本章首先就国有企业与高技术企业对北京市的整体贡献进行了阐述，包括国有企业的就业贡献度、国有企业的经济贡献度以及高技术企业的就业贡献度、高技术企业的经济贡献度等，并从中得出国有企业与高技术企业在北京市就业与经济增长方面具有重要作用的结论。

然后，围绕北京市"高精尖"产业，对平均研发人员数量、平均研发

投入金额、平均主营业务收入、平均净资产收益率、平均营业利润率、平均营业毛利率等多个指标进行比较评价。

最后，为了实证检验北京市推动构建"高精尖"经济结构的必要性与可行性，本章从"高精尖"产业结构与经济发展、"高精尖"产业结构与税收收入、"高精尖"产业结构与研发创新、"高精尖"产业结构与能源消耗、"高精尖"产业结构与就业率等五个角度出发进行探究。

研究发现：

第一，推动发展"高精尖"产业结构，对北京市的经济发展具有显著正向影响。

第二，推动发展"高精尖"产业结构，有助于提高北京市各区域税收收入。

第三，推动发展"高精尖"产业结构，对北京市的研发创新具有显著正向影响。

第四，推动发展"高精尖"产业结构，有助于降低北京市的能源消耗。

第五，推动发展"高精尖"产业结构，有助于提高北京市的就业率。

综上所述，本章通过对国有企业、高技术企业与"高精尖"产业的分析评价，并进一步通过实证检验北京市"高精尖"产业结构对北京市各方面发展的促进作用后得出结论：北京市推动发展"高精尖"经济结构非常有必要。

第五章

构建"高精尖"经济结构背景下北京市国有企业的产业升级路径研究

第一节　北京市"高精尖"国有企业的总体发展概况

本章根据《中国高技术产业统计年鉴2020》公布的统计数据，从企业的生产经营、研发情况、发明专利及产品开发等四个方面对北京市国有高技术企业进行考察。通过对数据的深入分析比较，发现目前北京市国有高技术企业的发展呈现出以下三个特征。

第一，相比非国有企业，国有企业的规模小，盈利能力偏低。2019年北京市共有853家企业从事高技术产业，其中国有及国有控股企业170家，占比仅为19.93%。由此可知，目前北京市高技术产业的经营主体以民营企业及海外企业为主。在企业经营方面，2019年国有高技术企业共实现营业收入1 290亿元，占北京市所有高技术企业营业收入的22.05%（北京市高技术企业营业收入总额为5 850亿元）。

国有企业收入的占比高于其企业数量的占比，可见国有企业的经营情况还是比较乐观的，但国有企业获利能力尚不及非国有企业。2019年国有高技术企业利润总额为86亿元，而所有高技术企业利润总额为522亿元，国有企业的占比为16.48%。此外，从后文对北京市十大"高精尖"产业的单独分析也可以看出，多数产业（如集成电路产业、医药健康产业、新能源智能汽车产业等）出现了国有企业营业收入远高于非国有企业，但营业毛利率却低于非国有企业的现象。

第二，国有高技术企业研究投入高，产出多。通过分析统计数据发现，不论从研发人员投入还是研发资金投入来看，国有企业均显著高于非国有企业。2019年，北京市所有组织过R&D活动的高技术企业中有477家，其中国有企业共计115家，占比为24.11%。在全部的高技术企业中，R&D人员有27 004人，其中国有高技术企业R&D人员共计1 1037人，占比高达40.87%。此外，2019年北京市共有188家高技术企业单独设立了研发机构，其中国有企业占比为28.19%。上述一系列数值均高于国有企业数量在高技术企业数量中的占比（19.93%），由此反映出国有企业十分重视企业的研发投入。

高强度的投入使得国有企业具有高水平的研究产出。2019年国有高技术企业申请专利3 407件，比2018年高出847件。在有效发明专利方面，

2019年国有高技术企业有效发明专利共计9 564件,平均每家国有高技术企业持有的有效发明专利为56件;而非国有企业平均持有的有效发明专利为25件,不足国有企业平均有效发明专利持有量的一半。

第三,相比大多数的非国有企业,国有企业的创新意识较强,主要体现在国有高技术企业对新产品的重视程度上。2019年北京国有高技术企业共开发了1 535项与新产品开发有关的项目。平均每家国有高技术企业开发了9个新产品项目,而平均每家非国有高技术企业开发的新产品项目数量为5个。

虽然两者在新产品开发项目数量上的差距较小,但开发经费相差较大。2019年国有高技术企业在新产品开发上共支出84.2亿元,平均每家国有高技术企业支出4 954万元,而非国有高技术企业平均新产品开发费用支出为1 940万元。此外,在开支占比上也可以明显看出国有高技术企业对创新的重视。国有高技术企业2019年营业收入1 290亿元,支出84.2亿元用于新产品开发,占比为6.53%。非国有高技术企业营业收入为4 560亿元,支出新产品开发经费为132.5亿元,占比仅为2.90%。

图5-1为北京市国有高技术企业发展概览。

图5-1 北京市国有高技术企业发展概览

资料来源:笔者绘制。

第五章　构建"高精尖"经济结构背景下北京市国有企业的产业升级路径研究

第二节　分产业的北京市国有企业"高精尖"产业升级路径

为了更加有针对性地剖析北京市"高精尖"国有企业的情况，本章接下来将聚焦新一代信息技术、集成电路、医药健康、人工智能、智能装备、节能环保、软件和信息技术、新能源智能汽车、新材料以及科技服务业等十大"高精尖"产业进行深入研究。研究内容主要分为两部分：第一部分将从数据表现出发，简要概述各产业中的国有企业的发展现状，此部分数据源于国泰安数据库。第二部分将根据"高精尖"产业的产业特征，结合北京市各个产业的发展环境提出国有企业的优化升级路径。

一、新一代信息技术产业

在新一代信息技术产业中，北京市国有企业十分重视对基础性工程的建设。2015年国有企业和非国有企业的平均在建工程投资额相差约0.23亿元。此后，两者的投资差距有增无减，如2019年国有企业的平均在建工程投资额0.9亿元，而非国有企业的仅为0.089亿元。

不过，就北京市新一代信息技术产业中的国有企业盈利能力及研发能力而言，其在当前的发展中存在较大的提升空间。根据国泰安数据库的统计数据，北京市国有企业的盈利表现呈现出被非国有企业反超的趋势。自2015年后，国有企业的平均营业收入一直略低于非国有企业的平均营业收入。

研发方面，相比非国有企业而言，国有企业的投入强度和成果转化率均略低。近年来，北京市新一代信息技术产业中的国有企业平均研发资金投入占比由2015年的1.48%逐年增加至2019年的1.96%，而非国有企业的占比由11.94%增加至16.52%。在研发人员投入上，国有企业2019年的平均研发人员占比为15%，而非国有企业的平均研发人员占比为41.93%。在研究成果上，北京市新一代信息技术领域的专利持有量几乎都集中在非国有企业。截至2019年的五年来，国有企业的平均专利拥有量为0件，而非国有企业的专利持有量则由2015年的60件波动增长至2019年的100件。图5-2为2019年北京市从事新一代信息技术产业的国有企业的发展情况。

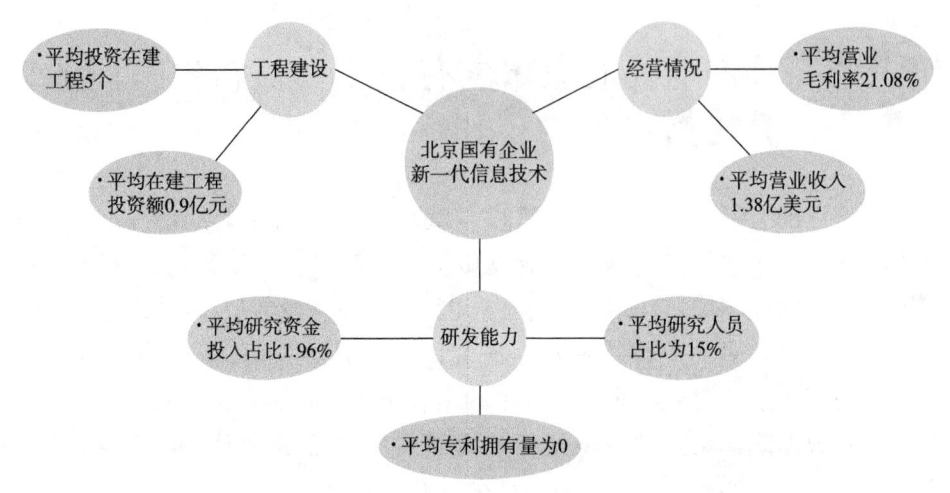

```
•平均投资在建          工程建设              经营情况         •平均营业
 工程5个                                                    毛利率21.08%
                         北京国有企业
        •平均在建工程      新一代信息技术              •平均营业收入
         投资额0.9亿元                                 1.38亿美元

        •平均研究资金      研发能力            •平均研究人员
         投入占比1.96%                         占比为15%

                      •平均专利拥有量为0
```

图 5-2　2019 年北京市新一代信息技术国有企业发展现状

资料来源：笔者绘制。

新一代信息技术产业具有产业链条长、发展任务重、技术要求高等特征。本章结合这三个特征，分别从技术研究、布局规划和产业细分领域三个方面提出北京市国有企业的发展提升之路，具体如图 5-3 所示。上述三个产业特征分别对应发展路径的三个不同方面。

首先，由于该产业技术迭代速度较快，企业应当强化技术研究。陈媛媛等（2021）通过趋势分析，指出首都"高精尖"产业发展过程中应注意形成产学研联动效应，即"以市场为导向、以企业为主体、以产学研为途径"构建技术创新体系。近年来，北京市新一代信息技术产业中的国有企业平均专利持有量一直为 0 件，可见技术研究是亟待加强的一个重要环节。当前，北京市已在新一代信息技术领域成立了多个研究机构与研究平台，国有企业需要加强与它们的合作，如北京大学成立的新一代信息技术研究院，以及由国家工业信息安全发展研究中心牵头建设的工业大数据公共服务平台等。

其次，新一代信息技术产业有着较长的产业链条，产业结构也较为清晰，国有企业应当结合北京市政府的发展指导意见，清晰定位自身在产业链上所处的位置，以明确企业的重点发展领域。新一代信息技术产业的上游包括半导体器件和通信基础设施两大领域；中游涵盖通信网络和网规网优及解

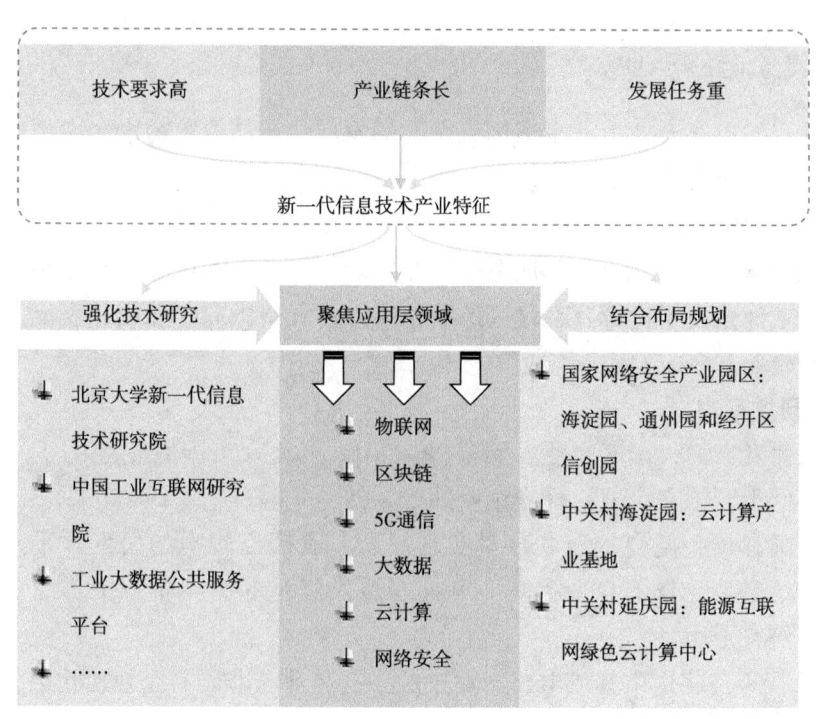

第五章 构建"高精尖"经济结构背景下北京市国有企业的产业升级路径研究

图 5-3 北京市新一代信息技术产业中的国有企业提升路径

资料来源：笔者绘制。

决方案等两部分；下游则偏向应用层，覆盖范围较广，涵盖了人们生活与工作的多个方面，其主要领域有云计算、区块链、网络安全、大数据等。在2018年出台的《北京市加快科技创新发展新一代信息技术产业的指导意见》中，北京市政府将5G通信、网络安全、云计算、大数据、人工智能与集成电路等作为北京市新一代信息技术的重点发展方向。由此可以看出，北京市新一代信息技术产业的发展重心位于产业链的下游。

最后，新一代信息技术产业作为带动性较强的战略性产业，其产业的发展意义重大。近年来，北京市政府成立各类园区以扶持该产业发展，国有企业应当充分结合相关空间规划来谋求自身发展。例如，在网络安全领域，北京市政府部署了"三园协同"的国家网络安全产业园区（三园具体是指海淀园、通州园和经开区信创园）。同时，在云计算领域成立了中关村海淀园的云计算产业基地，此外还有中关村延庆园的能源互联网绿色云计算中心，等等。

二、集成电路产业

在集成电路产业，北京市国有企业的发展位于产业链前沿，主要体现在经营情况及研发能力等方面。

（一）经营情况

在经营方面，北京市集成电路产业中的国有企业营业收入远远高于非国有企业。但是由于内部存在过高的营业成本，导致国有企业的获利能力不及非国有企业。

（二）研发能力

在研发方面，国有企业发展强劲。2015年北京市国有企业的平均专利数量略低于非国有企业，国有企业约158件，非国有企业约186件。自2015年后，国有企业拥有的专利数量实现反超，表现出较高的研发水平。截至2019年，北京市国有企业平均专利拥有量已经是非国有企业平均专利拥有量的三倍有余。

图5-4是北京市集成电路产业中的国有企业与非国有企业对比分析。

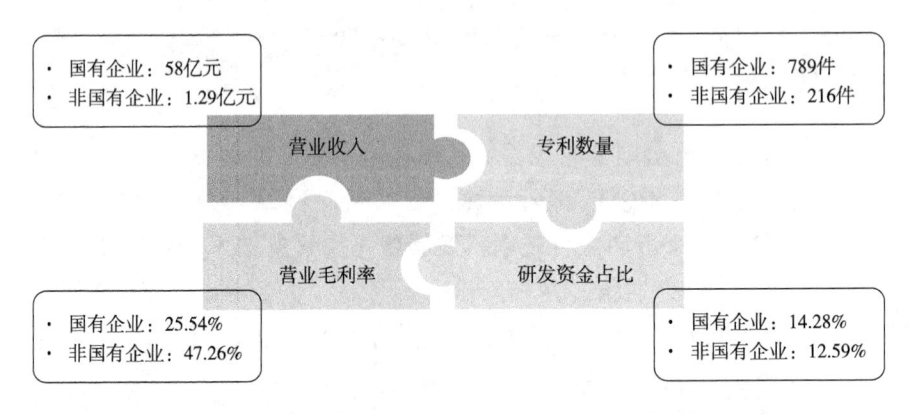

营业收入
- 国有企业：58亿元
- 非国有企业：1.29亿元

专利数量
- 国有企业：789件
- 非国有企业：216件

营业毛利率
- 国有企业：25.54%
- 非国有企业：47.26%

研发资金占比
- 国有企业：14.28%
- 非国有企业：12.59%

图5-4　北京市集成电路产业中的国有企业与非国有企业对比分析

资料来源：笔者绘制。

技术迭代快、产品种类多以及产业聚集性高等是北京市集成电路产业的重要特征。

首先，技术迭代快。集成电路产业的发展速度与信息技术行业息息相关，而根据摩尔定律可知，信息技术进步的速度非常快，如半导体芯片上的

第五章　构建"高精尖"经济结构背景下北京市国有企业的产业升级路径研究

集成晶体管和电阻数量每18个月就会增加一倍。

其次,产品种类多。按照产品的适用范围和技术特性,可将集成电路大致划分为两大类:专用集成电路以及高端通用集成电路。每一类又有众多不同的细分市场,如高端通用集成电路芯片可用于储存器、移动处理器、FPGA等,而专用集成电路芯片常用于汽车电子领域、工业电子领域、通信设备领域等。在上述特征的影响下,国有企业可以通过强化技术研究及注重产业布局来提升自身在终端市场的竞争优势。

1. 在技术研究层面

国有企业一方面可以通过继续加大研发资金和人员投入力度来增强自身的研究力量,同时可以设立企业自己的研究基地;另一方面也可以借助北京市丰富的研究资源。北京市目前拥有多个与集成电路相关的研究机构,如北京集成电路测试技术研究中心、北京元芯碳基集成电路研究院以及正在筹建的中国科学院集成电路创新研究院等。北京市国有企业应当主动加强与这些研究机构和创新平台的联系,以项目对接、人才交流等多种形式展开合作。此外,产业内的龙头企业应主动发挥技术创新引领作用。有研究指出,行业龙头企业的战略定位能够有效回应市场的重大需求,其战略实施具备丰富的资源保障,在整个产业创新链的发展过程中可发挥强大的带动引领作用(杨道州等,2021)。

2. 产业布局层面

为了提高北京市集成电路发展水平,北京市政府构建了"北设计、南制造"的产业空间布局规划,北京市国有企业应当积极配合这一规划,根据企业经营特点入驻相应的园区。具体而言,"北设计"是指北京市政府在海淀区北部,借助丰富的人才、智力、项目、资金资源,创建了国家级的集成电路设计园——中关村集成电路设计园。"南制造"是指在北京市南部的经济技术开发区建成了集成电路生产制造基地——亦庄集成电路制造产业集聚区。

3. 终端市场层面

因为集成电路的产品种类繁多,所以与之相关的消费市场也很多,在众多市场中,偏向技术层和应用层的市场是北京市的重点发展领域。《北京市加快科技创新 发展集成电路产业的指导意见》指出,北京市发展集成电路产业的重点方向是在智能通用核心产品、工业控制的产品应用方面实现突

破，同时高度聚焦关键领域的芯片产品，如移动通信、汽车电子等。

图 5-5 为北京市集成电路产业中的国有企业提升路径。

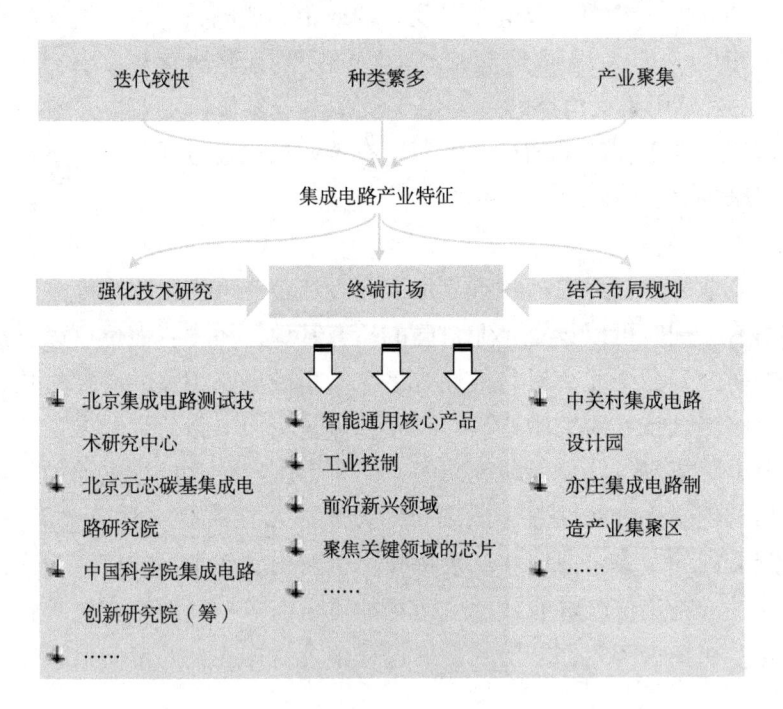

图 5-5　北京市集成电路产业中的国有企业提升路径

资料来源：笔者绘制。

三、医药健康产业

在医药健康产业方面，北京市国有企业的发展稳定，在营业收入、营业毛利率等多个财务指标上均呈现不同幅度的逐年增长趋势。在营业收入上，北京市医药健康产业中的国有企业平均营业收入在 2015—2019 年增加了 1.25 亿元，达到 4.06 亿元；而非国有企业增加了 0.72 亿元，小幅增长至 2.96 亿元。不过，国有企业每年的平均营业毛利率数值则低于非国有企业。从综合营业收入和营业毛利率两个指标可知，国有企业表现出的收入高但获利低的主要原因是国有企业的营业成本较高。

研发能力是北京市医药健康国有企业需要重点提升的能力。在北京市医药健康产业中，国有企业的平均专利拥有量远低于非国有企业的专利拥

第五章 构建"高精尖"经济结构背景下北京市国有企业的产业升级路径研究

有量。国有企业研发成果较少的主要原因可能是研发投入强度较低。具体而言,2019年国有企业的研发人员占比投入为7.4%,而非国有企业为27.01%;国有企业的平均研发资金投入占比为2.86%,而非国有企业的平均研发资金投入占比为8.85%。

图5-6为2015—2019年北京市医药健康产业中的国有企业和非国有企业发展对比。

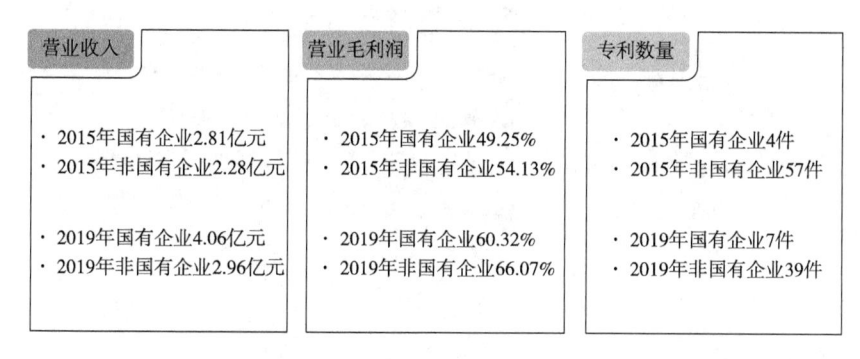

营业收入	营业毛利润	专利数量
· 2015年国有企业2.81亿元 · 2015年非国有企业2.28亿元 · 2019年国有企业4.06亿元 · 2019年非国有企业2.96亿元	· 2015年国有企业49.25% · 2015年非国有企业54.13% · 2019年国有企业60.32% · 2019年非国有企业66.07%	· 2015年国有企业4件 · 2015年非国有企业57件 · 2019年国有企业7件 · 2019年非国有企业39件

图5-6 2015—2019年北京市医药健康产业中的国有企业和非国有企业发展对比
资料来源:笔者绘制。

图5-7展示了北京市医药健康国有企业的提升路径。如图5-7所示,北京市医药健康产业的产业集群性强、技术密集性高,同时又表现出了与其他领域融合发展的趋势。结合上述要点,本书认为,北京市医药健康产业中的国有企业提升路径,可以从注重技术研究以及产业空间布局出发,以此在北京市医药健康重点发展领域中占据一席之地。

首先,医药健康产业中的国有企业应加强自身的技术研究能力。医药健康产业是高度技术密集的产业,研究能力的高低在一定程度上决定了竞争地位的高低。张舒逸等(2020)通过归纳不同国家的发展路径,总结得出这样的结论:医药健康产业的发展需要以技术创新为主要动力。就北京市当前医药健康产业的发展情况而言,国有企业的技术研究成果没有非国有企业多,因而在自身研究能力有限的情况下国有企业可以积极主动地获取外部研究资源。北京市的研究资源丰富,研究平台众多,国有企业需要加强与它们的合作,如北京生物医药研究所、中国医学科学院医药生物技术研究所等。

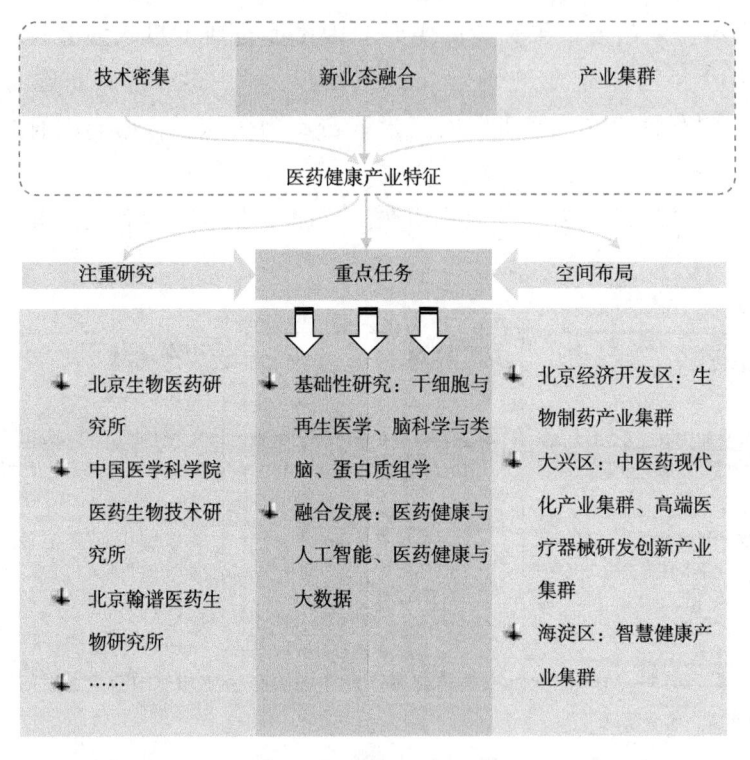

图 5-7　北京市医药健康产业中的国有企业提升路径

资料来源：笔者绘制。

其次，北京市政府已在医药健康园区建设上进行了科学合理的规划，使不同的行政区域有不同的优势领域，国有企业可以在特定的区域开展相关业务。具体来说，在北京经济技术开发区和昌平区有生物制药产业集群，在大兴区有中医药现代化产业集群、高端医疗器械研发创新产业集群和智慧健康产业集群，在海淀区和昌平区有智慧健康产业集群，等等。

最后，在注重研究和园区规划的基础上，国有企业还应当参照北京市政府引导的医药健康产业结构调整方向，将基础研究及前沿领域作为重点。2018年颁布的《北京市加快医药健康协同创新行动计划（2018—2020年）》中，政府制定了北京市医药健康协同创新发展重点方向目录，目录中包含干细胞与再生医学、蛋白质组学、脑科学与类脑等基础性研究以及医药健康与人工智能、大数据技术融合新兴业态发展等。由此可知，基础性的技术研究和前沿产业的融合发展这两类将是北京市医药健康产业的发展重点。对此国

有企业应当把握机会，结合企业内部的资源，力争在上述领域中取得重大突破。

四、人工智能产业

截至 2020 年 1 月初，北京市尚没有成立以人工智能为主营业务的国有企业。这就意味着，在人工智能产业中，国有企业还属于起步阶段，存在较大的可提升空间。实际上，除了国有企业需要加强对人工智能相关业务的拓展外，非国有企业也需要对此进行积极探索。北京市经济和信息化局统计的报告显示：2019 年，北京市人工智能产业（相关软件企业）共实现营业收入 2 229.2 亿元，同比增长 15.5%。

北京市发展人工智能产业的优势突出，这为国有企业布局人工智能产业提供了极为有利的发展环境。具体来说，北京市在该产业中的发展优势体现在链条完整、资本密集、研发强大等多个方面。

首先，北京市人工智能产业几乎覆盖了产业链条上的基础层、技术层和应用层且产业集聚效应明显。根据《北京人工智能产业发展白皮书（2018年）》的统计可知，以百度云、京东云和锐软科技为代表的基础层企业的数量占北京市所有人工智能企业数量的 11%；技术层的企业数量占比为 31%，其代表企业有搜狗、出门问问等；以中科创达、智车优行等为代表的应用层企业数量最多，占比约为 58%（如图 5-8 所示）。位于链条不同位次的企业集聚北京，使得北京市成为我国最具代表性的人工智能产业集群地区。这为国有企业在此布局人工智能提供了氛围浓厚的产业生态环境。

其次，北京地区聚集了大量资本，可为人工智能产业的发展提供强有力的资金支持。根据北京市经济和信息化局的初步统计，在北京市众多投资机构中，曾经投资过人工智能企业的投资机构已超 200 家。其中的代表机构包括创新工场、英诺天使基金、联想之星等。

最后，在研发层面，首都北京的科研力量强大，可为企业高端化发展提供强大的技术支持。北京市的人工智能的研究力量可以分为四类。第一类是各人工智能实验室。根据北京市经济和信息化局公布的数据显示，包括中科院自动化所在内的 10 余个国家重点实验室均落户于北京。第二类是研究机构，我国最先进的人工智能科研院所几乎均聚集于北京，如北京智源人工智能研究院、北京通用人工智能研究院等。第三类是北京市各大高校成立的人

工智能研究院，如北京大学人工智能研究院、北京科技大学人工智能研究院等。第四类研究力量是科技企业。大多数的科技企业（如字节跳动、百度等）已在北京成立了单独的人工智能实验室以及研究院，具备较强的人工智能技术研发能力（陈军等，2019）。图5-9展示了北京市人工智能产业研究力量的分布。

基础层
数量占比：11%
代表企业：百度云、锐软科技等

技术层
数量占比：31%
代表企业：百度IDL、搜狗等

北京市
人工智能企业分布

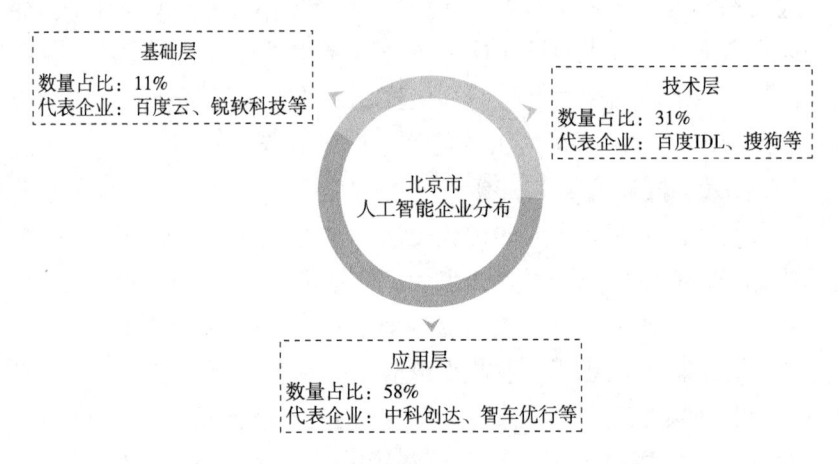

应用层
数量占比：58%
代表企业：中科创达、智车优行等

图5-8 北京市人工智能产业企业类别分布

资料来源：笔者绘制。

- 类似于中科院自动化所等10余个国家重点实验室落户北京

国家实验室

- 北京大学人工智能研究院
- 北京科技大学人工智能研究院
- ……

高校研究院   研究机构

- 北京智源人工智能研究院
- 北京通用人工智能研究院
- ……

各科技企业

- 科技企业（如百度）成立单独的人工智能实验室以及研究院

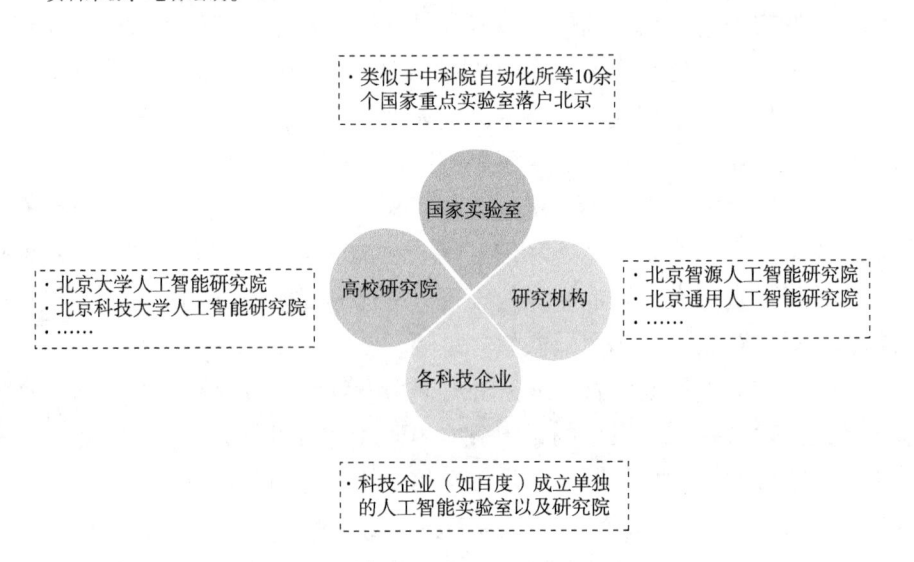

图5-9 北京市人工智能产业研究力量分布

资料来源：笔者绘制。

五、智能装备产业

在北京市智能装备产业中，大多数国有企业的竞争力远不及非国有企业，在营业收入、营业毛利率、专利持有量等指标上表现欠佳。

首先，根据北京市经济和信息化局对外发布的《北京市智能制造标杆企业》可知，在拟定的21家企业中，仅有北京亦庄水务有限公司、安泰科技股份有限公司、北京汽车集团越野车有限公司、北京铁路信号有限公司、北京动力机械研究所等五家企业为国有企业。由此可知，目前该产业内的头部企业大多为非国有企业，非国有企业主导着该产业的发展走向。

其次，在指标表现上，2019年国有企业的平均营业收入为1.08亿元，平均营业毛利率为27.62%；同期，非国有企业则实现了5.50亿元的平均营业收入以及37.22%的平均营业毛利率。除此之外，2015—2019年，北京市智能装备产业中的国有企业平均专利拥有量始终为0件，非国有企业的平均专利拥有量则由2015年的336件增加至2019年的524件。图5-10为2015—2019年北京市智能装备产业中的国有企业与非国有企业发展对比。

平均营业收入	平均营业毛利率	专利数量
➤ 2015年国有企业0.84亿元 ➤ 2015年非国有企业2.56亿元	➤ 2015年国有企业28.375% ➤ 2015年非国有企业34.61%	➤ 2015年国有企业0件 ➤ 2015年非国有企业336件
➤ 2019年国有企业1.08亿元 ➤ 2019年非国有企业5.50亿元	➤ 2019年国有企业27.62% ➤ 2019年非国有企业37.22%	➤ 2019年国有企业0件 ➤ 2019年非国有企业524件

图5-10 2015—2019年北京市智能装备产业中的国有企业与非国有企业发展对比
资料来源：笔者绘制。

技术引领发展、产品范围宽广以及空间分布初显是北京市智能装备产业三个重要的产业发展特征。国有企业的提升路径需要结合上述特征，有针对性地明晰下一步的发展任务。如图5-11所示，本书从技术研究、空间布局以及重点领域等三个维度出发，提出了国有企业的优化升级之路。

```
┌─────────────────────────────────────────────────────┐
│   技术引领发展      产品范围宽广      空间分布初显   │
│                                                     │
│                 智能装备产业特征                    │
└─────────────────────────────────────────────────────┘

      技术研究         重点领域         空间布局

  ↓ 招聘研发人员    ↓ 智能制造装备：如   ↓ 海淀区
  ↓ 投入研发资金      高端数控机床等     ↓ 北京经济技术开发区
  ↓ 展开对外合作：如 ↓ 高端能源装备：如   ↓ 昌平区
    北京科技大学智能   高端新能源装备等   ↓ 顺义区
    装备产业技术研究 ↓ 特色智能专用装     ↓ 通州区
    院、军民融合智能   备：科学仪器等     ↓ 朝阳区
    备研究院等       ↓ ……               ↓ 大兴区
  ↓ ……
```

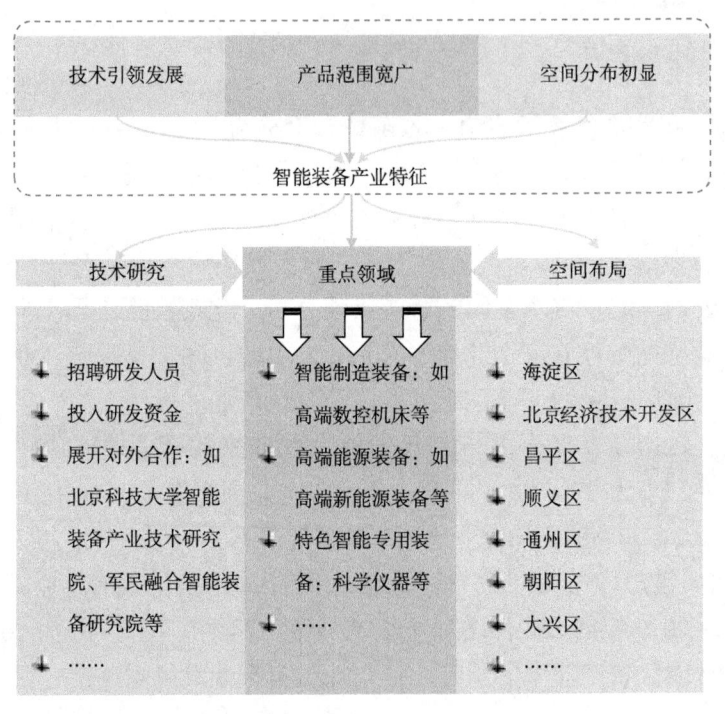

图 5-11　北京市智能装备产业中的国有企业提升路径

资料来源：笔者绘制。

首先，重视技术研究是国有企业提升自身竞争力的第一要务。贾立刚（2019）指出，智能装备产业在发展中存在关键技术依赖国外、研发力度有待加强等问题。由现状分析可知，北京市国有企业近年来的平均专利持有量为 0 件，这反映出国有企业的研究能力亟待提升。在智能装备产业的众多发展要求中，极为重要的一项就是突破核心技术，加强重大技术装备方面的研发创新。

国有企业要增强自身的研究能力：一方面可以从加大投入力度入手。例如，多投入研发资金，给予研发部门更多的资金支持；多招聘研发人才，加大研发人员的投入比例；等等。另一方面需要善用外部资源，对此应主动加强与北京市各个研究机构的合作，如北京科技大学智能装备产业技术研究院、军民融合智能装备研究院、中关村能源工程智能装备产业技术研究院等。

其次，国有企业需要结合特定的区域加大发展力度。不同于其他的"高

精尖"产业，目前北京市智能装备产业的产业集群效应不强，产业空间分布尚没有呈现出高度的集中性。当然，根据北京市智能装备产业的产值分布，还是能够从中发现发展智能装备产业具有优势的主要区域。《北京市产业经济发展蓝皮书（2018—2019）》统计数据显示，2018 年，在北京市的 16 个区中有 7 个区的智能装备产业产值超 100 亿。按照营业收入的高低排序，这 7 个区域分别是海淀区、北京经济技术开发区、昌平区、顺义区、通州区、朝阳区、大兴区。

最后，国有企业加强技术和注重布局是为了在北京市智能装备产业的重点领域保持自身的竞争优势。北京市已在智能装备产业规划了三大重点发展方向，分别是智能制造装备、高端能源装备、特色智能专用装备，并在每个方向下制定了详细的领域目录。其中，在智能制造装备方面，主要包括高端数控机床、智能机器人、增材制造装备、智能传感与控制装备、智能检测与装配装备、智能物流与仓储以及智能制造系统集成；在高端能源装备方面，包括高端新能源装备、能源互联网装备、能源自动化装备等三个部分；科学仪器、文物保护、公共安全和应急以及数字创意则成为特色智能专用装备的重点发展领域和发展方向。

六、节能环保产业

在北京市节能环保产业中，国有企业的经营状况良好，研发水平较高且注重对基础工程的建设。统计数据显示，相比非国有企业，近年来国有企业保持着较高水平的平均营业收入额。2015 年，国有企业的平均营业收入为 5.94 亿元，同期非国有企业则为 1.85 亿元，二者相差 4.09 亿元。随着时间的推移，这一收入差距并未缩减：2019 年国有企业实现了 7.70 亿元的平均营业收入，同期非国有企业的平均营业收入则为 3.06 亿元。从研发人员投入的情况来看，国有企业的研发人员投入数量占比虽然低于非国有企业，但国有企业的研发成果转化率较高。以 2019 年为例，国有企业的研发人员占比为 6.84%，而非国有企业的研发人员占比达 15.40%；但在成果转化上，国有企业 2019 年拥有的平均专利数量为 669 件，而同期非国有企业的平均专利拥有量为 197 件。除在专利拥有量方面优势明显外，与非国有企业相比，国有企业在在建工程方面的投资优势也十分明显。2019 年，国有企业平均在建工程投资额高达 6.36 亿元，而非国有企业的仅为 0.67 亿元。具体

如图 5-12 所示。

平均营业收入
2015年：国有企业5.94亿元，非国有企业1.85亿元
2019年：国有企业7.70亿元，非国有企业3.06亿元

研发人员投入
2015年：国有企业1.73%，非国有企业15.30%
2019年：国有企业6.83%，非国有企业15.40%

发明专利数量
2015年：国有企业208件，非国有企业51个
2019年：国有企业669件，非国有企业197件

在建工程投资额
2015年：国有企业1.987亿元，非国有企业0.32亿元
2019年：国有企业6.36亿元，非国有企业0.67亿元

图 5-12　2015—2019 年北京市节能环保产业中的国有企业与非国有企业发展对比
资料来源：笔者绘制。

创新驱动、产业集聚以及高端化发展是北京市节能环保产业的主要特征。从上述特征出发，国有企业一方面需要加强自身的技术创新能力建设，另一方面需要顺应北京市政府对节能环保产业的空间布局规划，从而在高效节能等重点领域抢占发展先机。具体的发展思路如图 5-13 所示。

首先，在技术层面，国有企业应关注如何保持并优化自身的创新体系。北京地区在节能环保产业建设中处于全国领先地位，其创新资源也领先于国内（何月姗姗，2019）。由现状分析可知，科研能力是国有企业的发展优势，国有企业需要保持好该竞争优势，通过同研发平台、创新机构的合作，再一次加速自身的科技成果转化率。北京市拥有多个国家级节能环保研究平台，如煤层气开发利用国家工程研究中心、工业环境保护国家工程研究中心等，这些都是相关企业可以获取的强大研究资源。此外，北京市拥有以北京中吉节能环保技术研究中心为代表的多所研究院所，国有企业亦可以同这些研究中心展开密切合作。

其次，在业务领域中，国有企业需要有针对性地在北京市政府强调的重点领域内积极部署。2017 年，北京市经济和信息化委员会在《北京市加快科技创新发展节能环保产业的指导意见》中指出，北京市节能环保产业应高质量履行四大任务，分别使高效节能、先进环保、资源循环利用以及节能环

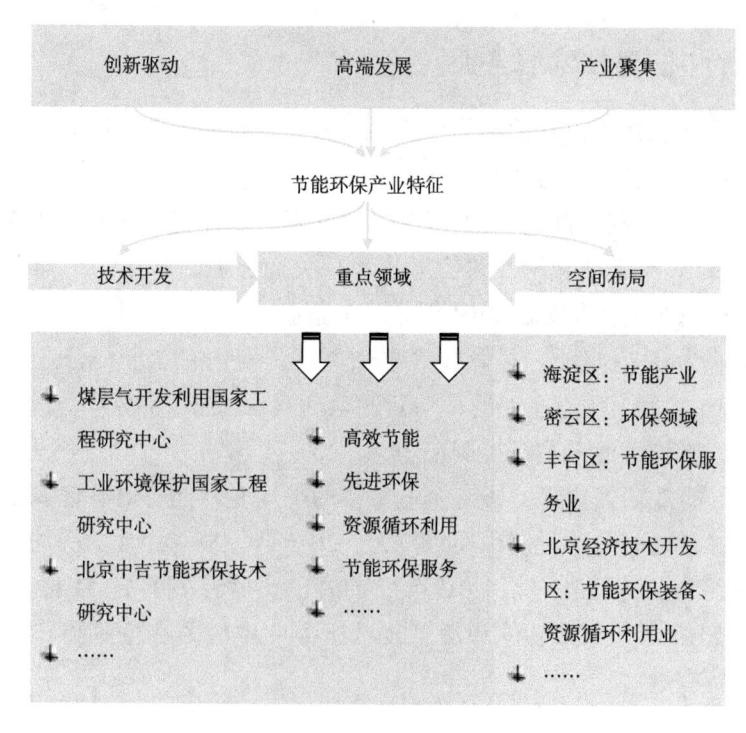

第五章　构建"高精尖"经济结构背景下北京市国有企业的产业升级路径研究

图 5-13　北京市节能环保产业中的国有企业提升路径

资料来源：笔者绘制。

保服务四大产业做优、做大、做精、做强。这四个细分行业下均有自己的重点领域，如高效节能产业下的高效锅炉领域、先进环保产业包含的水污染防治领域、资源循环利用产业下的可再生资源逆向物流领域，以及节能环保服务业下的能源管理综合服务领域等。这些更加注重技术、偏向高端化发展的细分领域都是国有企业应当锚定的目标市场。

最后，在空间规划上，国有企业需要按照政府规划，在不同行政区域发展与之相对应的特色产业。例如，昌平区是北京市节能环保产业的重点布局区域，中关村昌平园的重点部署产业就是节能环保产业。除昌平区外，丰台区、密云区、海淀区、通州区和北京经济技术开发区也侧重节能环保产业相关领域的发展。这些地区属于北京市节能环保产业的拓展布局区域，每个区域又各有重点发展领域。具体来说，海淀区重点发展节能产业，丰台区和通州区以发展节能环保服务业为主，密云区重点发展环保领域，而北京经济技术开发区侧重于资源循环利用业和节能环保装备业。

七、软件和信息技术服务业

国有企业在北京市软件和信息技术服务业领域中的竞争优势突出，主要体现在高水平的获利能力和研发能力上。

首先，企业获利方面。根据国泰安数据库的统计资料显示，北京市的国有企业自 2016 年起部署软件和信息技术相关业务后，每年的平均营业收入均低于非国有企业。例如，2019 年非国有企业的平均营业收入为 2.68 亿元，而国有企业为 0.79 亿元。尽管收入总额不高，但国有企业的营业毛利率较高。自 2016 年后，国有企业的平均营业毛利润在 58%~60% 浮动，而非国有企业每年的平均营业毛利润徘徊在 39%~42%。

其次，企业研发方面。国有企业每年的平均专利拥有量显著多于非国有企业，且二者之间的数量差距逐年拉大。2015 年，国有企业的平均专利拥有量比非国有企业多了 513 件；2019 年，前者已比后者多了 1 651 件。图 5-14 为 2016—2019 年北京市软件和信息技术服务业中的国有企业和非国有企业平均专利持有量对比。

2016年	2017年	2018年	2019年
·国有企业804件 ·非国有企业37件	·国有企业1 381件 ·非国有企业61件	·国有企业1 502件 ·非国有企业55件	·国有企业1 704件 ·非国有企业53件

图 5-14　北京市软件和信息技术服务业中的国有企业和非国有企业平均专利持有量对比
资料来源：笔者绘制。

基于上述情况，本书认为：

第一，国有企业为巩固研发优势，可以向外对接个研究平台与研究中心，不断优化自身的创新要素。软件和信息技术服务业是较为典型的知识密集型产业，只有实现技术升级，方可夺取发展先机。当企业自身创新资源有限时，可以通过对接外部平台不断扩充、优化内部的创新资源。北京市有多家促进该产业发展的研究中心，如中国工业互联网研究院、大数据分析与应

用技术国家工程实验室、北京大学深度学习实验室等。这些平台都是国有企业可以充分利用的高端资源。

第二，软件和信息技术服务业涉及范围较广，国有企业应当集中力量在主要领域有所建树。根据北京市经济和信息化局对外公布的《北京软件和信息技术服务业发展报告2020》可知，互联网信息服务是目前北京市软件和信息技术服务业发展的主力军。2019年，互联网信息服务业对该产业的效益贡献率超过40%。除互联网信息服务外，行业应用及系统集成、通用应用及平台软件、基础信息传输、信息技术支持服务等，也是北京市软件和信息技术服务业的主要发展领域。

第三，国有企业应当使自身所处的地理位置与北京市软件和信息技术服务业的空间布局高度契合，从而进一步放大该产业的集群效应。目前，北京市已形成包括一城两园、多个专业化基地在内的空间布局。具体来说，"一城"指中关村科学城，"两园"指中关村软件新园和中关村软件园。多个专业化基地包括北京云计算产业示范基地、北京市导航产业示范基地等国家级产业示范基地和各市级产业基地园区。此外，不同区域拥有不同的优势领域。例如，朝阳区是通信和互联网产业的聚集区，海淀区在高端软件开发与服务、互联网平台及数据服务、互联网信息服务及网络安全等领域具有明显的发展优势，嵌入式行业应用软件企业则多集中在丰台区。

图 5-15 展示了北京市软件和信息技术服务产业中的国有企业提升路径。

八、新能源智能汽车产业

在北京市新能源智能汽车领域，国有企业展示出了强大的科研力量以及对基础工程高强度的投资力度。

首先，在研发层面，国有企业几乎囊括了北京市新能源智能汽车领域的所有专利。2015年和2016年，国有企业在该领域的平均专利拥有量为0件，但自2017年起国有企业的专利持有数量呈现爆发式的增长：2017年拥有2 941件专利，2018年拥有2 506件，2019年拥有3 684件。非国有企业的专利拥有量则变化不大，由2015年的101件小幅度增加至2019年的273件。

其次，在基础投资层面，相比非国有企业，国有企业在该领域不仅投资数量多，而且投资金额高。2019年，国有企业平均投资了11个在建工程，投资金额达1.54亿元，而同期非国有企业平均投资了7个在建工程，投资

金额为 0.054 亿元。

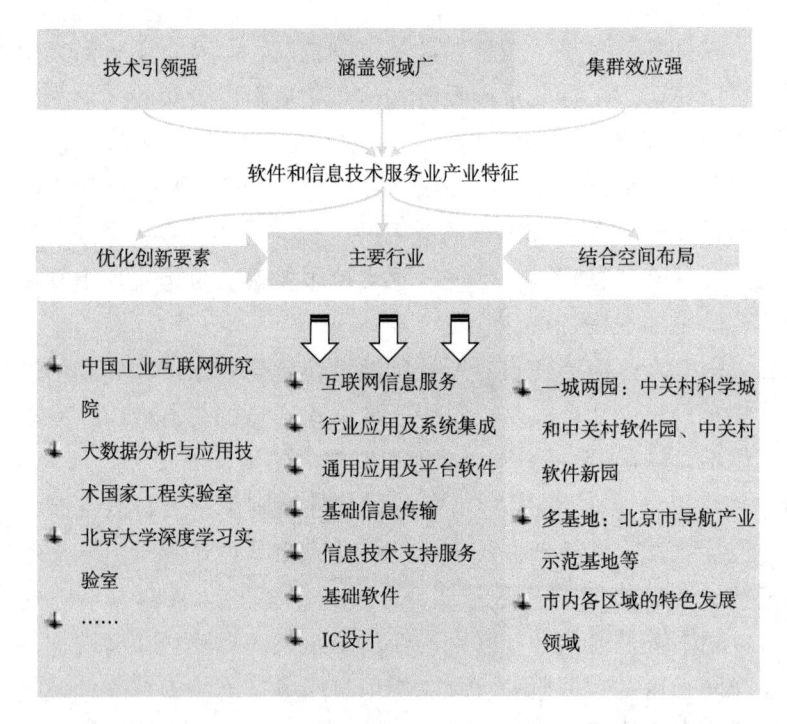

图 5-15 北京市软件和信息技术服务产业中的国有企业提升路径
资料来源：笔者绘制。

提升盈利能力是当前该领域国有企业需要面对的重要课题。具体来说，北京市新能源智能汽车产业中的国有企业陷入了"高收入、低获利"的困境。近年来，该领域国有企业一直维持着高额的营业收入。以2019年为例，非国有企业的平均营业收入为1.13亿元，而国有企业却实现了35.28亿元的平均营业收入。相比亮眼的营业收入数据，国有企业的营业毛利率数据亟待提高。2015—2019年，国有企业的平均营业毛利率呈现波动下降的趋势：2015年的平均营业毛利率为19.97%，2019年为11.66%。非国有企业的平均营业毛利率尽管也在下降，但其整体数值还是比国有企业高：2015年非国有企业的平均营业毛利率为36.33%，2019年为18.94%。

图5-16为2019年北京市新能源智能汽车产业中的国有企业和非国有企业发展情况对比。

第五章 构建"高精尖"经济结构背景下北京市国有企业的产业升级路径研究

- 国有企业平均营业收入35.28亿元，非国有企业为1.13亿元
- 国有企业平均营业毛利润为11.66%，非国有企业为18.94%

北京市新能源智能汽车产业

经营情况　工程投资　专利数量

- 国有企业平均投资11个在建工程，投资金额1.54亿元
- 非国有企业平均投资7个在建工程，投资金额0.054亿元

国有企业3 684件，非国有企业273件

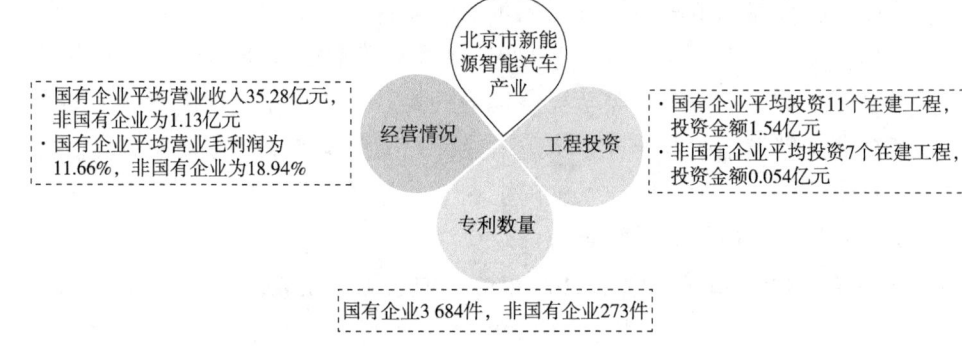

图5-16　2019年北京市新能源智能汽车产业中的国有企业和非国有企业发展情况对比
资料来源：笔者绘制。

基于上述情况，本书认为：

首先，致力于完善技术创新体系是国有企业保持竞争优势的重要一环。由现状分析可知，国有企业拥有的科技成果远多于非国有企业，这是前者发展的一大优势。国有企业完善创新体系可从两个方面入手：一方面，设立企业自己的研发平台。例如，北京汽车工业控股有限责任公司为了提升自主创新能力，已经成立了北京汽车研究总院。另一方面，与外部的创新中心寻求合作。现阶段，围绕新能源智能汽车展开研究的研究院数量有限，而北京市作为首都，拥有我国首个新能源创新中心——国家新能源汽车技术创新中心（以下简称"国创中心"）。为了提升我国新能源智能汽车的核心竞争力，2018年科技部在北京市大兴区推动建设了国创中心。国创中心的成立，为北京市新能源智能汽车产业中的国有企业发展提供了绝佳的机遇。国有企业应当紧握机会，积极推动与这些研究平台的合作，以不断升级企业自身的创新体系。

其次，北京市新能源汽车产业的空间规划已经比较清晰，因此国有企业的发展需要紧随规划而行。现阶段，北京市新能源智能汽车企业主要在集中在顺义区、大兴区以及海淀区三地。其中，在顺义区设有"新能源智能汽车产业园"，北京现代、北汽越野等多个知名汽车企业落地于此，带动了近百家汽车配套零部件企业的发展。大兴区设有北京新能源汽车科技产业园，该产业园侧重于产业链条的建设以及关键零部件的生产，同时拥有先进的新能源智能汽车技术和卓越的生产能力。海淀区则设立了中关村智能汽车产业园。

最后，明晰北京市新能源智能汽车发展重点可以帮助国有企业迅速占领消费市场。根据《北京市加快科技创新 培育新能源智能汽车产业的指导意见》的表述，北京市目前将整车竞争能力的提升、关键零部件配套能力的增强以及充电基础设施的建设视为构建新能源智能汽车产业的主要发力点。为此，国有企业应在政策的引导下，围绕这三个方面积极部署，为进一步扩大新能源智能汽车的应用规模贡献力量。

图5-17为北京市新能源智能汽车产业中的国有企业提升路径。

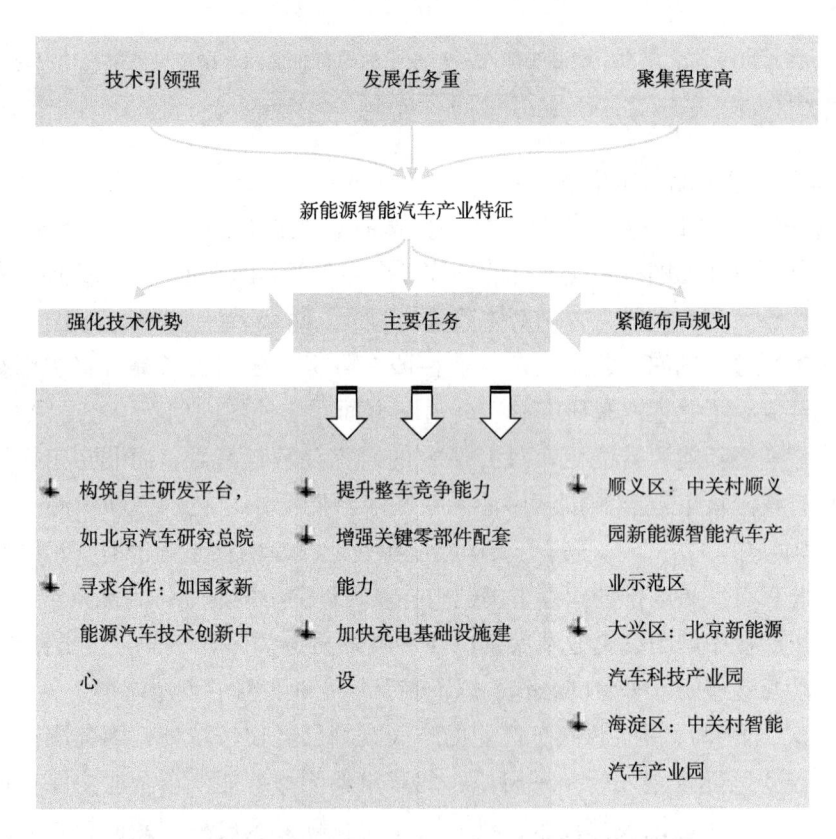

图5-17 北京市新能源智能汽车产业中的国有企业提升路径
资料来源：笔者绘制。

九、新材料产业

在新材料产业领域，北京市国有企业相比非国有企业而言，盈利水平较

第五章 构建"高精尖"经济结构背景下北京市国有企业的产业升级路径研究

高、成果转化率略高但研发投入强度有待提升。据统计,近年来,该领域国有企业的平均营业收入由 2015 年的 20.75 亿元大幅增至 2019 年的 55 亿元,远远高于非国有企业同期的平均营业收入。除经营情况较好外,该领域的北京市国有企业还具备研发优势,但该优势呈现逐年弱化的趋势。

首先,在研发成果的对比上。2016 年是该领域国有企业与非国有企业平均专利持有量差距最显著的一年:国有企业拥有 401 件专利,非国有企业拥有 53 件。2019 年,国有企业的专利平均持有量减少至 197 件,而非国有企业的平均专利持有量增加至 162 件。

其次,在研发投入的对比上。2019 年,该领域国有企业的平均研发人员占比为 8.75%,而非国有企业的平均研发人员占比约为 20.92%。国有企业除投入的研发人员占比少外,投入的研发资金也略低于非国有企业:2019 年国有企业的平均研发资金占比为 2.09%,同期非国有企业则为 4.34%。

图 5-18 为 2019 北京市新材料领域国有企业和非国有企业的发展情况对比。

2019年北京市国有企业新材料领域		
平均营业收入	专利数量	研发投入
·国有企业55亿元 ·非国有企业3.82亿元	·国有企业197件 ·非国有企业162件	·国有企业研发人员占比为8.75%,研发资金占比为2.09% ·非国有企业平均研发人员占比20.92%,研发资金占比为4.34%

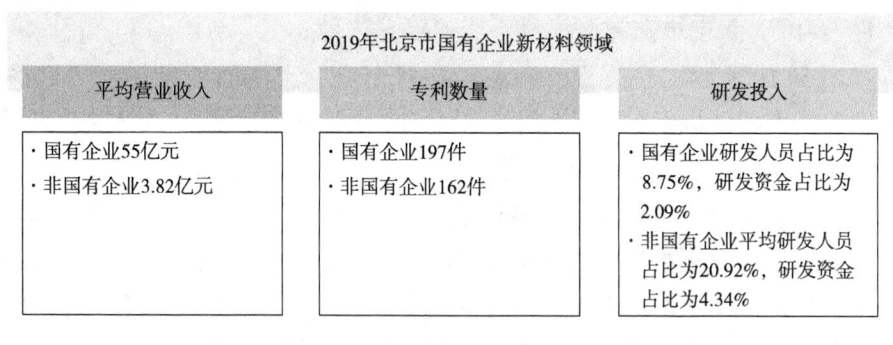

图 5-18 2019 年北京市新材料领域国有企业和非国有企业的发展情况对比
资料来源:笔者绘制。

结合新材料产业所具备的技术经济特征和北京市国有新材料企业的发展现状,北京市国有新材料企业的提升路径可总结为"1+2"模式。该路径以拓宽和深化材料应用为目标,以增强研究能力和合理规划布局为抓手,以着力促进北京市国有新材料企业的发展。

将上述三点作为提升路径的三个维度,有以下三点原因。

第一,新材料产业作为基础性产业,其支撑作用不容小觑。新材料产为许多重要产业提供了基本的原料保障，如新能源汽车领域、航天航空领域、节能环保领域等。以材料的广泛应用作为产业的提升目标，不仅可以让新材料领域中的北京市国有企业发展目标更加清晰，而且可以带动其他相关企业的发展，从而充分发挥国有企业的引领作用。

第二，新材料产业具有技术更新速度快、技术密集程度高的特点（屠海令等，2016）。如果想保持长久的竞争优势，在该领域开展业务的企业应当注重加强自身研发能力。目前，北京市国有新材料企业虽然研发成果多但研究投入力度不足，不利于后续发展，对此应当借助北京市的强大科研力量，不断提高研发能力。

第三，新材料领域的产业规模大，细分类别多。新材料产业包含的细分产业比较多且相互之间的关联性不高，按照材料的不同形态结构，可以细分为包括多层材料、非晶材料、弥散强化材料等在内的十个类别，每一个细分类别下又包含不同的材料分类。北京市政府结合不同类别的材料特性，已经规划了科学合理的产业空间布局。相关企业只有在制备材料时与北京市的产业布局规划紧密结合，才能做到发展任务清晰，发展重点明确。

图 5-19 为北京市国有新材料企业的提升路径。

如图 5-19 所示，一方面，国有新材料企业应当主动加强与科研机构、高等院校研究团队以及各个研究平台的合作。通过项目对接、人才交流等多种形式不断学习、突破和掌握先进技术，以增强自身的研发能力。另一方面，国有新材料企业在材料的制备过程通过结合北京市新材料产业的布局规划，可以发挥产业集群发展的优势。具体而言，北京市目前拥有的两个新材料基地，分别是永丰新材料基地和石化新材料基地。不同区域又各有不同的特色产业领域。例如，昌平区的特色领域是先进电池和高端金属材料，顺义区的特色领域是高性能金属和新型建筑材料，怀柔区的特色领域是特种金属功能和纳米材料，大兴区的特色领域是新能源材料；等等。总之，应通过上述两个方面的改善，不断深化、拓宽材料的应用范围，努力使北京市国有新材料企业成为各个领域的发展基石。

十、科技服务业

在科技服务领域，北京市国有企业经营状态稳步提升，这一点主要体现在逐年递增、稳步增长的平均营业收入和逐渐增加的基础性投资上。

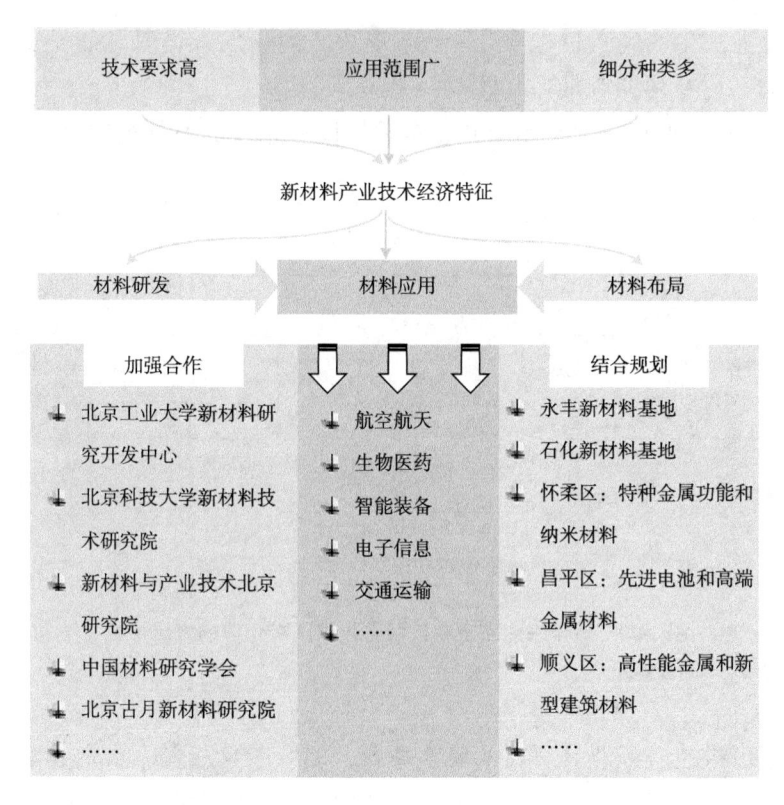

第五章 构建"高精尖"经济结构背景下北京市国有企业的产业升级路径研究

图 5-19 北京市国有新材料企业的提升路径

资料来源：笔者绘制。

首先，在收入获利方面，2015年北京市科技服务国有企业的平均营业收入5年总增速约为134%。不同于每年都在增加的营业收入，该领域北京市国有企业的平均营业毛利率则呈现出小幅度的波动，2015—2019年一直在35%和42%之间浮动。

其次，在投资在建工程上，北京市大多数国有企业在2017年之前没有投资过在建工程，如2015年和2016年平均在建工程的数量为0个。2017年国有企业的平均在建工程数量为1个，2018年为2个，2019年为5个。投资金额也随着在建工程数量的增多而开始逐渐增多。截至2019年，国有企业的平均在建工程投资额为0.14亿元。

最后，在研发创新上，该领域北京市国有企业目前尚处于初步阶段，不仅研发投入低，而且研发成果少。统计数据显示，截至目前，北京市国有科

技服务企业在生产经营过程中几乎还没有投入过研发人员以及研发资金，因而每年的平均专利拥有量为0件。

图5-20为近年来北京市科技服务领域国有企业的发展情况。

图5-20 近年来北京市科技服务领域国有企业的发展情况

资料来源：笔者绘制。

北京市科技服务业具有技术要求高新、领域涉及众多以及企业聚集分布等特征。结合这三个特点，国有企业的提升改进之路可以沿着培养研发能力、紧随空间分布、聚焦重点领域三个方面进行（如图5-21所示）。

基于上述情况，本书认为：

第一，国有企业应当主动出击，加强与专业研究机构的合作，以弥补自身的研发劣势。科技服务业的高端化发展离不开先进技术，而北京市科技服务业中的国有企业存在研究转化率低、研究投入少等问题，这些都会阻碍其发展。目前，北京市政府通过整合多方研究资源，已相继组建了多个研究院所，如北京量子信息科学研究院、北京脑科学与类脑科学研究中心、北京智源人工智能研究院等。这些研究机构都是北京市国有企业不可多得的优质研究资源。一方面，国有企业应加大企业内部对研发的投入，另一方面应积极对接专业研究机构，以利于长远发展。

第二，国有企业应当在政府重点发展的领域进行积极部署。科技服务业细分领域众多，国有企业如果盲目发展可能会导致效益低下，并造成对国有资源的浪费。2017年，北京市政府出台的《北京市加快科技创新 发展科技

第五章　构建"高精尖"经济结构背景下北京市国有企业的产业升级路径研究

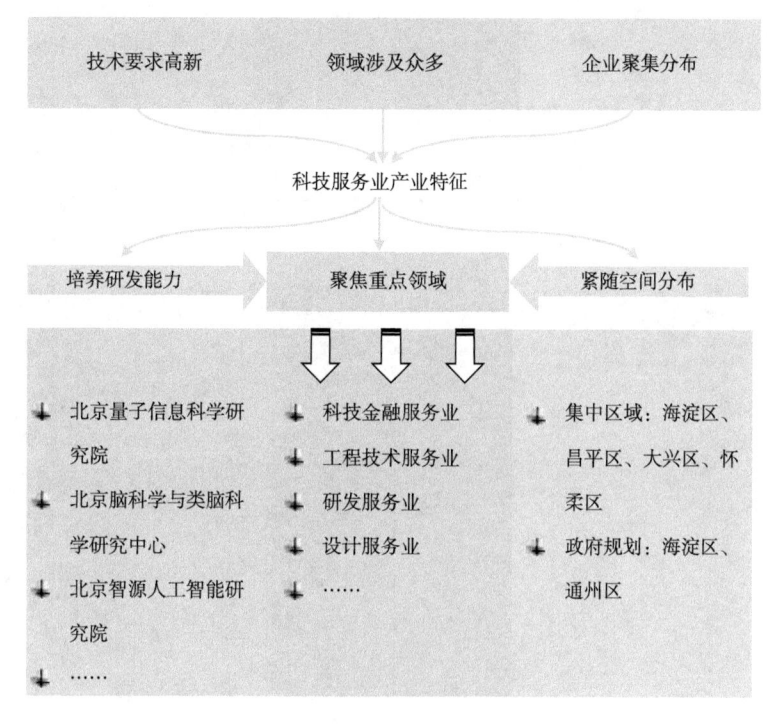

图 5-21　北京市国有科技服务企业的提升路径

资料来源：笔者绘制。

服务业的指导意见》为科技服务业国有企业发展指明了方向。在该指导意见中，北京市政府将产业发展的主要任务聚焦于科技金融服务业、工程技术服务业、研发服务业、设计服务业、创业孵化服务业、科技推广与技术转移服务业、知识产权服务业、检验检测服务业、科技咨询服务业等九个领域。上述领域也应当成为国有企业的重点发展领域。

第三，国有企业按照产业空间布局进行部署，有助于展现集群效应。北京市科技服务业的企业分布具有明显的地理特征，"三城一区"是企业设立数量较多的四个区域。以2019年为例，据统计"三城一区"所在的海淀区、昌平区、大兴区以及怀柔区的科技服务业机构数量达39.5万个，占北京市2019年全部科技服务业企业数量的一半以上。海淀区作为中关村国家自主创新示范区的核心区域，其2019年科技服务业的机构总量为17.2万个，其中新设数量为1.7万个，位居全市首位。除海淀区外，通州区也是北京市政府重点部署科技服务业的重点区域之一。

第六章

构建"高精尖"经济结构背景下北京市国有企业的区域产业布局优化研究

第六章 构建"高精尖"经济结构背景下北京市国有企业的区域产业布局优化研究

习近平总书记于2014年2月和2017年2月两次视察北京,指出北京要放弃"大而全"的经济体系,发展符合首都城市战略定位的"高精尖"产业,构建"高精尖"经济结构。同时,北京市作为全国科技创新中心的主平台,也亟待构建科学合理的"高精尖"经济结构。科学合理的"高精尖"经济结构不仅强调产业布局的科学有效,而且强调区域空间的合理配置。这就需要相关部门出台一系列规划,对"高精尖"经济结构的产业布局和企业区域分布进行指引。因此,2017年北京市政府陆续出台《北京城市总体规划(2016—2035)》及各区规划,以推动北京尽快建立科学合理的"高精尖"经济结构。

已有研究指出,北京市"高精尖"产业在区域布局上还存在一些不足之处。冯天昊等(2021)认为,北京市"高精尖"产业分布不均且产业内、产业间差异性日益明显,这对我国提升产业核心竞争力和技术水平存在不利影响。王晖等(2019)指出,促进科技服务业在北京市各区的精准布局对构建"高精尖"产业结构具有重要推动作用。

基于此,本章将对以下问题展开探讨:北京市"高精尖"企业如何分布?目前"高精尖"产业布局中呈现出何种问题?如何优化"高精尖"产业区域布局?对以上问题的探讨,有助于在"十四五"时期实现高科技产业的精准布局,从而为构建"高精尖"经济结构提供有力支撑。

第一节 北京市"高精尖"产业总体分布分析

一、"高精尖"产业总体分布分析

丰富的科技资源为北京市加强基础研究、发展高新技术产业提供了巨大优势,成为推动构建"高精尖"经济结构的核心动能。根据《北京市区域统计年鉴2020》和北京市科学技术委员会官网数据,2019年,北京市规模以上工业总产值为2.03万亿元,比上年增长6.11%;从事高技术企业的数量为28 761家,分布于北京市的各个行政区之中(如图6-1所示)。

根据图6-1可知,海淀区和朝阳区从事高新技术企业的数量在各区中遥遥领先,分别为10 605家和4 217家。除海淀区和朝阳区外,昌平区、丰台区等5个行政区从事高新技术企业的数量均超过千家。具体而言,在昌平区从事高新技术企业有2 031家，在丰台区从事高新技术企业有1 667家，在顺义区从事高新技术企业有1 596家，在亦庄区从事高新技术企业有1 303家，在通州区从事高新技术企业有1 041家，在朝阳区从事高新技术企业有4 217家。高新技术企业数量较少的3个行政区分别是密云区、平谷区以及延庆区。其中，延庆区的数量最少，仅为176家。在平谷区从事高新技术企业的数量为397家，在密云区从事高新技术企业的数量为512家。这说明高新技术企业的总体分布广泛，涉及北京市的各个行政区，但在各个行政区的分布明显不均，呈现区域集聚的特征。

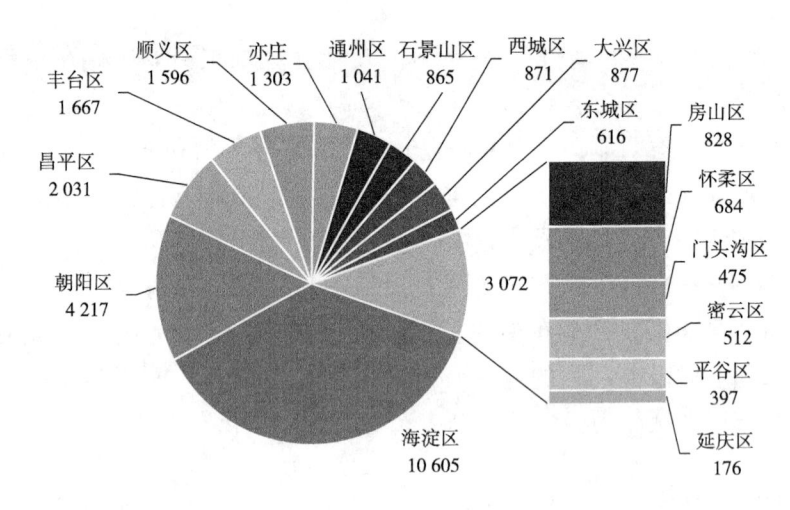

图6-1 北京市高新技术企业区域分布（按行政区划分）（单位：家）

资料来源：笔者整理。

同时，北京市抓紧对高科技产业进行布局，持续增加研发投入（如表6-1所示）。根据表6-1可知，2019年北京市工业企业研发投入约为285.19亿元，相比2018年的约274.01亿元，增长了4.08%；信息传输、软件与信息技术服务业研发投入约为407.45亿元，相比2018年的约340.65亿元，增长了19.61%。此外，2019年工业企业研发人员同比下降5.22%，信息传输、软件与信息技术服务业研发人员同比增加23.1%。这些数据充分体现了北京市高度重视高新技术产业的发展，正加紧对高科技产业进行资本投入。

表6-1　2019年北京工业与信息传输、软件和信息技术服务业研发（R&D）情况

行业类型	研发（R&D）经费（万元）		研发（R&D）人员（人）	
	2019年	2018年	2019年	2018年
工业企业	2 851 858.7	2 740 102.7	65 486	69 095
信息传输、软件与信息技术服务业	4 074 574.9	3 406 527.3	71 733	58 273

资料来源：根据《北京市区域统计年鉴2020》数据整理。

值得注意的是，高新技术产业成果也十分可观。2019年高技术产业和战略性新兴产业分别实现增加值8 630亿元和8 405.5亿元，按现价计算，比上年增长7.9%和7.3%。专利申请量和授权量分别为226 113件和131 716件，比上年增长7.1%和6.7%；年末拥有有效发明专利28.4万件，增长17.8%。全年实现技术合同成交共计83 171项，成交金额达到5 695亿元，增长14.9%。

二、各功能区"高精尖"产业分布分析

北京市各功能区依托资源优势与功能定位，实现高科技产业差异化的精准布局。首都功能核心区是文化创意产业集中分布区，是金融机构、总部企业的聚集地。2019年，首都功能核心区规模以上工业总产值802亿元，比上年增长0.45%。从事高技术企业的数量为1 487家，其中金融科技企业数量超过100家。拥有11个文化创意产业园区，占全市总量的1/3。专利申请量和授权量分别为28 324件和17 371件，技术合同成交10 075项，成交总额达702亿元。

城市功能拓展区是国家高新技术产业基地，也是高等院校和科研院所的聚集区。2019年，城市功能拓展区规模以上工业总产值4 066.8亿元。从事高技术企业的数量为16 489家，占比超过60%。专利申请量和授权量分别为145 188件和92 569件，占比分别为64.21%和70.28%。技术合同成交65 952项，占总成交量的79.30%，成交总额实现4 165亿元。

北京城市副中心是京津冀协同发展的桥头堡，也是国家绿色发展创新示范区。2019年，北京城市副中心规模以上工业总产值616.2亿元。从事高技术企业的数量为1 041家，其中4家企业获得通州区疏解一般制造业奖励资金。专利申请量和授权量分别为6 270件和4 070件；技术合同成交716项，

成交总额达 213 亿元。

城市发展新区是推进京津冀协同发展的重要区域，也是承接中心城区经济、产业等适宜功能的重点地区。2019 年，位于顺义、大兴、亦庄、昌平、房山等 5 个平原地区的新城规模以上工业总产值 8 737.6 亿元。从事高技术企业的数量为 6 635 家，占北京市总体高技术企业数量的 23.1%。专利申请量和授权量分别为 39 128 件和 23 337 件，技术合同成交 5 333 项，成交总额达 539 亿元。

生态涵养发展区是环境友好型产业基地，也是支撑首都可持续发展的重点区域。2019 年，生态涵养发展区规模以上工业总产值 1 179 亿元。从事高技术企业的数量为 2 244 家，其中现代农业技术及环境保护技术企业超过 100 家。专利申请量和授权量分别为 7 203 件和 4 686 件，技术合同成交 1 095 项，成交总额达 73 亿元。

第二节　16 个行政区"高精尖"产业分布分析

中关村国家自主创新示范区作为北京科技创新的产业基地，是承载、培育和发展"高精尖"产业的核心主体。近年来，中关村国家自主创新示范区实施创新驱动发展战略，加强基础研究，促进科技成果转化和产业化，形成了完整的高科技创新产业链。

一、中关村示范区概况

（一）中关村示范区经济规模稳步扩大

根据《中关村年鉴 2020》统计，2019 年中关村示范区实现规模以上工业总产值 11 886.7 亿元，同比增长 6.81%；实现总收入 66 422.2 亿元，其中技术收入为 13 450.8 亿元。根据图 6-2 可知，海淀园的总收入在各大园区中遥遥领先，朝阳园、丰台园和亦庄园的收入也均超过 6 000 亿元。具体而言，海淀园的收入为 27 459.4 亿元，朝阳园的收入为 6 889.0 亿元，丰台园的收入为 6 272.8 亿元，亦庄园的收入为 6 280.1 亿元。根据图 6-3 可知，电子信息、新能源、新材料和先进制造业是中关村示范区的主要收入来源。其中，电子信息产业的收入为 29 833.3 亿元，占比为 44.9%；现金制造业的收入为 9 166.9 亿元，占比为 13.8%；新能源产业的收入为 6 032.3 亿元，占比为 9.1%；新材

料产业的收入为 3 985.1 亿元，占比为 6%。比较数据发现，环境保护行业的收入贡献较少，2019 年该行业的收入为 1 582.2 亿元，占比为 2.4%。

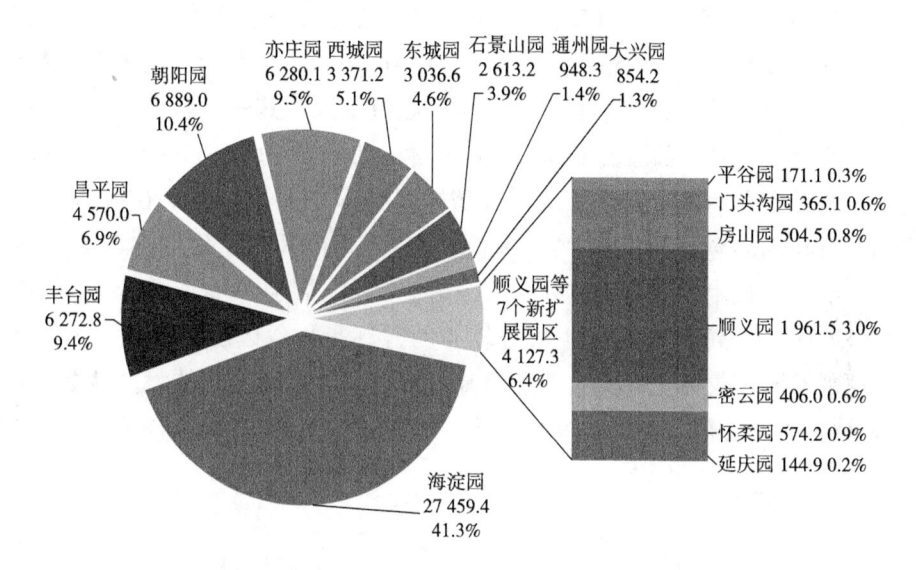

图 6-2　2019 年中关村示范区总收入统计图（按园区分组）（单位：亿元）

资料来源：《中关村年鉴 2020》。

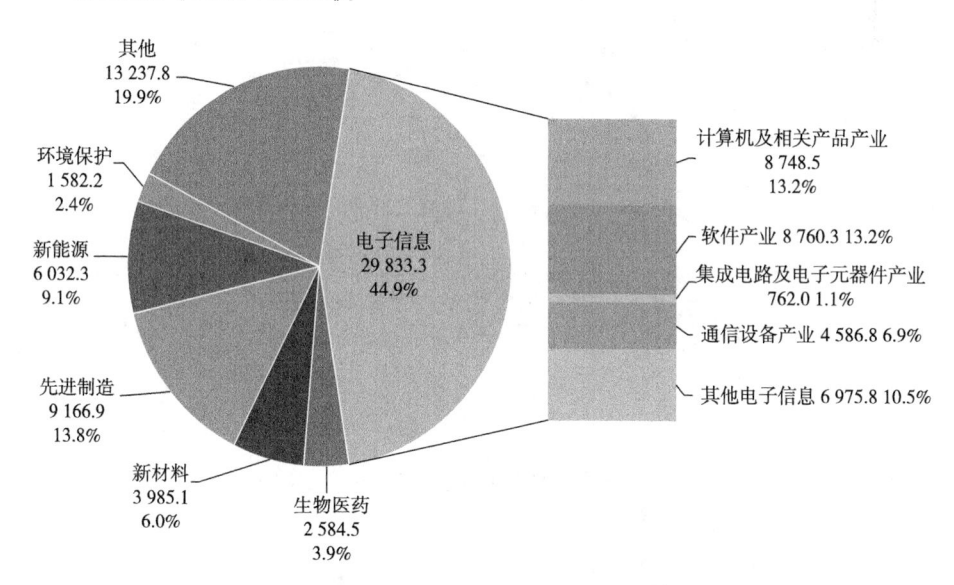

图 6-3　2019 年中关村示范区总收入统计图（按技术领域分组）（单位：亿元）

资料来源：《中关村年鉴 2020》。

（二）中关村示范区高科技企业数量占据优势

截至 2019 年底，中关村示范区高新技术企业达 24 872 家。根据图 6-4 可知，2019 年海淀园内有 12 331 家高新技术企业，约占中关村示范区全部高新技术企业数量的 49.5%。除海淀园外，昌平园、丰台园、朝阳园以及亦庄园这 5 个分园的高新技术企业数量也均超过千家。其中，昌平园从事高新技术的企业有 3 101 家，占全部园区高技术企业数量的 12.5%；丰台园从事高新技术的企业有 1 900 家，占全部园区高技术企业数量的 7.6%；朝阳园从事高新技术的企业有 1 772 家，占全部园区高技术企业数量的 7.1%；亦庄园从事高新技术的企业有 1 051 家，占全部园区高技术企业数量的 4.2%。在众多园区中，高新技术企业数量较少的园区是平谷园、密云园以及怀柔园。在平谷园，仅有 150 家企业从事高技术行业，占全部高技术企业数量的 0.6%；在密云园有 155 家从事高技术行业的企业，在怀柔园有 197 家高技术企业。

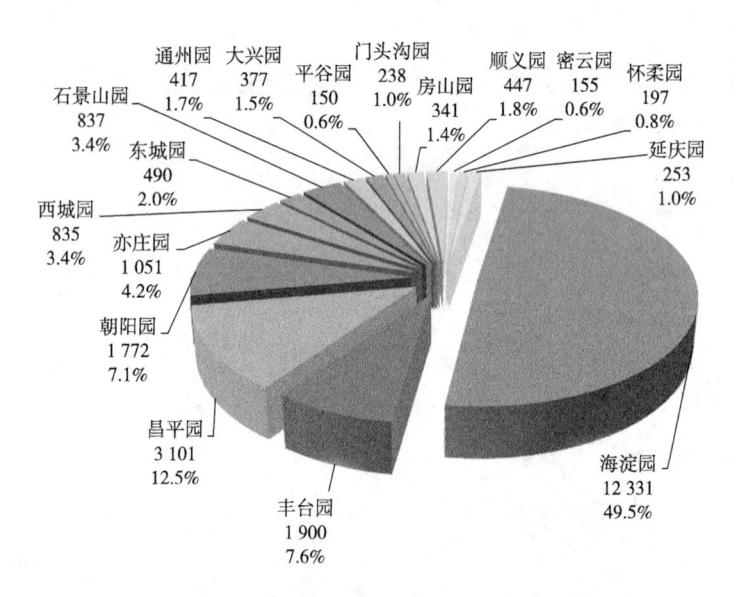

图 6-4　2019 年中关村示范区高新技术企业数量统计图（按园区分组）（单位：家）

资料来源：《中关村年鉴 2020》。

（三）中关村示范区经济质量持续提升

2019 年，中关村示范区围绕重点领域开展 96 项关键核心技术布局，支

持首批 19 个"高精尖"产业协同创新平台建设，挖掘支持 8 个颠覆性技术和项目。2019 年，中关村示范区研发（R&D）投入为 3 400.1 亿元，同比增长 23.67%；企业专利申请量为 97 062 件，其中发明专利申请量，达 59 181 件，比 2018 年增长 16.5%；企业专利授权量为 58 998 件。

此外，中关村示范区所属的 16 个分园以建设全国科技创新中心为引领，实施创新驱动发展战略，优化产业结构，推动构建"高精尖"经济结构。因此，本章通过中关村 16 个分园中的"高精尖"产业分布，来分析各个行政区的产业分布情况。

二、各园区情况

（一）东城园

东城园聚焦文化科技主导产业并形成聚集效应。根据图 6-5 可知，截至 2019 年底，东城园拥有 439 家高新技术企业，其中电子与信息领域的高新技术企业数量为 313 家，在做优电子信息产业的同时，更好促进文化与科技的融合。同年，东城园电子与信息、文化科技等重点技术领域实现收入 3 036.6 亿元，并有 3 家园区入选首批北京市文化创意产业园区，真正实现了做强优势产业的目标。

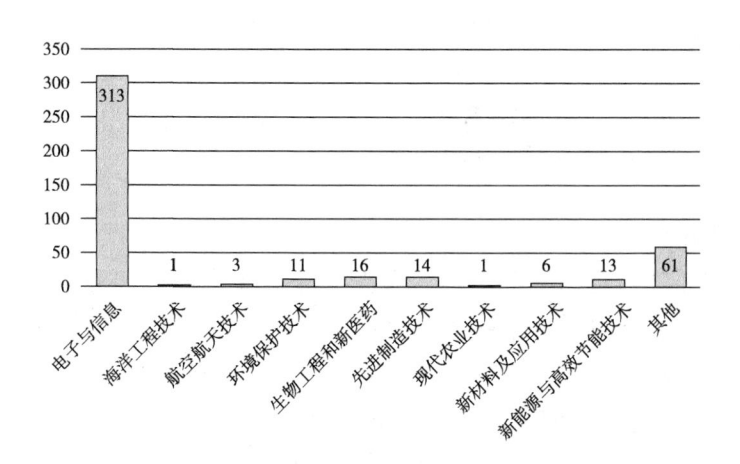

图 6-5 2019 年东城园高新技术企业所属技术领域分布（单位：家）
资料来源：中关村科技园区管理委员会。

（二）西城园

西城园形成以金融科技为主导、以文化科技和数据产业为重点的产业结

构。根据图6-6可知，截至2019年底，西城园高新技术企业数量为897家，其中电子与信息领域的企业有635家，金融科技企业数量超过100家，这为西城园建设以金融科技为主导的全产业链生态提供了技术与信息支撑。同年，西城园在新能源、电子信息、文化科技、金融科技等重点领域的收入实现3 371.2亿元。此外，西城园有多项金融科技项目取得突破性进展。例如，成立北京金融科技研究院，筹建金融科技实验室；19个金融科技应用试点项目通过中国人民银行等6家单位的评审，占北京市项目总数的40%；4家企业入选中国金融科技竞争力100强榜单。

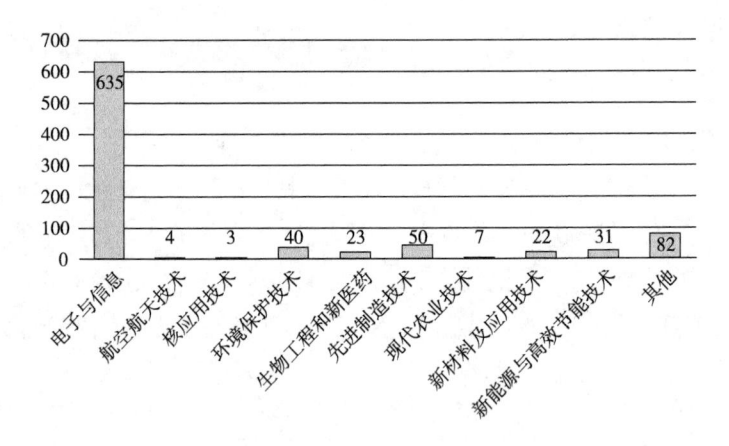

图6-6　2019年西城园高新技术企业所属技术领域分布（单位：家）

资料来源：中关村科技园区管理委员会。

（三）朝阳园

朝阳园抓紧构建以国际商务、金融服务、文化创意和高新技术为主的"高精尖"产业结构。根据图6-7可知，截至2019年底，朝阳园区拥有1 927家高新技术企业，其中电子与信息企业为1 459家。同年，该园先进制造业、电子信息、新能源等领域的重点技术领域总收入为6 889亿元。此外，朝阳园还依托丰富的国际资源构建国际金融生态，打造国际商务中心。

（四）丰台园

丰台园抓紧构建以轨道交通与航空航天为支柱产业、以新兴金融和科技服务为主导的"高精尖"产业结构。根据图6-8可知，截至2019年底，丰台园区拥有1 419家高新技术企业，其中电子与信息、先进制造技术、生物工程和新医药技术等领域的企业均超过百家，这为丰台园的轨道交通与航空航天产业发展奠定了基础。同年，该园新材料、先进制造、电子信息等重点技术领域总收入达到 6 272.8 亿元。此外，丰台园多项轨道交通、航空航天等项目取得突破性进展。例如，丰台园交控科技股份有限公司的自主感知智能列车安全保护系统项目等 13 个重大项目已被纳入市级"高精尖"产业项目库，该园的国家高端装备制造业（轨道交通装备）标准化试点也已通过国家验收。

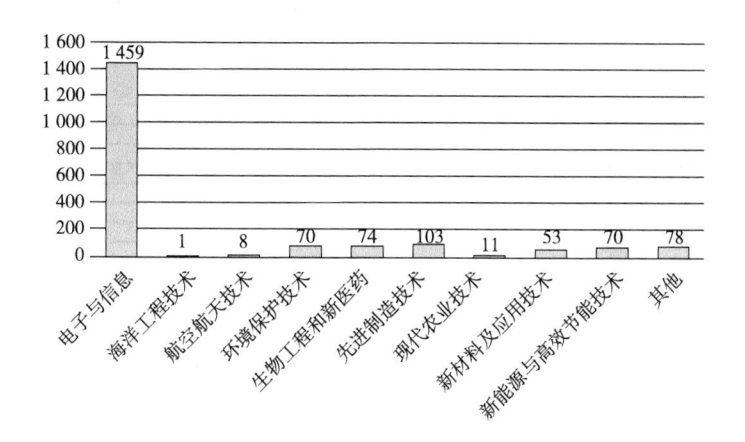

图 6-7 2019 年朝阳园高新技术企业所属技术领域分布（单位：家）

资料来源：中关村科技园区管理委员会。

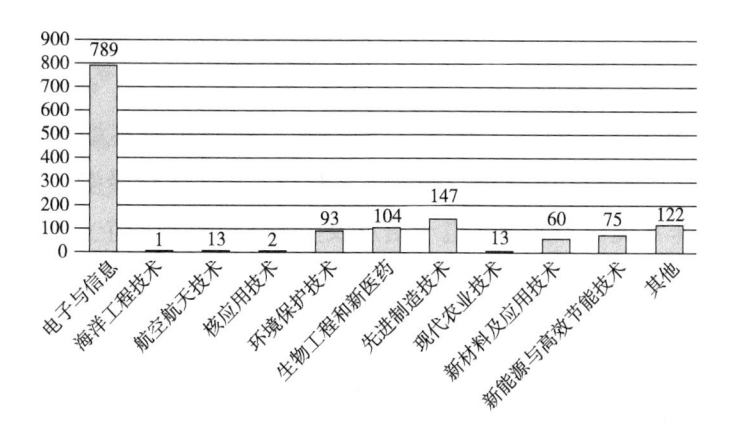

图 6-8 2019 年丰台园高新技术企业所属技术领域分布（单位：家）

资料来源：中关村科技园区管理委员会。

息领域企业236家。同年，该园在新材料、先进制造、电子信息等重点技术领域的总收入为504.5亿元。基于此，房山园产业转型升级取得了一定的进展。此外，房山园还围绕新材料的研发和产业化，推进多个项目落地。例如，推进显示液晶材料项目以及北京石墨烯产业创新中心种子孵化等。

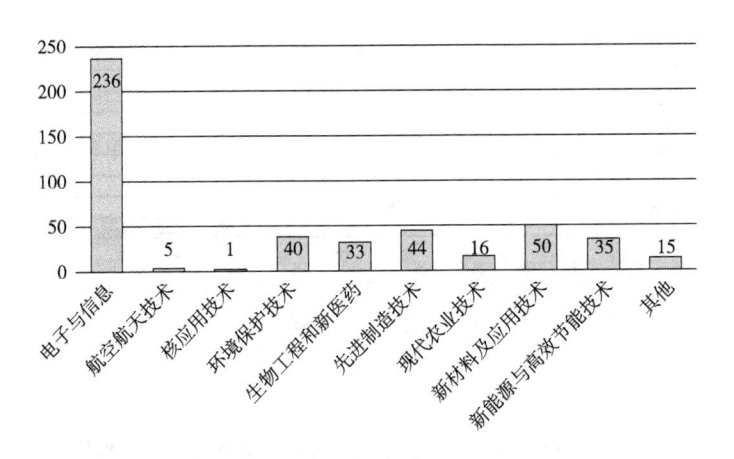

图6-12　2019年房山园高新技术企业所属技术领域分布（单位：家）

资料来源：中关村科技园区管理委员会。

（九）通州园

通州园加快构建以生物医药、电子信息、新材料和先进制造为主的四大主导产业。根据图6-13可知，截至2019年底，通州园内的高新技术企业数量为429家，其中电子与信息、先进制造技术领域企业数量分别为166家和97家。同年，该园在先进制造、生物医药、新材料等重点技术领域的总收入为948.3亿元。此外，通州园还加快了对主导产业的布局。例如，建设通州国际种业科技园和中关村（通州）城市科技前沿技术创新中心等。

（十）顺义园

顺义园依托优势产业基地，加快培育新能源智能汽车、第三代半导体和航空航天三大产业集群。根据图6-14可知，截至2019年底，顺义园高新技术企业总数为561家，其中电子与信息技术领域企业249家，新能源与新材料领域企业合计96家，从而能够更好地为三大产业集群建设提供支持。从业人员10.1万人。同年，该园在先进制造、新能源、电子信息等重点技术领域的总收入为1 961.5亿元。此外，该园还致力于建设顺义第三代半导体材料及应用联合创新基地,推动顺义国家地理信息科技园的创新发展,并支持建设顺义北京汽车研究院。

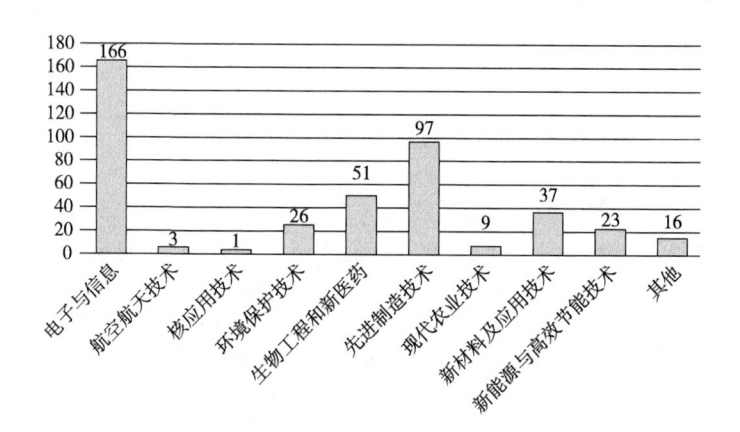

图 6-13　2019 年通州园高新技术企业所属技术领域分布(单位:家)
资料来源:中关村科技园区管理委员会。

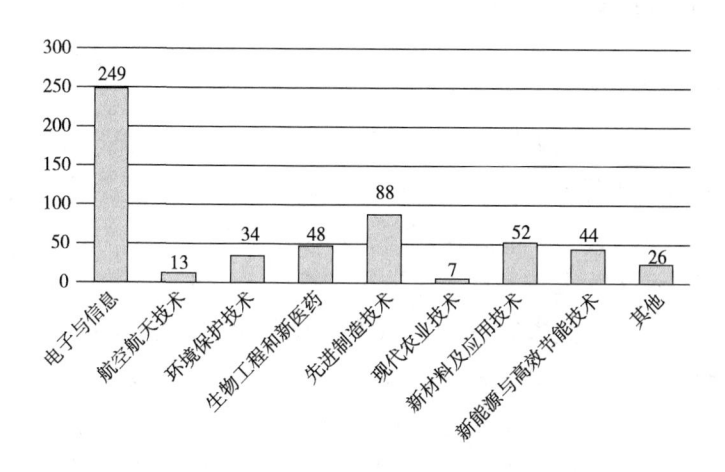

图 6-14　2019 年顺义园高新技术企业所属技术领域分布(单位:家)
资料来源:中关村科技园区管理委员会。

(十一)昌平园

昌平园聚焦发展医药健康、节能环保、智能装备等三大优势主导产业,并重点培育新材料和电子信息产业发展。根据图 6-15 可知,截至 2019 年底,昌平园区拥有 2 396 家高新技术企业,涵盖节能环保、医药健康等产业

领域。同年，昌平园在新能源、电子信息以及先进制造等重点技术领域的总收入为 4 570 亿元。此外，昌平园还开设了北大资源大健康产业园，并致力于建设智能制造产业基地。

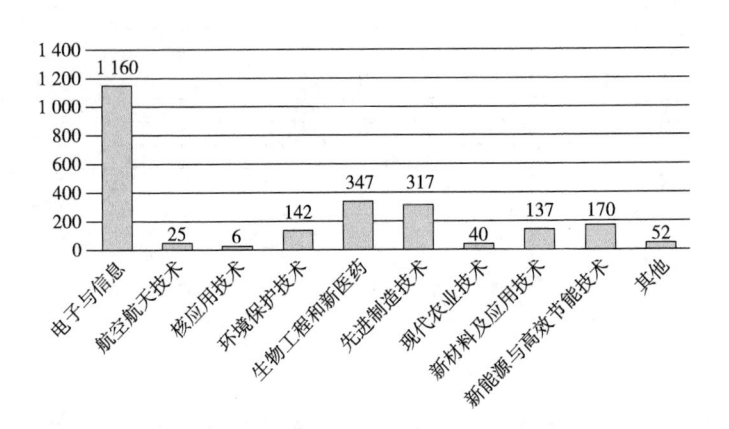

图 6-15 2019 年昌平园高新技术企业所属技术领域分布（单位：家）

资料来源：中关村科技园区管理委员会。

（十二）大兴-亦庄园

大兴-亦庄园加快构建以医药健康产业为核心，新能源智能汽车、新一代信息技术和科技服务业为支柱的"高精尖"产业结构。根据图 6-16 可知，截至 2019 年底，大兴-亦庄园高新技术企业总数为 1 528 家，其中电子与信息领域企业 543 家，生物工程与新医药领域企业 382 家，企业数量仅次于海淀园区。此外，先进制造及新能源领域企业数量也均超过百家。同年，该园在新能源、电子信息、先进制造和生物医药等重点技术领域的总收入为 7 134.3 亿元，显示大兴-亦庄园的"高精尖"产业结构正在加速构建中。此外，大兴-亦庄园还引进了中国中医科学院中药科技园一期青蒿素研究中心、中关村药谷生物产业研究院等一批生物医药领域的科技创新机构。

（十三）怀柔园

怀柔园加快构建以科技服务业为引领，新材料、智能装备、医药健康、人工智能等为支柱的高科技产业结构。根据图 6-17 可知，截至 2019 年底，怀柔园区拥有 225 家高新技术企业，其中电子与信息领域企业为 93 家，其他领域企业则有待引进。同年，该园在先进制造、电子信息、新材料等重点技术领域的总

收入为 574.2 亿元。此外，怀柔园还启用了怀柔科学城创新小镇，启动了北京怀柔综合性国家科学中心等重点项目，以抓紧构建"高精尖"产业结构。

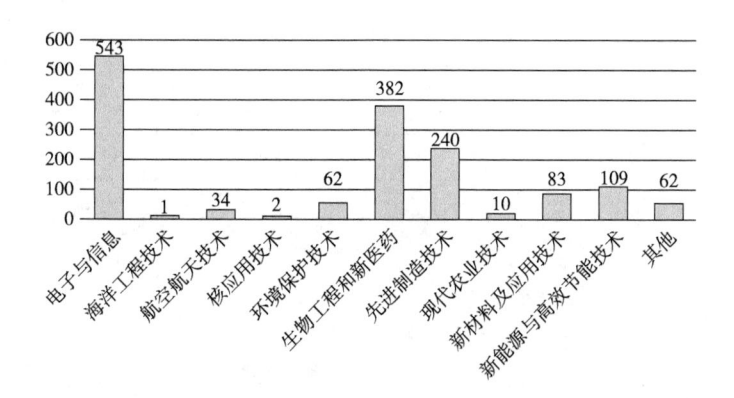

图 6-16 2019 年大兴-亦庄园高新技术企业所属技术领域分布（单位：家）

资料来源：中关村科技园区管理委员会。

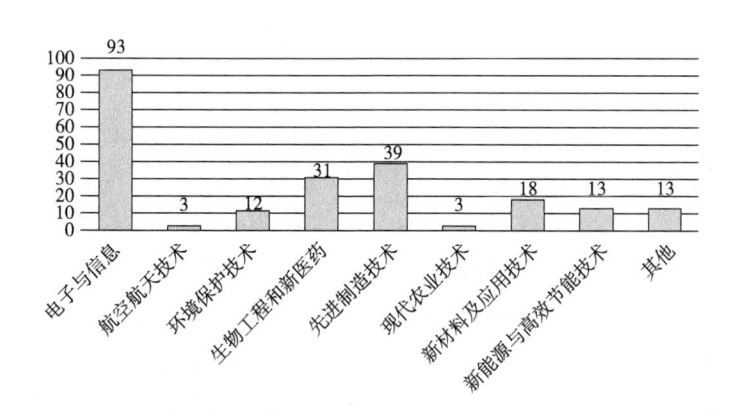

图 6-17 2019 年怀柔园高新技术企业所属技术领域分布（单位：家）

资料来源：中关村科技园区管理委员会。

（十四）平谷园

平谷园依托平谷农业科技园区，大力发展农业科技创新产业，并引导智能装备、生物医药、新一代信息技术等的重点集聚。根据图 6-18 可知，截至 2019 年底，平谷园区拥有高新技术企业 143 家，其中现代农业领域 10 家，电子与信息领域 40 家。同年，平谷园在新材料、电子信息、生物医药等重点技术领域的总收入为 171.1 亿元。此外，平谷园还加快推进农业科技

创新型企业的集聚，成立国家现代农业与食品前沿产业技术创新战略联盟，启动北京中智生物农业国际研究院等，以支持现代农业产业的发展。

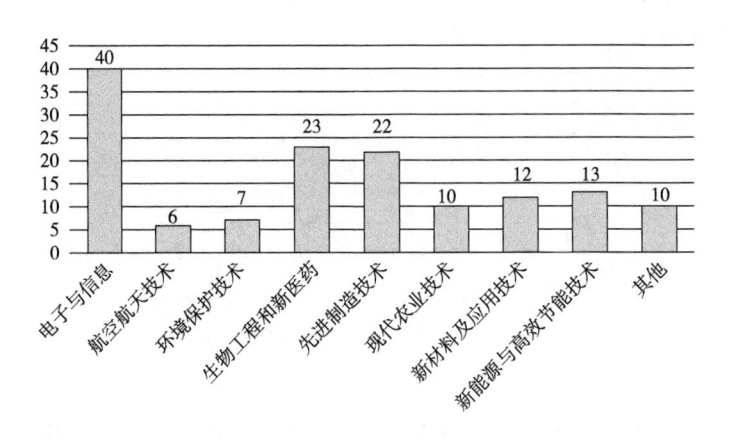

图6-18 2019年平谷园高新技术企业所属技术领域分布（单位：家）
资料来源：中关村科技园区管理委员会。

（十五）密云园

密云园加快推进以现代农业种植为主导的产业发展方向，重点培育生物医药、节能环保、智能制造及新一代信息技术产业发展。根据图6-19可知，截至2019年底，密云园区高新技术企业总数192家，其中电子与信息领域64家，现代农业3家，并将继续引进。同年，密云园在先进制造、生物医药、电子信息等重点技术领域的总收入为406亿元。密云园还推进重点项目建设，该园区企业的16项产品（服务）入选第九批北京市新技术新产品，11项产品入选第十批北京市新技术新产品，涉及节能环保、智能制造等领域。

（十六）延庆园

延庆园结合资源和区位优势，重点发展和培育现代园艺、冰雪体育、新能源和能源互联网及无人机产业。根据图6-20可知，截至2019年底，延庆园区高新技术企业累计285家，其中电子与信息领域企业123家，新能源领域企业27家，现代农业领域企业13家，这为延庆园"高精尖"产业结构的构建提供了支撑。同年，该园在新材料、电子信息、先进制造等重点技术领域的总收入为144.9亿元。此外，延庆园还引进了四大重点培育产业企业194家，包括体育科技类企业68家、现代园艺类企业58家、新能源和能源互联网企业 55 家、无人机类企业 13 家。

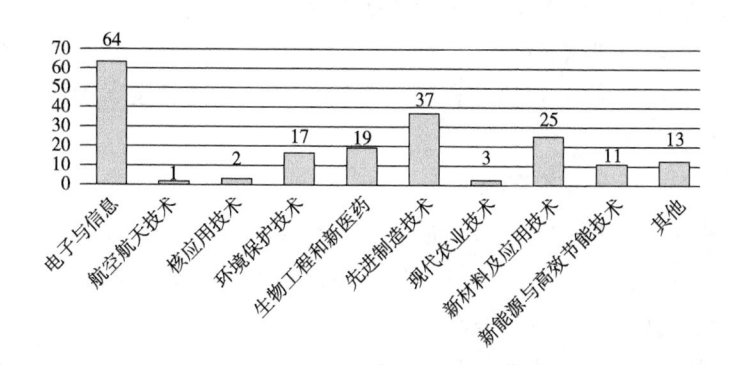

图 6-19　2019 年密云园高新技术企业所属技术领域分布（单位：家）
资料来源：中关村科技园区管理委员会。

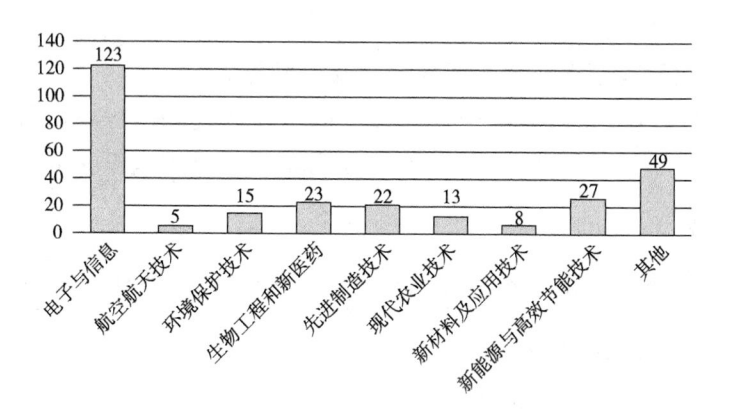

图 6-20　2019 年延庆园高新技术企业所属技术领域分布（单位：家）
资料来源：中关村科技园区管理委员会。

三、存在的问题

2019 年，中关村示范区深耕十大"高精尖"细分领域，会同顺义园、石景山园等相关分园精准制定第三代半导体、药品医疗器械、工业互联网等领域的产业政策，其中生物医药产业已在全国园区中综合排名第一。中关村集成电路设计园实现收入超过 200 亿元，累计支持 150 余个"高精尖"成果转化和产业化项目，拉动投资超 100 亿元。但是，各园区在取得巨大成绩的同时也存在一定问题,具体体现在以下四个方面。
(一) 各园区间存在区域发展不平衡的问题
中关村示范区所属的 16 个分园在地理层面上布局比较分散,且各分园在产业层次、高技术企业数量和规模、从业人员、重点技术领域总收入等方面存在不均衡的现象。
(二) 各园区产业发展不平衡
从各园区"高精尖"产业的发展情况来看,电子与信息领域的企业数量遥遥领先,而新材料、新能源等作为新兴产业,其企业数量还有待继续增加,需要鼓励其进一步创新发展。
(三) 部分园区存在基础设施不足的问题
中关村示范区各分园产业布局分散度较高,部分远离中心城区的分园难以共享中心城区的基础设施、服务设施等资源,进而出现相关设施不足的现象,不利于产城融合、共同发展。
(四) 中关村示范区内缺少全球性的行业领军型企业
中关村示范区高新技术企业众多,但从各行业和各区域的细分视角来看,该示范区"大而不强"的缺陷还较为明显,且普遍缺乏具有全球竞争力的领军企业。

第三节 北京经济技术开发区"高精尖"产业分布分析

北京经济技术开发区(以下简称"开发区")作为北京科技创新的产业基地,是承载、培育和发展"高精尖"产业使命的核心主体之一。近年来,开发区实施创新驱动战略,发展主导产业,推动科技成果转化,提升自主创新能力,助力"高精尖"产业结构的构建。

目前,开发区的经济规模和经济质量正在稳步提升中。根据《北京经济开发区 2019 年国民经济和社会发展统计公报》,2019 年开发区规模以上工业总产值实现 4 183 亿元,比上年增长 9.0%,高技术产业和现代制造业分别实现产值 1 471 亿元和 3 387.6 亿元,分别比上年增长 5.7% 和 9.5%。开发区企业收入实现 13 372 亿元,其中高新技术企业实现收入 6 080.1 亿元,比上年增长 13.8%。图 6-21 为 2015—2019 年开发区规模以上工业总产值及

增速情况。

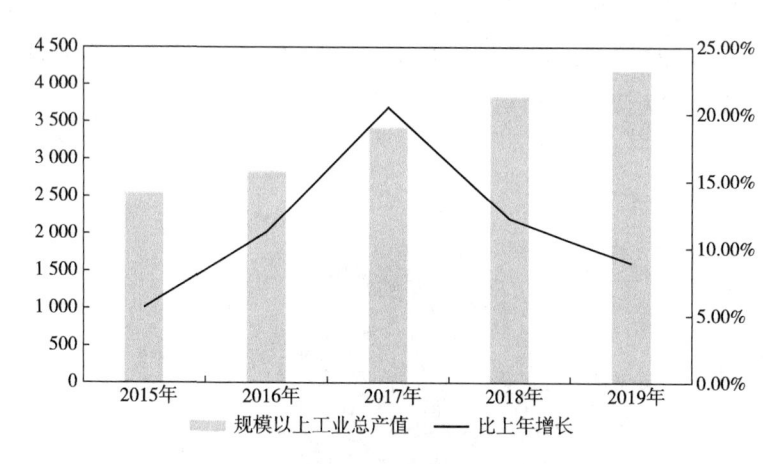

图 6-21　2015—2019 年开发区规模以上工业总产值及增速情况

资料来源：《北京经济开发区 2019 年国民经济和社会发展统计公报》。

汽车及交通设备产业、电子信息产业、装备产业以及生物工程和医药产业构成了当前开发区经济发展的四大主导产业。2019 年，开发区主导产业的发展态势良好。其中，开发区规模以上四大主导产业实现工业总产值 3 876.6 亿元，比上年增长 9.3%，有效拉动规模以上工业总产值增长 8.6%。具体来说，2019 年汽车及交通设备产业的收入为 1 967.2 亿元，占比为 47.0%；电子信息产业的收入为 861.7 亿元，占比为 20.6%；装备产业收入为 536.9 亿元，占比为 12.8%；生物工程和医药产业的收入为 510.9 亿元，占比为 12.2%。图 6-22 为 2019 年开发区四大主导产业工业总产值及占比情况。

开发区自主创新能力不断增强。一方面，开发区推进创新中心建设，增加研发投入，提升产业技术研发能力。根据表 6-2 可知，2019 年开发区工业企业研发投入为 74.14 亿元，比上年增长 11.36%；信息传输、软件与信息技术服务业的研发投入和研发人员分别为 6.69 亿元和 1 747 人。2019 年，开发区研发新技术 114 项，研制新产品 115 项，申报国家级重大专项 4 项，挂牌创新中心 22 家，推动 117 个"三城"科技成果项目在开发区转化落地。新建 4 家院士专家工作站、10 家企业创新簇。另一方面，开发区深入推进国家知识产权示范园区建设，以提升园区企业在知识产权方面的综合实力。

2019年，开发区有1家企业获中国专利银奖、3家企业获中国专利优秀奖，8家企业获知识产权贯标培育支持；创新中心企业申报国家重大科技专项6项，5家企业获批科委市区两级重大专项，34个项目获批中关村"高精尖"产业化项目支持。

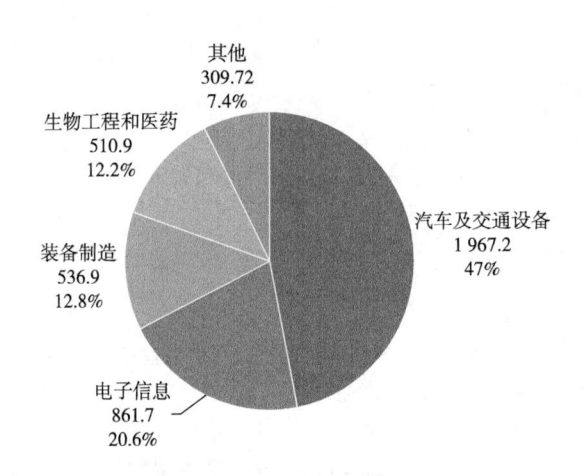

图 6-22　2019年开发区四大主导产业工业总产值及占比情况（单位：亿元）

资料来源：根据《北京经济开发区2019年国民经济和社会发展统计公报》整理。

表 6-2　2019年开发区工业与信息传输、软件和信息技术服务业研发情况

行业类型	研发（R&D）经费（万元）		研发（R&D）人员（人）	
	2019 年	2018 年	2019 年	2018 年
工业企业	741 466.3	665 801.8	9 886	11 103
信息传输、软件与信息技术服务业	66 930	71 244.5	1 747	873

资料来源：根据《北京市区域统计年鉴2020》数据整理。

第四节　协调和优化"高精尖"产业区域分布的建议

针对北京市高新技术企业在发展过程中存在的问题，一方面要加快促进新兴产业发展，推动产业向高端、高效和高辐射发展；另一方面要加强城区对接，促进产、城融合，实现园区的发展平衡及协同。

一、依托资源与区位优势，进行精准布局

根据前文分析可知，北京市各区域中的"高精尖"产业发展存在较大差距，从十大重点技术领域企业的分布来看，呈现显著的"分工"趋势。因此，在未来北京市高新技术产业的发展规划及各区的发展规划中，应依托资源与区位优势，结合"分工"因素，充分发掘不同区域的优势产业和潜力，集中资源和力量发展主导产业和特色产业，加快构建"高精尖"经济结构。

各行政区应促进"高精尖"产业精准布局，促进北京市的高质量发展。加强中关村示范区对16个分园的统筹协调，依据比较优势促进各分园"高精尖"产业的高端化、特色化、差异化发展。例如，东城区可依托文化古迹等传统文化资源推进文化创意产业与科技相融合，发展文化科技产业。西城区可依托其丰富的金融资源、高度发达的电子信息技术等，大力布局金融科技全产业链。朝阳区可依托其产业集中度高、外资资源丰富的优势，将自身打造成知名国际商务中心。海淀区可依托丰富的高校和科研院所资源推动校企合作，并为重点领域培养高技术人才。丰台区可依托其拥有的多个火车站、汽车站等交通枢纽，大力发展轨道交通产业。石景山区可依托其著名的首钢园，大力发展文化科技产业。顺义、大兴、亦庄、昌平、房山等5个平原上的新城可依托优势产业基地，做好承接工作，推动产业转型升级。门头沟区、怀柔区、密云区、平谷区和延庆区应结合其拥有的丰富自然资源，大力发展现代农业产业，并做好城区产业承接工作；同时还应完善人才引进政策，尤其是针对现代农业领域的专业、高端人才给予专项政策倾斜。

二、立足京津冀协同发展，扩大辐射效应

目前，北京市各大行政区均已布局"高精尖"产业，但是产业内和产业间的发展差距日益明显。因此，应结合国家京津冀协同发展战略，推动高端产业中缺乏比较优势的制造环节及下游企业向津冀地区转移，从而推动津冀区域内的产业转型升级，扩大"高精尖"产业的辐射效应。具体而言，包括以下几个方面。

（一）加强产业链内上下游企业的合作对接，构建具有竞争优势的"高精尖"产业生态体系

中关村科技园和北京经济技术开发区是北京市"高精尖"产业发展的

主阵地，应充分发挥其策源性地位，推动创新链、产业链、资源链的深度融合。以智能装备产业为例，可通过发挥京津冀三地的比较优势，构建分工明确、层次清晰、协同有效、创新协同的智能装备产业生态链。

（二）探索多种模式，推进产业有序转移

一方面，通过以学促建、共建分园的模式开展合作。例如，津冀区域可采用科技成果转化、运营模式模仿等形式，与北京市的"高精尖"产业园区合作构建一批产业协同平台，以实现产业链内的有效联动。另一方面，通过品牌换空间的形式，使津冀区域加强对北京产业园区内运营品牌的引入。例如，津冀区域可以用厂房、土地等存量资源换取北京产业园区的设备、技术等创新资源，从而盘活津冀区域的资源，提高其对产业资源的利用水平，促进产业结构转型升级。

（三）与津冀区域共建创新平台

北京市的产业园区应加大对技术研发、知识产权等创新资源的开放力度，为津冀区域提供更多的创新与创业服务。同时，可依托产业联盟、共建分园等资源，推动人才、技术、资本、设备等创新资源在京津冀区域的自由流动、共享共建，从而打造协同创新链条。

三、立足"三城一区"，打造高端产业发展高地

"三城一区"作为北京市建设全国科技创新中心的主平台，应进一步释放创新能量，积极发展一批具有国际核心竞争力和创新能力的企业。一方面，应增加对三大科学城的研发投入，增强其原始创新和重大技术创新能力，发挥其对全球新技术、新经济、新业态的引领作用。另一方面，应提升创新型产业集群和"中国制造2025"创新引领示范区的建设水平，推动科技成果转化。同时，在"三城一区"建设中还应依托已有资源与所在区位，进一步明确自身的发展定位，实现发展中的科学分工。为此，"三城一区"需要构建具有差异化、异质性的战略性新兴产业集群。

此外，为打造高端产业发展高地，还要发挥"三城一区"创新资源集聚的优势，以促进创新要素的自由流动和深度融合。为此，应聚焦信息技术、高端装备制造、新材料、新能源、生物医药健康等重点领域，掌握关键核心技术，抢占发展制高点，从而研发、生产出一批全球领先的技术和产品。

第七章

北京市国有企业推进构建"高精尖"经济结构过程中的配套措施

第七章　北京市国有企业推进构建"高精尖"经济结构过程中的配套措施

推进北京市国有企业构建"高精尖"经济结构过程中，有赖于建立有效的配套政策措施，形成外部推力。同时，应深化国有企业改革，形成"高精尖"企业自我发展的内生动力。配套政策措施叠加自我发展机制，共同构成了北京市国有企业构建"高精尖"经济结构的双重路径，对全市国有资本布局优化与战略性调整、做强做优做大国有企业具有重要意义。

第一节　政策配套措施的体系构建

构建"高精尖"经济结构是发挥国有经济战略支撑作用、推动国有资本向前瞻性战略性产业集中的重大举措。进入数字经济时代，"高精尖"经济结构成为重要的经济基础设施，是北京市占据创新高地、保持可持续竞争优势和经济高质量发展的重要动力。在推动全市经济结构向"高精尖"转型升级的过程中，国有企业发挥着重要的战略支撑和带动引领作用。为此，其不仅需要构筑起"高精尖"经济结构的基础设施，不断做强做优做大国有资本，而且需要在关系国计民生和国民经济命脉的关键领域引领产业转型升级，以充分体现社会主义市场经济体制的优越性。

多元配套政策体系的构建是推动国有企业构建"高精尖"经济结构的重要推力，可为国有企业发展"高精尖"产业创造有利的政策环境与营商环境。依据"资源基础—能力提升—目标引领"的政策逻辑，应构建以财税政策、金融政策、土地政策、人才政策、创新政策等为主体的配套政策体系，从而为推动北京市国有企业构建"高精尖"产业结构打下坚实的资源基础，提供良好的能力保障，并建立以持续创新为引领的发展方向和路径规划。北京市推动构建"高精尖"经济结构的政策体系如图7-1所示。

由图7-1可知，财税、金融、土地政策为国有企业构建"高精尖"经济结构提供了充足的资金、土地等资源要素保障。有效的退出机制可推动国有资本"有进有退""有所为、有所不为"，充分提升国有资本的流动性，使之更好地集中力量向"高精尖"产业集中。人才政策与知识产权保护制度是培育国有企业构建"高精尖"经济结构核心能力的重要保障。以人才为载体的知识要素、技术要素是发展"高精尖"经济结构的核心资源，也是推动"高精尖"产业发展的核心能力，对发挥资金、土地、设备等资源基础的经济价值、创新价值具有重要的能动效应。在夯实资源基础

和培育核心能力的基础上,通过创新政策和规划政策形成创新发展的协同机制和引领机制,可为国有企业构建"高精尖"经济结构做好路径规划和目标引领。

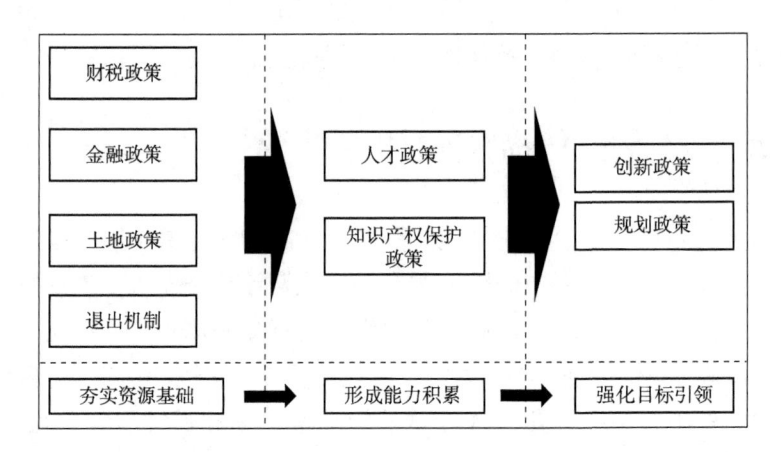

图 7-1　北京市推动构建"高精尖"经济结构的政策体系

资料来源:笔者绘制。

第二节　夯实资源基础

一、财税政策

国有企业构建"高精尖"经济结构的核心行为是推动全方位创新。创新行为的产生需要不断积累新知识与新技术要素,这一过程不仅需要大量的财务投资,而且创新结果也会面临重大的不确定性,而这在一定程度上抑制了国有企业构建"高精尖"经济结构的意愿(杨国超、芮萌,2020)。

财政和税收政策是政府宏观调控的重要手段,为激励国有企业构建"高精尖"经济结构提供了经济动力。纵观中国经济改革发展的历史长河,财税政策始终居于政府政策工具箱的核心位置。通过对"高精尖"产业给予一定程度的财政补贴和税收优惠,可推动相关产业和企业实现快速和可持续发展(王桂军、张辉,2020)。下面详细梳理、汇总北京市近年来与"高精尖"产业(或企业)相关的财政与税收政策,如表 7-1 所示。

第七章　北京市国有企业推进构建"高精尖"经济结构过程中的配套措施

表 7-1　2001—2021 年北京市构建"高精尖"经济结构的主要相关财税政策

年度	政策名称	政策字号/出台时间
2001 年	关于印发《北京市科技中介机构享受财政专项资金支持认定办法》的通知	京科政发〔2001〕658 号
	关于印发《北京市财政支持高新技术成果转化项目等专项资金实施办法》的通知	京财预〔2001〕2395 号
2003 年	关于印发《北京市高新技术产业孵化基地享受财政专项资金办理程序》的通知	京科高发〔2003〕203 号
2006 年	关于印发《北京市科技型中小企业技术创新资金管理办法》的通知	京财监督〔2006〕3100 号
2010 年	北京市财政局 北京市国家税务局 北京市地方税务局 北京市科学技术委员会 中关村科技园区管理委员会《关于贯彻落实国家支持中关村科技园区建设国家自主创新示范区试点税收政策的通知》	京财税〔2010〕2948 号
2011 年	北京市财政局 北京市科学技术委员会 北京市发展和改革委员会 北京市经济和信息化委员会 中关村科技园区管理委员会 北京市经济技术开发区管理委员会关于印发《北京市重大科技成果转化和产业项目统筹资金股权投资管理暂行办法》的通知	京财国资〔2011〕664 号
2013 年	北京市财政局 北京市国家税务局 北京市地方税务局 北京市科学技术委员会 中关村科技园区管理委员会《关于贯彻落实中关村国家自主创新示范区企业所得税试点政策的通知》	京财税〔2013〕2407 号
2014 年	关于印发《北京市示范应用新能源小客车财政补助资金管理细则》的通知	京财经一〔2014〕449 号
	关于印发《首都科技创新券实施管理办法（试行）》的通知	京财科文〔2014〕2515 号
	北京市财政局 北京市国家税务局 北京市地方税务局转发财政部 国家税务总局关于高新技术企业职工教育经费税前扣除政策的通知	京财税〔2015〕1164 号

续表

年度	政策名称	政策字号/出台时间
2016 年	中共北京市委办公厅 北京市人民政府办公厅印发《北京市进一步完善财政科研项目和经费管理的若干政策措施》的通知	京办发〔2016〕36 号
	北京市财政局 北京市地方税务局转发财政部 国家税务总局《关于完善股权激励和技术入股有关所得税政策的通知》	京财税〔2016〕2122 号
2017 年	印发《关于财政支持疏解非首都功能 构建高精尖经济结构的意见》的通知	京政办发〔2017〕35 号
2018 年	北京市财政局 国家税务总局 北京市税务局 北京市科学技术委员会转发财政部 国家税务总局 科技部《关于提高研究开发费用税前加计扣除比例的通知》	京财税〔2018〕2449 号
	北京市财政局 北京市科学技术委员会 北京市经济和信息化委员会《关于调整完善北京市新能源汽车推广应用财政补助政策的通知》	京财经一〔2018〕1296 号
2020 年	关于印发《北京市高精尖产业技能提升培训补贴实施办法》的通知	京科发〔2020〕3 号
2021 年	关于转发《中关村国家自主创新示范区特定区域技术转让企业所得税试点政策》的通知	京财税〔2021〕151 号

资料来源：笔者整理。

通过对上述主要财税政策的梳理可知，北京市历来重视构建"高精尖"经济结构，而财税政策是推动高新技术企业发展、促进产业"高精尖"转型升级的重要工具。基于此，本书借鉴政策历史经验，以"政策层级"和"政策领域"为双重维度，构建北京市国有企业构建"高精尖"经济结构的财税政策配套措施体系，如图7-2所示。

首先，从政策层级来看，财税政策体系均可以实现对"企业—产业—区域"的全面覆盖，从而确保财税政策激励范围的广度，实现政策效应有效触达。同时，通过分层分类制定税收和财政政策，能够确保政府根据不同层面的市场主体确定政策目标和政策内容，针对不同区域、不同产业、不同功能

第七章　北京市国有企业推进构建"高精尖"经济结构过程中的配套措施

类别的国有企业精准施策，满足国有企业构建"高精尖"经济结构的多层次、多样化的政策需求。

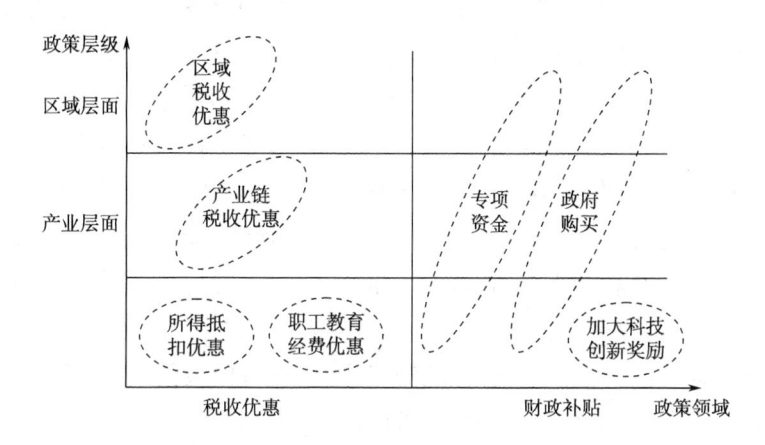

图 7-2　北京市国有企业构建"高精尖"经济结构的财税政策体系
资料来源：笔者整理。

其次，从政策领域来看，重点包括税收优惠政策和财政补贴政策。其中，税收优惠政策是针对构建"高精尖"经济结构的国有企业开展的减费降税措施，尤其是针对其创新活动和创新投入而进行的税费减免，以降低其创新成本，激发其创新动力。财政补贴政策则发挥了更为直接的激励效应，包括政府直接拨付专项资金支持国有企业构建"高精尖"经济结构，加大对国有企业"高精尖"产品和服务的购买等，可对国有企业构建"高精尖"经济结构形成显著的激励效应。

基于上述政策框架，本书建议：北京市可制定如下财税政策工具组合，以正向激励国有企业构建"高精尖"经济结构。

第一，对国有企业研发投入以及职工教育等创新活动给予税收优惠，允许创新投入以相当比例抵扣企业所得，发挥税收减免效应。通过对创新活动的费用性投入和资本性投入进行纳税抵扣，能够在企业层面加大其创新投入的动机和意愿，确保其创新活动获得足够的资源投入保障，从而降低国有企业创新负担。同时，税收的减免也能为企业节约税费支出，进一步充实企业经营成果留存，进而形成创新投入的正向循环与激励保障。

第二，从区域层面和产业链层面实施税收优惠政策，提升"高精尖"

经济结构的产业链供应链水平，以促进重点区域的引领发展，形成"高精尖"的产业集聚效应。同时，通过区分不同产业和区域，可以有效避免财税政策"一刀切"，从而根据不同的"高精尖"产业和区域特征精准施策。例如，针对北京市重点发展的新一代信息技术、集成电路、医药健康、智能装备、节能环保、新能源智能汽车、新材料、人工智能、软件和信息服务等重点"高精尖"产业，可结合各领域技术创新特征、技术创新周期以及资金投入产出规律，分别为其制定税收优惠。此外，可配合"三城一区"的创新发展区域格局，制定区域税收优惠政策，以推动创新资源的有效集聚，使国有企业发展"高精尖"经济结构、推动"高精尖"创新形成规模效益和网络效益。

第三，针对国有企业构建"高精尖"经济结构设立专项资金，以保障对"高精尖"发展有重要支撑作用的重点项目顺利实施，推动"高精尖"产业开展持续创新，加快产业结构战略性调整，补贴构建"高精尖"经济结构所需的物质资本和人力资本投入。通过建立专项资金制度，可为国有企业开展"高精尖"转型升级提供基础资金保障，发挥财政资金的战略引导作用。

第四，通过政府购买，支持国有企业发展"高精尖"经济结构。国有企业大多承担着供给重要公共物品与公共服务的使命，事关国计民生。通过增加政府购买，可以有效推动国有企业"高精尖"产业的发展，以更加符合市场规律的调控手段强化国有企业"高精尖"业务的"造血"能力，促进"高精尖"产业的供需适配。

第五，通过设置一批北京市国有企业技术创新和"高精尖"发展专项奖励，鼓励市属国有企业加快往"高精尖"方向发展，建立"高精尖"品牌，培育"高精尖"技术。

二、金融政策

金融政策对推动国有企业构建"高精尖"经济结构具有重要保障与杠杆作用，可强化国有企业开展创新投资和推动产业转型升级时的资金保障并使之有效配置，从而形成金融资源与"高精尖"产业实体的深度融合与良性互动。北京市当前与"高精尖"经济结构相关的主要金融政策如表7-2所示。

第七章 北京市国有企业推进构建"高精尖"经济结构过程中的配套措施

表7-2 北京市构建"高精尖"经济结构的主要相关金融政策

年度	政策名称	政策字号/出台时间
2000年	北京市人民政府办公厅转发国务院办公厅转发科技部等部门《关于建立风险投资机制若干意见文件的通知》	京政办发〔2000〕70号
2001年	关于印发《北京市风险投资机构享受财政专项资金支持确认办法》的通知	京财经一〔2001〕2356号
2010年	北京市人民政府《关于推进首都科技金融创新发展的意见》	京政发〔2010〕32号
2014年	《关于进一步加强金融支持小微企业发展的若干措施》	京政办发〔2014〕58号
2015年	北京市财政局 北京市经济和信息化委员会关于印发《北京高精尖产业发展基金管理办法》的通知	京财经一〔2015〕2329号
2015年	北京市财政局关于转发《政府和社会资本合作项目政府采购管理办法》的通知	京财采购〔2015〕173号
2017年	北京市财政局关于印发《北京市政府和社会资本合作（PPP）项目库管理办法》的通知	京财经二〔2017〕1704号
2018年	关于印发《关于进一步支持中关村国家自主创新示范区科技型企业融资发展的若干措施》的通知	中科园发〔2018〕46号
2018年	关于印发《北京市创业担保贷款担保基金管理办法》和《北京市创业担保贷款财政贴息资金管理办法》的通知	京财金融〔2018〕1911号
2019年	关于印发《中关村国家自主创新示范区促进科技金融深度融合创新发展支持资金管理办法》的通知	中科园发〔2019〕6号

资料来源：笔者整理。

结合历史配套举措和政策经验，本书认为，应针对国有企业构建"高精尖"经济结构建立资金筹集、融资渠道和投资合作模式等金融配套举措，从而打造国有企业"高精尖"发展的金融"蓄水池"、融资"主干道"以及投融资合作样板。

首先，通过广泛吸纳商业银行、保险、基金、战略投资者等社会资本，与财政资金共同组建国有企业"高精尖"发展的"资金池"，充实金融资源基础。发挥财政资金、国有资本的金融杠杆作用，吸引一批社会资本加入并

共同成立国有企业"高精尖"发展基金,并针对不同产业领域、地区属性乃至国有企业功能类别等配置适当的资金资源。发挥国有资本投资运营公司的战略引领作用,不断牵引国有资本向"高精尖"产业集中,向前瞻性战略性产业集中,与合格社会投资者建立资本纽带,撬动混合所有制资本进入"高精尖"产业,以国有资本投资优化国有资本布局并调整产业结构,发挥国有资本在"高精尖"经济结构构建中的战略支撑作用和带动引领作用。

其次,打通国有企业的融资渠道,有效建立对象管理、信用管理、资金投向与投后管理等配套政策举措,确保"高精尖"发展基金落到实处,形成"高精尖"发展全生命周期的金融解决方案。一方面,扩大国有企业的融资渠道,以债务融资和股权融资为基本通路,不断创新金融工具,降低国有企业构建"高精尖"经济结构的融资成本。另一方面,将大数据、区块链等先进数字技术与融资流程深度结合起来,利用先进信息技术快速、精准地实施对象识别、信用管理与资金追踪,从而确保发展资金真正配置到"高精尖"国有企业及"高精尖"产业领域,合理管控信用风险。

最后,探索形成投融资合作样板,驱动"投资主体-信贷主体-实体企业"之间的战略联动,共同构筑"高精尖"发展的命运共同体。例如,通过政府和社会资本合作(PPP)模式以及国有企业混合所有制改革等方式,在"高精尖"项目、"高精尖"企业等层面建立战略协同关系。国有企业接受资本投入发展"高精尖"事业,可提高产业链的价值地位,为金融资本创造更高的价值回报;金融资本在提供资金、完善资金使用监管的同时,可充分发挥自身的资源优势与丰富的行业经验,协助国有企业提升构建"高精尖"经济结构中的决策质量,为国有企业布局"高精尖"产业提供信息资源和能力支持。

三、土地政策

当前,北京市土地资源稀缺性逐渐凸显。因此,完善构建"高精尖"经济结构的配套土地政策,有助于强化"高精尖"产业用地保障,创新产业用地利用方式,提高土地配置效率和利用效率,确保产业用地用于发展"高精尖"经济。针对上述政策目标,北京市已于2017年出台《关于加快科技创新 构建高精尖经济结构用地政策的意见(试行)》(如表7-3所示),

第七章　北京市国有企业推进构建"高精尖"经济结构过程中的配套措施

以指导"高精尖"产业用地的合理配置与布局。

表7-3　北京市构建"高精尖"经济结构的相关土地政策

年度	政策名称	政策字号/出台时间
2017	《北京市人民政府关于加快科技创新 构建高精尖经济结构用地政策的意见（试行）》	京政发〔2017〕39号

资料来源：笔者整理。

针对国有企业明确用地前置条件，保障"高精尖"产业用地。政府要明确"高精尖"产业用地供应计划，规划"高精尖"产业园区，对"高精尖"产业用地形成集中管控。应针对国有企业的"高精尖"业务属性制定科学、清晰的土地使用条件，包括明晰产业类别、投资规模、技术研发与创新能力以及环境保护和能源消耗等要素。通过制定上述前置条件，确保"高精尖"产业用地的有效配置。

创新产业用地利用方式，保障"高精尖"用地职住平衡。应创新"高精尖"产业用地出让方式，采取开发、租赁等多重方式向国有企业配置产业用地，平衡土地开发与使用成本，提升国有企业用地效率和降低企业用地成本。平衡"高精尖"产业用地的职住平衡，不仅可提升"高精尖"产业园区的用地效率和土地价值，还能为"高精尖"人才提供良好的生活环境，提高创新效率。

制定监督政策，保障"高精尖"产业土地用途。应强化对国有企业"高精尖"产业用地的用途，禁止将"高精尖"产业用地改变用途、擅自处置、对外租用或擅自开发。为此，应建立严格的审批机制和处罚机制，以确保产业用地成为国有企业构建"高精尖"经济结构的重要支撑因素。

四、退出机制

完善国有企业退出机制是推动国有资本向前瞻性战略性产业集中的重要举措。国有企业在不同时期承担了不同的历史任务，为国民经济和社会发展贡献了重要力量。随着时代演进，国有企业的历史使命也要随之协同变化。尤其是进入数字经济时代后，国有资本需要在关键技术领域和前瞻性战略性新兴产业中发挥重要的战略支撑作用和带动引领作用，以推动国民经济的高质量发展。这就需要建立有效的国有资本退出机制，从而为国有资本的有效

流动提供制度保障（黄婷、郭克莎，2019），推动国有资本有效布局"高精尖"领域。

从"管企业"转变为"管资本"，既是国有资产监管体制的变革，也是国有企业有序推动非主业、非优势（"两非"）和低效、无效资产（"两资"）退出的可行路径，从而有利于集中国有资本力量，强化其在"高精尖"领域的布局。随着国有企业资产资本化、股权多元化等趋势日益显现，传统"管人、管事、管资产"的监管模式已愈发难以适应当前市场化、现代化、国际化的新形势和经济发展新常态。通过建立"管资本"的监管模式，将在更大范围、更深层次、更广领域统筹配置国有资本，持续优化布局结构，促进国有资本合理流动、保值增值，从而推动国有经济不断发展壮大，更好服务国家战略目标。为此，以北京市国资委为核心，国有资产监管机构应加快建立市属国有企业的"管资本"模式。一方面，将企业经营权等下放至国有企业，以推动国有企业领域的"放管服"改革，厘清企业与政府的边界。另一方面，加快设置国有资本投资与运营公司两大"战略抓手"，以市场化手段驱动国有资本在更大范围内优化配置，以资本运作为渠道和通路，加速撤离"低效率"、"高污染"、"非优势"和"非首都功能"等产业领域，从而集中国有资本力量向"高精尖"产业加速布局，为构建首都创新高地提供战略支撑。

对不符合首都功能定位的国有企业多途径疏解，推动此类国有企业破产清算、开展混改、产业升级或腾挪搬迁。建立以"管资本"为主的国有资产监管机制，对"管人、管事、管资产"的监管思路不断进行调整，推进国有资本"有进有退"。针对高耗能、高污染、高耗水等高污染企业，国有企业社办职能机构以及长期亏损、长期处于产能过剩且附加值不高、处于产业链低端的国有企业，需要建立分类退出机制，对不同类别国有企业形成与之相匹配的退出办法，从而解放国有资本，使之不断向"高精尖"产业集聚，为构建"高精尖"经济结构注入更多国有资源和动力。

完善国有资本退出的相应保障机制，避免国有资产流失，妥善处置历史遗留问题。在国有企业剥离低端、高污染等相关资产和业务职能的过程中，既要聚焦未来国有资本的投向，也要对国有处置资产进行合理估值，强化国有资本退出过程的事前评估与内部审计，以避免国有资产流失。国有企业退出时，要妥善处置职工安置问题，协助国有企业员工合理分流安置，对失业

第七章　北京市国有企业推进构建"高精尖"经济结构过程中的配套措施

员工做好再就业、再培训和社会保障工作，将国有企业退出低端产业产生的社会影响降到最小。

第三节　形成能力积累

人才是构建"高精尖"经济结构的重要能力基础，是"高精尖"知识与技术要素的重要载体。通过实施人才配套政策，能够为国有企业构建"高精尖"经济结构提供充足的人力资本，并活化资金、土地等经济要素，从而通过有效的资源编排推动国有企业实现"高精尖"转型发展。北京市当前实施的人才配套政策如表7-4所示。本书认为，结合已有政策逻辑，北京市需要进一步构建"吸引人才—激励人才—保障人才"的人才政策体系，以更好服务于各层次人才的全生命周期。

表7-4　北京市构建"高精尖"经济结构的人才政策

年度	政策名称	政策字号/出台时间
2004年	北京市人民政府《关于2003年度北京市科学技术奖励的决定》	京政发〔2004〕13号
	北京市人民政府办公厅转发市人事局等部门《关于发挥首都高层次人才资源优势 加强博士后工作若干意见的通知》	京政办发〔2004〕32号
2005年	《北京市吸引高级人才奖励管理规定》	京政办发〔2005〕18号
	北京市人事局关于发布《2005年度北京高新技术产业重点发展领域人才开发目录》和《2005年度北京现代制造业重点发展领域人才开发目录》的通知	京人发〔2005〕29号
2006年	《关于启动北京市高职高专教育计算机软件类专业人才培养计划试点工作的通知》	京教高〔2006〕37号
2007年	北京市人民政府国有资产监督管理委员会关于印发《北京市国有及国有控股企业负责人特别奖励暂行办法》的通知	京国资考核字〔2007〕82号
	《关于进一步鼓励海外高层次留学人才来京创业工作意见的通知》	京政办发〔2007〕44号
2010年	北京市人民政府办公厅转发市人力社保局 市财政局《关于北京市高级人才奖励管理规定的通知》	京政办发〔2010〕40号

续表

年度	政策名称	政策字号/出台时间
2012年	北京市人民政府办公厅《关于印发北京学者计划实施办法（试行）的通知》	京政办发〔2012〕57号
2014年	关于印发《北京市属高等学校提高人才培养质量建设项目管理办法（试行）》的通知	京教高〔2014〕1号
2016年	中共北京市委《关于深化首都人才发展体制机制改革的实施意见》	2016年6月13日
2016年	北京市财政局 北京市科学技术委员会 北京市人民政府国有资产监督管理委员会关于转发《国有科技型企业股权和分红激励暂行办法》的通知	京财资产〔2016〕520号
2016年	关于印发《关于市属国有控股混合所有制企业开展员工持股试点的实施办法》的通知	京国资发〔2016〕21号
	《关于进一步深化市属国有企业劳动用工和收入分配制度改革的指导意见》	京国资发〔2016〕23号
2017年	关于修订印发《北京市市属国有企业负责人经营业绩考核暂行办法》的通知	京国资发〔2017〕14号
	北京市人民政府印发《关于优化人才服务 促进科技创新 推动高精尖产业发展的若干措施》的通知	京政发〔2017〕38号
	关于印发《北京市"一带一路"国家人才培养基地项目管理办法（试行）》的通知	京教外〔2017〕4号
2018年	北京市财政局 北京市科学技术委员会 北京市人民政府国有资产监督管理委员会关于转发扩大《国有科技型企业股权和分红激励暂行办法》实施范围等有关事项的通知	京财资产〔2018〕2578号
	印发《北京市引进人才管理办法（试行）》的通知	京人社调发〔2018〕38号
	《关于优化住房支持政策服务保障人才发展的意见》	京建法〔2018〕13号
	印发《关于全面加强新时代首都技能人才队伍建设的实施意见》的通知	2018年12月29日
2019年	北京市人民政府国有资产监督管理委员会关于印发《北京市市管企业工资总额管理办法》的通知	京国资发〔2019〕13号

资料来源：笔者整理。

第七章　北京市国有企业推进构建"高精尖"经济结构过程中的配套措施

一、强化人才吸引与培育

推动国有企业构建"高精尖"经济结构，需要制定配套人才政策，对国有企业转型升级提供充足的人才资源基础。根据人才来源，可以将配套措施分为两类：一是加大人才吸引力度，面向全球广泛吸纳高端人才；二是充分发挥北京市高等教育资源优势，强化人才培养与留用，形成"高精尖"人才的培育机制。

第一，从人才吸引机制来看，需要树立全球视野，坚持市场导向，科学规划人才需求并形成高水平人才引进机制。为此，应针对北京市"高精尖"经济结构需要，对人才需求的专业结构、规模数量等进行精准估计，明确人才引入标准；发挥人力资源市场的决定性作用，以市场化机制建立北京市国有企业人才引进制度，以市场化标准设置薪酬激励机制；充分发挥首都教育、医疗、文化等优质稀缺资源的优势，针对高端人才形成有效的吸附效应。此外，国有企业构建"高精尖"经济结构，需要满足一系列新的市场需求，针对一系列新技术开展研发攻关，这需要广泛吸纳国际优秀人才。为此，应充分利用国际人才市场，形成有效的海外人才供需对接机制，充分发挥外事、侨务、海外人才服务等机构、组织的渠道功能，吸引全球高端人才，使之为北京市构建"高精尖"结构带来先进知识、管理和技术等创新资源。

第二，从人才培育机制来看，需要充分发挥北京市的教育资源优势，推动人才培养的"产学衔接"，培育国有企业"高精尖"发展所需的专业人才。为此，用好国家直属和市属等优质高等教育资源，是北京市发挥文化资源比较优势的重要一环，此举能够为北京市构建"高精尖"经济结构提供充足的内生动力。依据"高精尖"经济结构规划，深化高等教育人才培养机制改革，完善学科设置，重视新兴学科规划，不断提升本科生、研究生等各层次教育质量，推动"产学融合"发展，培育理论知识与实践技能兼备的优秀人才。总之，内部培育人才将发挥构建"高精尖"经济结构主力军的作用，是充实国有企业人才队伍重要的后备力量，是整个人才政策配套体系建设的动力之源。

二、完善人才激励

激励是发挥"高精尖"人才优势的核心环节，也是激发"高精尖"人

才干事创业的重要内在机制，有利于最大限度地发挥人力资本价值。例如，推进国有企业用人机制改革，准许国有企业按照市场化机制选聘国内外高端人才，并准许国有企业针对"高精尖"人才采取年薪制、协议工资制等特殊薪酬机制，且不受国有企业薪酬限额管理。拓宽物质激励范畴，建立科技创新收益分享机制、创新成果市场化转换和利益分配机制以及股权激励机制，并探索员工持股等做法，对"高精尖"人才实施多层次的长期激励。

创新国有企业人才评价机制与晋升机制，将职称、报酬、职位晋升等与"高精尖"产业发展直接挂钩，结合岗位特点制定具体的人才考核评价制度。合理下放职称评价权限，扩大"高精尖"领域高端人才职称评价直通车的适用范围，强化职称评价向"高精尖"技术领域的倾斜。

强化对"高精尖"人才的财税和金融保障，增加科研人员经费支出自主性，对科技成果转化实施税收优惠与金融支持。在科研立项与项目实施过程中，应不断深化科研项目管理体制改革，提升科研人员自主性。科技成果转换是激励科技成果商业化的重要途径，也是"高精尖"领域人才持续开展创新的重要动力，为此需要设计合理的利益分配机制，使科技人员充分享受科技创新成果。在上述"高精尖"创新收益分配中，可以进一步发挥财税与金融政策的杠杆作用，不仅引导社会资本加入协同创新，且进一步减免科技人才的税收负担并强化资金支持，从而为科技人才在"高精尖"领域开展创新注入动力。总之，制定、实施有效的人才激励机制是国有企业用好人才优势、构建"高精尖"经济结构的活力之源。

三、做好人才服务

做好人才创新服务是推动国有企业构建"高精尖"经济结构、发挥"高精尖"人才优势的重要保障，是落实"吸引人才—激励人才—保障人才"的最后一环，对人才引进和人才激励发挥着基础支撑作用。人才服务政策可以参照如下维度制定。

第一，为"高精尖"经济发展和技术创新提供坚实的资源支撑。开展"高精尖"创新不仅需要高端人才发挥才干、施展技能，而且需要完善配套设施与设备，不断优化科研条件，对"高精尖"技术攻关形成良好的支撑。同时，要实施简政放权，赋予国有企业一线科研人员以实验室规划建设自主权，强化其自主采购权和重大采购参与权，以保障科研需求与资源供给的有

第七章　北京市国有企业推进构建"高精尖"经济结构过程中的配套措施

效对接。为此，应制定大型科研基础设施投资规划，成立专项资金并加大资金投入，用好创建全国科技创新中心的战略机遇，建设一批基础性、通用性的现代化科研基础设施，推动基础研究和应用研究的协同发展。

第二，促进人才交流。构建"高精尖"经济结构有赖于知识资源的积累和创新驱动（邓丽姝，2019），而知识之集聚和创新的涌现又有赖于知识要素与技能要素的重组和编排，这进一步受到多元化协同与持续信息交换的影响（杨靓等，2020）。因此，建立人才交流配套举措，有助于强化多元化知识的协同，并形成持续的知识与技术交换机制，为企业科技人才与管理人才围绕"高精尖"需要创新构建广泛渠道，推动知识的获取、流动与合作。

第三，强化知识产权保护。知识是"高精尖"经济结构中的核心资产，知识产权则是其中的核心资产权益，也是维护"高精尖"经济发展的重要制度基础。一方面，知识产权保护机制应能够清晰界定和严格维护知识、专利等成果的所有权，界定知识产权归属，推动知识产权市场机制的有效建立，防止创新成果被侵占。另一方面，知识产权制度应有助于明晰创新成果的收益权和使用权，在"高精尖"人才和国有企业之间形成合理的收益分配机制和使用权规定，从而对人才创新形成激励效应。

第四，切实解决"高精尖"人才的生活保障问题。人才服务过程中，不仅要注重保护知识产权和创新物质激励，而且要聚焦"高精尖"人才的生活保障，包括社会保障、家庭住房、子女教育和医疗健康等。为此，应组建人才统一管理和服务机构，强化各区人才服务中心工作职能，建立高端人才统一管理机制与对接机制，充分发挥北京的文化教育、医疗服务等比较优势，从而为"高精尖"产业所需的重要人才提供良好服务。此外，应加大人才保障住房的建设、管理与监督，落实人才保障住房的有效配置，防止用途变更和非法牟利问题的出现；同时做好"高精尖"人才的户籍迁移和家属户籍随迁工作，对急需的"高精尖"人才可适当放宽户籍迁移条件。

第五，形成开放、包容和多元的创新文化。"高精尖"人才的全面发展有赖于开放、包容与多元的创新文化氛围。为此，相关文化配套政策应大力鼓励多元化的创新思想，不断深化对外开放，吸收国内外先进思想和技术，包容不同的想法甚至是反对意见，从而推动形成"百家争鸣"的创新文化景象。通过破解文化与思想约束，真正支持"高精尖"人才解放思想，在多元化技术路径与管理思想中寻求"最优解",为国有企业参与构建"高精尖"经济结构探寻最佳方案与路径。

第六,优化人才创新生态系统。"高精尖"经济结构的创新发展需要创新生态的强力支撑,创新人才需要深度融入创新生态,形成国有企业"高精尖"创新发展的命运共同体。"高精尖"经济结构有赖于前沿技术与新型管理模式的支撑,而高端技术与先进管理模式创新面临巨大的不确定性和投入产出风险,仅凭单一创新力量已难以支撑"高精尖"体系的构建。为此,应利用北京市创建全国科技创新中心的战略机遇,推动国有企业科研力量与高校、研究院、非公企业等科研机构开展深度合作,创新合作方式、资源投入方式以及收益共享机制,从而充分发挥各自的资源禀赋与能力优势,形成专长互补、风险共担、价值共创的命运共同体,协同打造国有企业构建"高精尖"经济结构的创新发展平台。

第四节 强化目标引领

规划与创新的配套政策为国有企业构建"高精尖"经济结构提供了战略目标与创新目标,形成了有效的规划引领与创新引领。一方面,国有企业具有市场属性,因此要发挥其经济功能、创造经济价值,为经济高质量发展提供战略支撑。另一方面,国有企业服务国家战略,在重大科技创新,关键技术攻关,提升产业链、供应链现代化水平等方面具有重要的带动引领作用,加之其保障与改善社会民生的使命,这些都具有显著的公共属性。通过制定相关规划机制与创新政策,能够在国有企业在市场和政府之间搭起政策"桥梁",引领国有企业在构建"高精尖"经济结构的过程中坚持正确导向,树立正确目标,走上正确道路,强化持续创新。当前,北京市与"高精尖"经济结构相关的规划与创新政策如表7-5所示。

表7-5 北京市构建"高精尖"经济结构的规划与创新政策

年度	政策名称	政策字号/出台时间
2008	北京市人民政府《关于印发北京市中长期科学和技术发展规划纲要(2008—2020)的通知》	京政发〔2008〕20号
2011	《北京市加快培育和发展战略性新兴产业实施意见》	京政发〔2011〕38号

续表

年度	政策名称	政策字号/出台时间
2014	《关于进一步创新体制机制 加快全国科技创新中心建设的意见》	京发〔2014〕17号
	《北京技术创新行动计划（2014—2017年）》	京政发〔2014〕11号
2015	北京市人民政府关于印发《〈中国制造2025〉北京行动纲要》的通知	京政发〔2015〕60号
2016	国务院《关于印发北京加强全国科技创新中心建设总体方案的通知》	国发〔2016〕52号
	北京市经济和信息化委员会关于印发《北京市鼓励发展的高精尖产品目录（2016年版）》和《北京市工业企业技术改造指导目录（2016年版）》的通知	2016-05-23
2017	北京市人民政府关于印发《北京市"十三五"时期现代产业发展和重点功能区建设规划》的通知	京政发〔2017〕6号
	中共北京市委 北京市人民政府《关于印发加快科技创新构建高精尖经济结构系列文件的通知》	京发〔2017〕27号
2019	北京市人民政府印发《关于新时代深化科技体制改革 加快推进全国科技创新中心建设的若干政策措施》的通知	京政发〔2019〕18号
2020	北京经济技术开发区管理委员会关于印发《北京经济技术开发区关于加快四大主导产业发展的实施意见》的通知	京技管〔2020〕48号
	北京市人民政府办公厅关于印发《北京市区块链创新发展行动计划（2020—2022年）》的通知	京政办发〔2020〕19号
2021	《科技领域"两区"建设工作方案》	2021-01-20

资料来源：笔者整理。

基于上述政策逻辑，未来北京市在推动构建国有企业"高精尖"经济结构过程中应进一步坚持规划引领和创新引领，为国有企业开展"高精尖"转型发展树立战略目标，建立行动路径。

一、坚持规划引领

发挥政策规划的引领作用，有助于形成协调统一的政策体系。当前，对于国有企业参与构建"高精尖"经济结构仍缺乏政策层面的统一规划和安排，各项政策仍较为分散，政策体系之间的关联性不足，无法充分发挥政策协同效应。对此，应加快研究制定如"北京市国有企业构建'高精尖'经济结构发展纲要"等规划意见，合理保障规划政策的制度权威，以便形成其他相关政策体系制定和发布的根本依据。只有形成了根本性的规划政策，相关财税、金融、土地、人才等政策才能依据共同战略的发展目标而形成"政策合力"，政策体系之间才能建立深度关联，相关主管部门、机构、组织与企业之间才能建立起成熟有效的体制机制。

规划政策有助于勾勒出清晰的"高精尖"发展路径。当前，北京市国有企业构建"高精尖"经济结构的过程中仍面临布局分散、引领性不突出、集聚效应不明显等挑战，其重要原因之一是对国有企业"高精尖"发展尚未形成清晰的路径规划。因此，在未来推动国有企业"高精尖"转型发展的过程中，要坚持功能分类思想，结合不同企业的功能定位，针对不同类别国有企业规划与之相适应的"高精尖"发展路径，明确国有企业差异化的转型发展道路。例如，对于市属商业类国有企业，要通过"高精尖"转型发展，不断强化其竞争力，以供给侧结构性改革为重要发展路径，提升其国有资本活力，促使其积极参与市场竞争，在竞争中做强做优做大国有资本，实现国有资产保值增值。对于主业属于公共服务、关系国计民生或处于关键领域的市属国有企业，要通过"高精尖"建设，不断提升其服务政府发展战略规划的能力，提升其产业链、供应链水平，从而保障重点领域安全，对全市战略性、前瞻性产业发展起到战略支撑作用。对于公益类国有企业，则要通过"高精尖"建设，不断提升其保障社会民生的能力，优化其公共产品和公共服务的质量。对于市属国有资本投资运营公司，应充分发挥其资本运作专长，推动国有资本持续向"高精尖"领域集中；同时，应协助国有企业完善退出机制，解决历史遗留问题，不断优化国有资本布局和结构调整。

科学规划下的目标设置有助于统一发展思想，明晰发展进程，强化发展监督与发展控制。通过对国有企业构建"高精尖"经济结构进行持续规划，有助于在全市范围内形成共识，统一发展思路与发展认知。在统一发展思想的指引下，规划政策通过明确各部门、各机构、各企业的发展任务和阶段性目标，从而为"高精尖"转型发展的监督工作提供依据和目标参考，并有效把控国有企业"高精尖"转型的节奏，避免滞后与冒进。同时，对于偏

离规划的企业，以规划为指引采取纠偏机制，从而对国有企业"高精尖"发展形成有效的控制机制。

二、强化创新引领

创新政策是构建"高精尖"经济结构的重要技术指引，也是实现发展动力更替的重要政策保障。随着我国进入新发展阶段，需要不断树立新发展理念，着力构建新发展格局，创新正在成为全社会进步的重要动力。为构建"高精尖"经济结构，一方面需要依托创新发展产生的不竭动能，即高度重视到创新的在发展中的核心地位；另一方面要不断厘清创新发展的重点目标，对创新跃迁形成持续引领。

在创新政策的引领过程中，首先，要明确国有企业的创新重点，集中创新资源实现重点突破。当前，一大批前沿技术正不断发展成熟，人工智能、大数据、区块链、5G等新一代信息技术正在向经济社会深度渗透，甚至掀起了新一轮的技术革命。此外，类脑智能、量子信息、基因技术、未来网络等前瞻性技术领域也已经开始培育或正在布局。可见，经济社会正面临技术的爆炸，全面突破所有"高精尖"技术显然脱离了技术发展的客观规律，所以要根据阶段性需要，科学规划创新重点。因此，创新政策应综合考量经济发展需要、民生改善需要以及国家安全需要等问题，结合不同前沿技术以及涌现出的创新商业模式，规划国有企业的创新重点方向和重点工作，对"高精尖"技术实施有序研发，从而集中创新资源，实现最紧迫、最重要的重点技术和重点商业模式创新。

其次，创新政策有助于识别创新难点，指引国有企业成功攻克"卡脖子"的关键技术。构建"高精尖"经济结构，需要掌握一系列核心技术和基础技术，实现关键核心技术自主可控。反观当前实践，我们在构建"高精尖"经济结构过程中仍面临一系列"卡脖子"的技术问题。尤其是在基础科学领域，底层技术和基础工艺还存在不少短板，高端芯片、工业母机、开发平台、基础算法、基础材料等方面仍面临较大瓶颈，而这些基础科学又构成了"高精尖"经济结构的重要基础。可见，创新政策的制定有助于指引国有企业厘清创新难点问题，做好科技研发筹划，稳妥有序推进"卡脖子"技术攻关，从而实现核心技术的自主可控。

创新政策是规范科技成果转换的重要指南。创新政策不仅有助于明确

"高精尖"技术研发的重点和难点,而且可以规范和促进科技成果转换,充分调动科技人才积极性,引导科技创新始终以市场需求为导向。通过创新政策的引导与激励,不仅能够活化国有企业的科技创新成果,而且可以有效促进高校、研究院所等研发的科技成果向国有企业"高精尖"产业转换,从而共同推动国有企业构建"高精尖"经济结构。

第五节 研究结论

在国有企业构建"高精尖"经济结构的过程中,需要形成外部推力和内生动力。以财税、金融、人才、土地、创新等政策工具为主体形成的政策体系,构成了国有企业"高精尖"发展的外部推力。

其中,财政税收、金融资本以及土地配置等政策工具为国有企业构建"高精尖"经济结构奠定了资源基础。人才政策与知识产权保护政策为国有企业构建"高精尖"人才队伍,形成"高精尖"发展能力创造了良好的政策保障与政策推力。创新政策与规划政策对国有企业构建"高精尖"经济结构形成了有效的目标引领,统一了"高精尖"经济的共同愿景和价值主张,明晰了国有企业行动路径。

在统一政策规划的引领下,形成"目标引领—资源基础—能力支撑"的三位一体政策体系,从而为国有企业发展"高精尖"经济结构注入了全方位的推动力量。

第八章

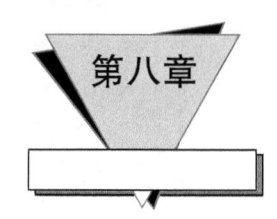

北京市国有企业推进构建"高精尖"经济结构过程中的自我发展机制

第八章 北京市国有企业推进构建"高精尖"经济结构过程中的自我发展机制

在推动国有企业构建"高精尖"经济结构的过程中，需要建立其内部自我发展机制，形成"高精尖"转型发展的内生动力。本章基于"外部环境—产权结构—治理结构—企业运营"的逻辑架构，探索北京市国有企业构建"高精尖"经济结构的自我发展机制，分析框架如图8-1所示。

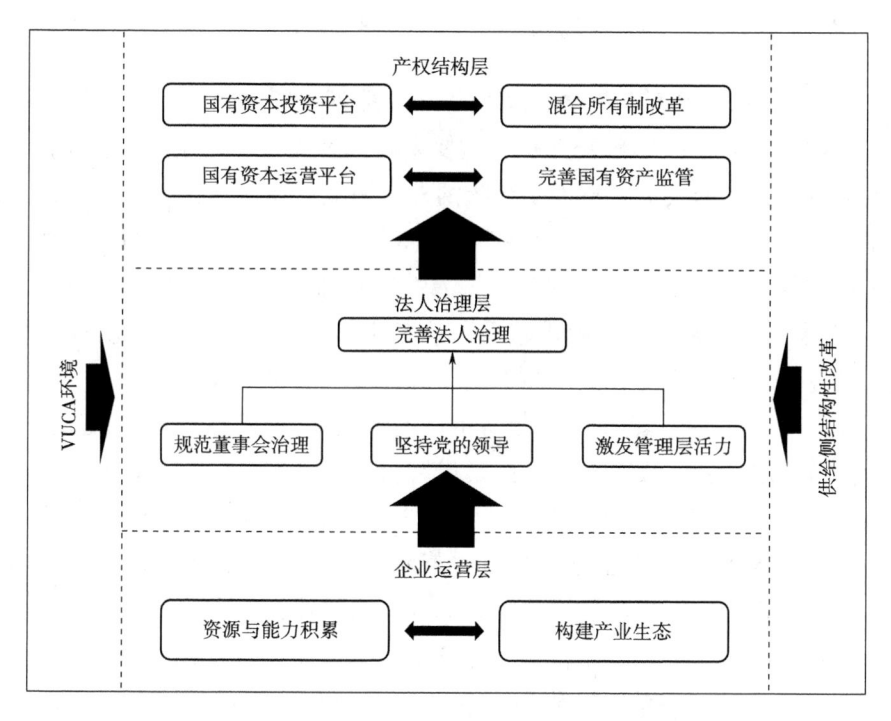

图 8-1 北京市国有企业构建"高精尖"经济结构的自我发展机制

资料来源：笔者绘制。

在企业运营层，应重点塑造国有企业"高精尖"战略变革的能力与资源基础，并与产业生态开展深度交互，与"高精尖"产业链上下游主体协同发展，构建生态命运共同体。在法人治理层，国有企业应不断完善法人治理结构，强化党的领导地位，完善国有企业党组织、董事会建设，不断提升管理层活力，提高国有企业的决策与执行质量。在产权结构层面，要用好北京市国有资本投资运营平台，与混合所有制改革、国有资产监管协同推进，推动国有资本向"高精尖"产业布局，从而提升国有资本的竞争力、创新力、控制力、影响力和抗风险能力。

第一节　探索北京市国有企业构建"高精尖"经济结构的自我发展机制

一、推进供给侧结构性改革，以适应复杂环境

（一）国有企业"高精尖"发展需要适应外部复杂环境

要发展"高精尖"经济结构，就要做好面临 VUCA 环境①的准备。步入新发展阶段，全球发展依然面临严峻的外部挑战，逆全球化、新冠疫情、种族主义冲突等"黑天鹅""灰犀牛"事件频发，企业发展环境的易变性、不确定性、复杂性和模糊性（即 VUCA 属性）日益凸显（单宇等，2021）。尤其是在步入"高精尖"发展领域后，技术水平日趋尖端，技术演进日益加速，商业模式愈发多样，进一步加剧了外部环境的 VUCA 特征。

明晰外部战略环境特点，有助于国有企业抓住"高精尖"发展机遇，有效防范环境威胁，设立正确的战略发展目标。一方面，为应对 VUCA 环境的潜在威胁，国有企业应当坚定"高精尖"发展战略，不断优化企业运营和法人治理水平，推动混合所有制改革向纵深推进，不断优化国有资本布局。另一方面，应以供给侧结构性改革为战略基线，在党的坚强领导下，始终以市场为导向，抓住战略机遇，充分运用先进技术、政策优势、人才优势等资源禀赋，在"高精尖"领域实现"弯道超车"和持续引领，不断加强国有企业的发展韧性，不断提升动态竞争能力。

（二）以供给侧结构性改革为战略主线塑造国有企业核心竞争力

构建"高精尖"经济结构要求国有企业具备核心竞争力。为有效应对"高精尖"经济结构下的 VUCA 环境，需要国有企业具备强大的核心竞争力，并实现核心能力与外部竞争环境、市场需求环境、产业链和供应链环境的动态协同，从而形成以竞争力为核心，以创新力为动能，以抗风险能力、影响力、控制力为保障的综合能力体系。

坚持供给侧结构性改革是塑造上述国有企业核心能力体系的重要战略路

---

① VUCA 环境是指组织所面临或身处的不稳定（Volatile）、不确定（Uncertain）、复杂（Complex）和模糊（Ambiguous）状态。

径。新发展阶段下的供给侧结构性改革，应注重供给与需求的动态协同。随着新一代技术革命的爆发，供需对接更加实时和顺畅，信息不对称问题得到极大缓解；需求侧成为供给侧的重要参与力量，供需深度融合成为"高精尖"经济结构的重要特征。在这一战略背景下，供给侧结构性改革的战略主线地位进一步凸显。国有企业应坚持这一思路，不断推进发展"高精尖"经济结构，坚决落实供给侧结构性改革之"巩固、增强、提升、畅通"的总方针。具体到北京市国有企业来看，应坚持做到以下几点。

首先，巩固"三去一降一补"的改革成果。对此，应通过不断落实党中央、市委和市政府在供给侧结构性改革方面的工作部署。近年来，北京市国有企业深入开展"三去一降一补"改革行动，一方面已初步完成国有企业"去产能、去库存、去杠杆"的"三去"工作；另一方面，通过提升运营效率，有效降低国有企业经营成本，不断补足自身的经营短板，"一降一补"工作也取得了初步成果。进入"十四五"时期，市属国有企业要继续巩固"三去一降一补"的改革成果，遏制依靠过度投资催生规模效益的传统发展路径，将高质量发展动力转换为创新推动和需求拉动，避免问题反弹。

其次，不断增强竞争力和提升创新能力。进入新发展阶段，要树立"创新、协调、绿色、开放、共享"的新发展理念，要坚持以新发展理念指导供给侧结构性改革，推动国有企业供给实现"高精尖"转型升级。其中，创新就要求实现"高精尖"发展的动力更替，以技术创新、管理模式创新作为新阶段的新发展动能。协调、绿色、开放和共享则要求国有企业转变发展方式，推动"高精尖"经济结构实现均衡发展、绿色发展，构建内外联动和公平正义的新发展格局。总之，以新发展理念指导供给侧结构性改革，就是要进一步增强和提升国有企业的"高精尖"发展水平，推动供给侧改革由结构向质量深度转化。

最后，国有企业在构建"高精尖"经济结构的过程中，应时刻以需求为导向，着眼国内大循环这一基本格局，推动构建国内国际双循环的发展格局。在新发展格局下，供给侧结构性改革的"畅通"，就是要支持国内国际双循环的畅通，并以国内大循环为主体，通过挖掘消费潜力推动国民经济迈向高质量发展。这就要求国有企业在构建"高精尖"的供给结构时，要以洞悉市场需求为前置条件，产出市场真实需要的"高精尖"产品或服务，

有效推动供需的动态协同（黄群慧、陈创练，2021）。

二、推动国有资本投资与混合所有制改革协同演进

（一）以国有资本投资公司带动国有资本向"高精尖"领域集中

对此，应发挥市属国有资本投资公司的战略引领作用，推动国有资本向"高精尖"经济领域集中。国有资本投资公司应发挥资本投向的战略引领作用，服务好全市发展战略，在战略投资方向把控上要向"高精尖"领域集中，加速实现国有资本"有进有退""有所为、有所不为"的合理流动，不断优化国有资本布局（刘纪鹏等，2020）。

在推动国有资本向"高精尖"领域集中的过程中，要坚持经济利益与社会效益相统一的原则。首先，市属国有资本投资公司应准确评估"高精尖"产业的投资价值，以合理对价和公平权益进入"高精尖"领域，在推动经济"高精尖"发展的同时获取资本收益，保障国有资本保值增值。其次，要重点关注基础性、公益性、通用型的"高精尖"领域发展，以体现国有资本的社会属性，使国有经济对关系国计民生的关键领域形成有效控制，提升国有经济的影响力与抗风险能力，从而夯实"高精尖"经济结构基座。

形成"进退有序"的国有资本流动机制，将国有资本投资与市场环境动态互联。为此，应创新国有资本投资模式，强化资本运作手段，提升国有资本投资的流动性与灵活性，避免国有资本被"套牢"。对于竞争性"高精尖"产业，应预留国有资本出口，重点保障其中短期可流动性，在符合市场规律的情境下实现国有资本的退出或投向变革，从而与"高精尖"市场的中短期需求动态互联；对于公益性"高精尖"产业，应强化国有资本定力与控制力，重点保障其长期可流动性，在实现国有资本合理保值增值的基础上，提供底层支撑，巩固"高精尖"经济结构基础。

（二）以混合所有制改革引领"高精尖"经济结构的协同共建

混合所有制改革是发挥国有资本带动引领作用的关键环节，有助于推动"高精尖"经济结构的协同共建。混合所有制经济的本质是打破产权界限，以产权融合的方式充分发挥不同所有制经济的资源禀赋，协同提升产业链、价值链的价值水平与创新能力（刘现伟等，2020）。

北京市拥有全国乃至全球高水平的创新资源，大量非国有"高精尖"

第八章　北京市国有企业推进构建"高精尖"经济结构过程中的自我发展机制

企业也聚集于此。这些优质企业拥有大量创新人才、知识积累与技术基础，探索建立了先进的企业管理、技术创新等商业模式，是与国有企业携手共建"高精尖"经济结构的理想战略伙伴。国有资本投资公司可以将混合所有制改革作为突破口，与上述优质非国有企业建立资本纽带，撬动国有资本与非国有资本协同共建"高精尖"经济结构的杠杆。一方面，此举可充实"高精尖"经济发展的资本积累，促进了"量"的增加；另一方面，可实现不同所有制经济的协同创新与价值共创，有助于"高精尖"经济结构"质"的提升。

三、强化国有资本运营与国有资产监督的有机关联

（一）应从"管资本"的视角出发，通过国有资本运营强化国有企业的资本活性与价值创造能力

强化国有企业的资本运营能力，组建国有资本投资运营公司，能够为国有企业存量资本的盘活提供动力。例如，通过基金投资、财务投资等途径，引导国有资本流入"高精尖"经济结构，并在推动"高精尖"发展中获取投资回报，从而实现国有资本的保值增值。因此，国有资本运营的关键是畅通国有资本流通渠道，形成可进可退的流动机制。

（二）应在国有资本运营与国有资产监管之间建立有机联系，以实现对国有资产的全面监管

"高精尖"经济领域往往需要大量创新资本投资和创新资源支持，创新收益可观但创新不确定性也较高。有鉴于此，国有资产监管机制需要进一步创新。通过将国有资产监管融入国有资本投资运营过程之中，对国有资产开展"事前、事中和事后"的全面监管。这样既可保障对国有资产"事前"的评估与投向，又能明晰国有资产"事中"的价值创造过程，最终实现国有资产"事后"的收益获取与合理退出。因此，在国有企业构建"高精尖"经济结构的过程中，应将运营与监管深度融合，形成创新型的国有资产动态监管机制。

四、完善国有企业法人治理

（一）坚持党的领导

1. 应健全国有企业党组织参与构建"高精尖"经济结构重大决策的工作机制

党组织参与企业重大决策，有助于进一步发挥党在国有企业构建"高精

尖"经济结构过程中"把方向、管大局、保落实"的职能（柳学信等，2020），引导国有企业提高"高精尖"发展的决策质量，树立正确决策方向。同时，党组织不同于一般治理主体，其能够有效平衡多元治理主体的利益诉求（王曙光等，2019），平衡短期收益与长期价值诉求，有助于国有企业提升决策效率与效果，将多元主体的利益诉求统一于公司的科学决策之中。因此，在国有企业构建"高精尖"经济结构的过程中，要赋予党组织重大决策的领导地位，通过"决策前置"、"决策参与"以及"决策监督"等多重机制路径，来保障党组织对重大决策的领导，使国有企业的"高精尖"发展与党的方针、路线高度契合，并将党的组织先进性与思想引领性注入国有企业"高精尖"发展之中。

2. 应充分发挥国有企业党组织的监督职能

构建"高精尖"经济结构是一项复杂的系统工程，既需要海量高价值资源的投入，又需要与多元主体协同合作，还需要面临较长的"委托-代理"链条以及高度的技术风险和创新不确定性。这就需要国有企业内部形成统一、坚强和可靠的监督力量，保障国有资产安全，遏制潜在的委托代理问题，防范重大风险的发生。党组织具有组织先进性和纪律优越性，其超越了一般治理主体只关注短期利益诉求或单一利益诉求的局限性（柳学信等，2020）。因此，将国有企业各级党组织作为落实监督责任的主体，能够将监督融入国有企业"高精尖"发展的各个环节，把控好"高精尖"价值链条上关键环节，对国有资产处置、国有企业领导履职、市场合作与重大交易等形成全面监督管理，从而有效化解委托代理问题，做好风险管控。

（二）完善国有企业董事会建设

建立现代企业制度始终是国有企业的重点改革领域，而形成有效的董事会制度又是构建现代企业制度的核心。董事会是国有企业构建"高精尖"经济结构的核心决策机构，是现代企业中化解代理问题、开展高质量决策的重要保障机制。对此，应通过不断赋予国有企业董事会自主决策权，不断推动国有企业政企分开，从而将国有企业打造成为"高精尖"经济领域中具有核心竞争力的市场主体，形成国有企业"高精尖"发展的内生动力基础。

1. 应以董事会议事制度为核心，形成有效的集体决策机制和制衡监督机制

推动"高精尖"经济结构构建涉及国有企业若干重大战略决策，包括重大投资、重大合作、企业合并、资产重组、所有制混合等。为形成科学决

策，领导国有企业实现"高精尖"发展，需要形成有效的集体决策机制和制衡机制，避免单一治理主体片面追求短期收益或单一利益。

2. 应不断优化国有企业董事会结构

要发展"高精尖"经济结构，需要国有企业董事会优化构成，具备与"高精尖"发展相匹配的权责配置、专业能力、资源基础以及多样性，具体如下。

第一，董事会在负责"高精尖"发展重大战略决策的同时，也要负责企业内部控制、管理层薪酬与激励等重大事项。面对"高精尖"领域的复杂性，国有企业董事会要进一步明晰权责领域，强化专业委员会设置，形成涵盖战略、提名、薪酬与审计、预算、风险管控等在内的专业委员会结构。同时，应针对企业的"高精尖"属性探索成立相应的技术委员会，从而在传统职责分工的基础上，强化董事会的技术领导、决策与监督。

第二，不断强化董事会专业能力建设，分类推进国有企业董事会选聘机制，优化董事任命标准。突出与"高精尖"发展相匹配的能力需求与能力建设，使具有"高精尖"行业背景、技术背景和管理经验的专业人员加入董事会，加强董事会的人力资本建设。

第三，针对"高精尖"发展需要，重视发挥董事会的社会资本，使有相关网络连接与历史经历的人员进入董事会。充分发挥董事会的社会网络资源配置功能，为国有企业发展"高精尖"经济提供网络信息、融资渠道、市场机遇等重要的社会资源基础（黄海昕等，2019；李小青等，2020）。

第四，发展"高精尖"经济结构过程中还要关注董事会的多样性建设。董事会的多样性有助于形成资源多样、能力互补的治理团队，从而为创新产品技术路线、管理思想和商业模式等提供重要的组织资源基础。同时，应关注技术董事、女性董事等的专家效应和良好的风险管控效应，从而保持国有企业"高精尖"发展的正确方向和风险管控（祝继高等，2012；龚红、彭玉瑶，2021）。

第五，强化独立董事制度建设，对国有企业发展"高精尖"经济发挥监督与咨询功能。独立董事是提升国有企业治理水平的重要力量与机制保障。对此，应优化独立董事聘任来源，拓宽独立董事的聘任渠道和专业范围，重视聘用具有"高精尖"行业背景和能力基础的高级人才作为国有企业独立董事。应推动完善独立董事召集人制度，在推动内外部董事沟通、独立董事调研、委托表决等事项方面提供协调支持，为独立董事履职提供充分保障。应进一步创新体制机制，强化独立董事的独立性，探索独立董事统一的薪酬管理机制，形成党委、监事会与独立董事联合监督机制等，以强化国有企业独立董事监督权与独立性。总之，上述举措有助于形成专业化和多元化的独立董事队伍，提升独立董事的监督能力，为国有企业发展"高精尖"经济提供更好的咨询职能和监督功能。

（三）提升国有企业管理层活力

1. 应扩大经理层自主权，完善经理层授权管理制度

为发挥经理层在构建"高精尖"经济结构中的积极作用，根据需要可由董事会授权其参与重大决策的制定，保障经理层在决策执行中的主体地位与自主权利，从而形成权责匹配的经营机制。

2. 以完善国有企业经理人员考核制度为核心，将绩效考核激励、问责机制和高管物质激励、声誉激励等直接挂钩

完善国有企业分类考核办法，针对商业类、特殊商业类、公益类国有企业以及国有投资运营公司在构建"高精尖"经济结构中的不同功能角色，分别制定考评细则。

例如，市属商业类公司在构建"高精尖"经济结构中，应以提升"高精尖"经济发展的竞争力、放大国有资本功能、培育内需体系、实现经济高质量发展等为目标导向，重点考察其"高精尖"业务的经营绩效、国有资产保值增值情况以及相关企业在"高精尖"领域中的竞争力和创新力等。对于主业处于作为国民经济命脉的重要行业和关键领域、主要承担重大专项任务的特殊商业类市属国有企业，不仅要关注企业的经济价值创造情况，还要对其承担的特殊任务完成情况进行专项考察，关注其对"高精尖"经济发展的基础支撑和保障作用，以及是否推动了前瞻性战略性新兴产业的发展，是否保障了"高精尖"经济关键领域的安全运转等，从而凸显国有企业在关键"高精尖"经济领域的影响力、控制力和抗风险能力。对于市属公益类国有企业，要以保障民生、提供公共物品和公共服务为导向，重点考察相关企业是否通过构建"高精尖"经济结构提升了公共产品和公共服务的质量和效率，是否有效降低了经营成本。对于国有资本投资运营公司，要以优化国有资本布局、实现国有资本保值增值为导向，考察其是否通过战略投资、产业培育、资本运作等方式引领国有资本向"高精尖"领域集中，

从而充分发挥了国有资本在构建"高精尖"经济结构中的经济价值,提升了国有资本的灵活性与价值创造能力。

3. 完善经理层的薪酬机制与激励机制设计

对此,应针对不同类别的国有企业及其在"高精尖"经济结构中的功能角色差异,研究制定差异化的激励机制,具体如下。

第一,商业类国企应采取完全市场化的薪酬机制设计,强化经理层薪酬业绩的敏感性,从而使国有"高精尖"企业的高管薪酬在同地区、同行业具有一定优势,或将薪酬差距控制在合理范围之中。同时,应注重激励手段的多元化及协同性。对于"高精尖"国有企业而言,其经理层及核心技术人员可以通过项目跟投、员工持股计划、创新成果入股、超额利润分享等渠道共享企业发展收益,以此抑制经理层追求短期利益的倾向,使之注重企业长远发展,从而不断增强"高精尖"国有企业的经理层活力。

第二,对于处于关系国计民生等关键行业和重点领域的特殊商业类"高精尖"国有企业,对其高管的薪酬激励在注重经济利益的同时,也应兼顾长期导向和地区发展战略导向。对此,可通过实施股权激励、员工持股、业绩分工乃至知识产权转化等激励手段,将经理层的物质报酬与"高精尖"企业战略发展中的长期绩效直接挂钩,与企业创新产出和战略支撑效果挂钩,从而对国有企业经理层形成长效激励。

第三,对于公益类的"高精尖"国有企业,其经理层的业绩考核与薪酬激励应与公共服务质量、企业运营成本等有机衔接。对此,可加大与"高精尖"经济发展有关的专项奖励举措,推动物质奖励、职位晋升和声誉奖励协同并进的多样化奖励办法,以激发经理层构建"高精尖"经济结构的活力。

事实上,特殊商业类的"高精尖"国有企业以及公益类的"高精尖"国有企业更多受到政府等上层组织目标与政治任务目标的约束,其经理层具有更强的"准公务员"属性。因此,在薪酬机制设计中可参考公务员形式,适当控制其薪酬限额,同时要考虑政治激励模式,以政治晋升和声誉激励作为薪酬激励的重要补充手段。

第四,对于国有资本投资运营公司,其经理层的薪酬机制设计应与国有资本收益、流动性和风险管控等绩效有效衔接,并将国有资本流失与高管薪酬建立关联,以使国有资本投资运营公司的经理层薪酬与国有资本市场表现高度同步;同时,国有资本还负有发挥战略引领作用,向服务首都

发展战略的关键领域进行集中的使命，因此其在"高精尖"产业等重要行业和关键领域的业绩表现应当成为国有资本投资运营公司经理层薪酬获取的关键参考与评价标准，从而激励经理层在关键行业领域不断做强做优做大国有资本。

除上述举措外，还应深化职业经理人制度和监督巡视制度改革，落实经理层的监督与问责制度。为此，应不断完善经理层的市场化用人机制，形成"能上能下"的聘用机制，通过"高精尖"职业经理人市场，形成以竞争为核心的外部约束机制，强化国有企业职业经理人的竞争意识和履职水平，加速国有企业经理层企业家精神的形成。应注重事前责任规范体系的建设，探索形成包括"高精尖"国有企业经理层的党内责任、民事责任、行政责任、刑事责任、经济责任等在内的规范体系，对职业经理人形成事前威慑效应。依据考核结果并结合监督巡查，对于经理层未按党组织纪律、法律法规、行政规范、企业章程、股东决议和董事会决议等正确履职的事项，造成国有资产损失或流失的，要坚决贯彻问责和处罚机制，并形成经理人"黑名单"制度。此外，结合"高精尖"经济结构固有的高风险、高复杂性和市场竞争激烈等属性，对结果可控、非主观故意的履职失误，可建立"容错改错"清单制度，以鼓励国有企业经理人在风险可控的基础上大胆创新创业。

五、强化资源与能力积累，构建"高精尖"生态

（一）强化"高精尖"经济的要素积累

国有企业在构建"高精尖"经济结构过程中需要优化要素积累，创新生产要素形态。党的十九届四中全会审议通过的《中共中央关于坚持和完善中国特色社会主义制度 推进国家治理体系和治理能力现代化若干重大问题的决定》指出，"健全劳动、资本、土地、知识、技术、管理、数据等生产要素由市场评价贡献、按贡献决定报酬的机制"。这是党中央对新时代经济生产要素的全新界定，为北京市国有企业构建"高精尖"经济结构提供了战略指引。

首先，市属国有企业要提升劳动要素质量，形成"高精尖"发展的能力支撑。"高精尖"经济结构是数字经济蓬勃发展的重要领域，新一代信息技术迅速发展使人机协同成为可能（谢小云等，2021）。在这样的发展趋势

下，一方面，劳动要素已不再是单纯的人力资源，而是由机器与人力资源共同构成的交互系统；另一方面，人力资源与数字技术的融合将不断深化，人机互动将成为人力资源价值创造的重要方式。为有效构建"高精尖"经济结构，北京市国有企业应加强人力资源的数字化升级，通过招聘和培训不断优化人员和技能结构，通过人际互联不断优化合作与协同方式，并以创新型监督与激励方式构建人的命运共同体，形成价值共创机制。

其次，市属国有企业应将数据要素作为一项战略资源，积累形成信息资本。在"高精尖"经济结构中，数据凭借其信息属性和知识属性将进一步成为战略性生产要素，支撑实体经济实现"高精尖"发展（戚聿东、刘欢欢，2020）。通过对数据进行收集、挖掘、分析和提取，数据要素可转换为信息资源，进而通过精神生产力的物化而形成物质生产力，从而满足生产需要并提升生产效率（戚聿东、刘欢欢，2020）。上述由数据转换为信息进而形成生产力的过程，就是信息资本化的本质，也是积累信息资本进而创造经济价值的过程。在"高精尖"经济结构中，数据已成为重要的生产要素，基于数据提取的信息，不仅是洞察市场机遇的重要基础，而且是发展"高精尖"经济的重要知识与技术载体，更是连接各生产要素与生产工具的核心枢纽（谢康等，2020）。为此，国有企业应将数据作为一项重要的战略资源，强化数据收集与分析能力，提升数据要素向信息资本转换的效率与质量，从而形成"高精尖"发展的重要资源基础与能力基础。

最后，注重知识、技术与管理要素的创新发展，使之与"高精尖"经济结构需求相匹配。构建"高精尖"经济结构需要突破已有的技术模式、管理模式和认知局限，不断创新知识、技术和管理等生产要素，以形成与"高精尖"经济相匹配的技术水平、研发能力和商业模式。

（二）构建国有企业"高精尖"经济生态

国有企业在构建"高精尖"经济结构过程中，需要建立并依托经济生态系统，形成协同推动"高精尖"发展的命运共同体。"高精尖"经济结构往往有复杂的价值链环节，随着产业融合和产业互动的深入，不同产业主体之间逐渐形成紧密互联的价值网络，传统的个体竞争逐渐演进为基于生态系统的竞争。因此，商业生态系统将成为国有企业在"高精尖"经济结构中保持动态竞争优势的重要根基，也是化解风险、提升价值创造水平的有效途径。由此，企业的创新活动、交易活动、生产活动等也将被生态系统重新定

义和形塑。

为此，应以"模块化"为核心，建构柔性生态系统架构，以适应"高精尖"经济结构的动态竞争属性和复杂性。"高精尖"经济结构具有明显的动态性、复杂性、模糊性和不确定性，价值创造联系极为紧密和频繁。国有企业应充分发挥在"高精尖"经济中的带动引领作用，在基于价值结构的商业生态系统中形成价值主张牵引效应，以"价值创造模块化"为架构建构商业生态系统，推动"高精尖"产业上下游的价值共创与产业资源整合，以发挥各自比较优势，通过资源共享、创新互补、构建稳定价值网络、降低交易成本等提升生态整体的竞争优势（崔淼、李万玲，2017），从而使"高精尖"生产要素实现经济价值最大化。同时，通过"模块化"组构，使商业生态更具灵活性和编排性，不断调整形态以适应复杂多变的商业环境。

此外，还应完善生态系统的治理机制。与生态架构相匹配的是生态治理机制的不断完善，二者共同推动了平台生态的演化。商业生态系统治理机制的建立能够统一系统成员的价值主张，形成共同的价值诉求，激励生态系统各部分成员共同演化，不断提升应对外部环境挑战的能力。国有企业构建"高精尖"经济结构，其实质是推动形成"高精尖"经济生态，引领带动各类"高精尖"资源实现价值共创。因此，应针对不同类别、不同核心能力水平的国有企业，探寻其在商业生态系统中的合理地位。例如，发挥核心企业作用，由其提供商业资源、形成价值共创并引领生态演化，并推动非核心企业加入具有竞争优势的商业生态，以发挥互补作用，从而使各类国有企业在发展自身"高精尖"业务的同时推动生态整体的演化。总之，应通过将"高精尖"资源在生态范围内有效配置，平衡生态资源的多样性和互补性，以保障生态系统的演化能力与吸引力。

除资源配置外，能力结构治理也是"高精尖"经济生态系统治理的重要方面。在"高精尖"生态系统中，核心企业需要具备一定的控制权，以主导平台基础规则的制定和平台"接口"的标准化，推动平台"模块化"架构的形成。同时，非核心企业也要具有一定的自治能力和自主权，以保障其自主创造力的充分发挥，不断提升创新性与互补性。因此，相关国有企业在生态系统中需要把控好两种权力的配置关系，依据自身不同的生态地位形成相应的能力结构，有效平衡控制力与自治力。

创新是发展"高精尖"经济结构的核心动力，也是发展"高精尖"商业生态系统的原始动力。"高精尖"商业生态系统有助于形成知识共享、创新互补等效应，生态内的价值链条也由此得以密切衔接，从而有助于生态整体满足不断变化的市场需求，并提升消费黏性（Adner，2006）。在国有企业构建"高精尖"商业生态的过程中，要充分形成知识共享与能力互补的协同创新局面，通过多样化、互补化的网络创新结构推动创新力的形成，有效分担和管控创新风险，降低创新活动的不确定性。对此，国有企业应充分发挥带动作用与基础支撑作用，为生态系统提供基础性的创新支撑，积极吸纳商业生态中的先进知识和技术，从而形成先进技术与基础支撑的良性交互，不断提升生态系统的创新绩效。

第二节　研究结论

本章提出，应不断深化北京市属国有企业的改革，通过"产权结构层—法人治理层—企业经营层"三个层面形成国有企业"高精尖"发展的内生动力。

当前，国有企业构建"高精尖"经济结构时的战略环境表现出动态性、不确定性、模糊性和复杂性等突出特征，这就需要国有企业坚定供给侧结构性改革这一战略主线，在产权结构层面深入推动国有资本优化布局与混合所有制改革的有机互动，推动国有企业不断向"高精尖"产业布局，通过业务调整塑造"高精尖"产业结构；在国有资本运营与国有资产监管之间建立有机联系，实现国有资本运营与监管的深度融合，对"高精尖"领域内的国有资本实现全生命周期的运作与控制，从而确保国有资产保值增值，并有效防范国有资产流失。

在法人治理层面，应将党的领导有机嵌入法人治理结构之中，成为国有企业发展"高精尖"经济结构中的核心领导力量；完善董事会建设，赋予董事会更多自主权，不断优化董事会治理机制和治理结构，为国有企业向"高精尖"发展提供科学决策和有效制衡；采取扩大自主权、股权激励、问责监督等多重机制，以激发管理层大胆创新创业的经营活力，并形成一定问责与竞争压力，从而有效推动国有企业构建"高精尖"经济结构。

在企业经营层面，应不断优化企业"高精尖"资源的积累和能力建设，

创新生产要素形态和价值创造方式，充分发挥各要素的资源价值；不断完善构建商业生态系统，依据国有企业不同的功能定位和参与方式构建与之相匹配的生态系统架构，完善生态治理机制，发挥生态系统在资源共享、创新互补、稳定价值网络和协同价值共创等方面的优势作用，从而为国有企业构建"高精尖"经济结构提供系统支持。

第九章

国有企业企业家精神驱动"高精尖"产业自主创新的机理——以"京东方"为例

第九章　国有企业企业家精神驱动"高精尖"产业自主创新的机理——以"京东方"为例

企业高层管理者的科学决策是提高企业自主创新能力的关键所在。党的十九大报告强调要"激发和保护企业家精神",并指出企业家精神是市场经济体制下与土地、劳动、资本等具有同样价值创造能力的宝贵资源和稀缺要素,是价值产生、创新创业以及经济社会高质量发展的原动力和重要的供给因素,为促进经济良好发展、积累社会财富、提升民生福祉等提供了重要的领导力与驱动力。在传统产业转型升级以及培育新的发展动能过程中,需要企业家发挥"干事创业、勇于创新"的企业家精神。

然而不可否认的是,当前地方国有企业在发挥自主创新方面仍然面临着各种阻碍。2019年上半年,国家知识产权局公告显示,在专利发明授权量前100名的企业中,国有企业占比23%,外资企业占比48%,民营企业占比24%,其中地方国有企业占比仅为5%。可见,相比大型央企、民企和外企,地方国有企业的创新能力并不突出。本章研究的目标案例——京东方科技集团股份有限公司(BOE,以下简称"京东方")在上述专利发明授权量方面排名第11位,可见其自主创新能力较为突出,也因此成为笔者的研究重点。

京东方是北京市市属骨干国有企业,其创始人王东升具有独特的企业家精神,带领企业在自主创新能力建设方面取得了诸多成就。那么,京东方作为地方国有企业如何做到在自主创新领域脱颖而出?其企业领导人在自主创新当中又起到怎样的作用?

现有文献对于这一系列问题的研究较少。本章以京东方作为研究对象,通过案例研究等方法,分析京东方在地方国有企业的体制背景下,其领导人独特的企业家精神与企业自主创新之间的关系。同时,本章以初创团队与高管团队作为中介变量,以政府支持因素作为调节变量,研究其与企业家精神和自主创新之间的关系机理。

第一节　文献回顾

一、企业家精神

国外学者对企业家精神的基本内涵提出了不同的概念界定和学术见解。桑巴特(Sambat, 1936)在《现代资本主义》一书中指出,企业家精神代

表着丰富的生命力、生活力和行动力，具有巨大能量去开发和创新。米勒（Miller，1983）将企业家精神的基本内涵概括为创新、创造、合作进取、诚信守法与社会责任感。他认为，企业家精神是企业家在创新活动中展现出来的敢于冒险、科学预见的精神内核与能力表现，而这种企业家精神驱动的创新创业活动显著提升了企业绩效表现，促进了企业组织的快速成长。鲍莫尔（Baumol，2010）认为，企业家精神主要包括创新型、模仿型、非生产性和寻租型等类型。熊彼特（Schumpeter，2010）认为企业家是创新的主体，并将创新视为企业家精神的内在灵魂，将创新活动作为考察企业家活动的典型特征之一。德鲁克（Drucker，2010）在此基础上，将企业家精神与创新视为一门学科和一种实践，并指出企业家精神可以在实践中不断得到提升和升华。总体来看，企业家精神是一种内在的心理特质，也是一种执着的行为追求，预示着企业家能够克服任何未知困难，并迅速捕捉新的发展机遇，从而驱动企业家在机遇与挑战中找到与企业发展最为匹配的创造性解决方案。

二、企业家精神的维度

企业家精神维度的划分存在划分标准差异化和划分方法多维化等特征，对此不同学者形成了不同的分类结论。

部分学者提出企业家精神维度的"二分法"，如古斯和金斯伯格（Guth and Ginsberg，1990）从发展的视角出发，提出企业家精神包括创新维度和风险维度。扎哈拉（Zahra，1993）则从战略活动视角出发，将企业家精神划分为新企业的设立和新业务的拓展，以及企业对传统战略的更新。蒋春燕和赵曙明（2006）认为，企业家精神包括渐进式、激进式两种。

有的学者将企业家精神划分为三个维度，如米勒（Miller，1983）从创新、冒险以及开创等三个维度界定了企业家精神的内涵。与之类似，科文和斯莱文（Covin and Slevin，1991）丰富了古斯和金斯伯格（Guth and Ginsberg，1990）对于企业家精神的维度界定，将开拓性纳入企业家精神内涵的维度之中。

有的学者将企业家精神划分为四个维度。例如，杰夫瑞和摩根（Jeffrey and Morgan，1999）将企业家精神划分为可持续和可再生、组织演进更新、战略变革和对新战略领域的开拓。陈忠卫和郝喜玲（2008）则从群体互动视角出发，将企业家精神视为人与人之间的交互行为，体现为集体式创新、认知和经验分享、共同承担风险以及协作共赢。

有的学者将企业家精神划分为五个维度。例如，阿多尼斯（Adonisi，2003）进一步丰富了已有研究，将企业家精神划分为以下五大维度：开展新业务，不断突破创新，自我革新与演进，开创新领域和敢于承担风险。伦普金和德丝（Lumpkin and Dess，1996）则从战略行动逻辑的视角出发，将企业家精神划分为自我治理性、创造创新性、探索冒险性、勇于先动性和竞争侵略性。

由上述国内外学者对企业家精神的维度划分可知，不论其基于何种标准或依托何种划分方法，创新都是不同企业家精神维度划分中的必要组成部分，表明了创新在企业家精神本质中的核心地位。基于以上分析并与笔者的研究问题相匹配，本书遵循米勒（Miller，1983）等人的类别划分思路，将企业家精神界定为创新能力、冒险精神这两个维度。在此基础上，结合本案例的特殊性，本书又加入了远见卓识和国际视野等两个维度，从而形成了企业家精神的四维架构。

三、企业家精神与企业自主创新的关系

企业家精神与企业自主创新具有复杂的内在联系。已有研究通过调研、分析企业家、企业家精神对企业技术研发和创新能力影响，已得出了大量成熟的研究成果。但对于企业家精神如何影响企业创新的内在机理，现有研究尚不充分，其内在影响机制仍有待厘清。

庄子银（2005）从微观组织视角出发，探究企业家精神如何作用于企业创新能力的形成。其研究结论表明，企业家精神能够显著提升企业的持续自主创新能力和创新模仿能力，二者存在显著的正相关关系。罗炜（2002）从企业家个体视角出发，认为企业家及其个体素质是企业创新的关键，可为企业创新注入以权威为内核的驱动力；同时，企业家的领导力、洞察力、感悟力、协调力以及决策能力等，共同构成了企业开展关键创新的能力支撑体系和领导体系。

由此可见，企业自主创新的提高离不开企业家精神的影响，这也使得探究企业家精神影响企业创新的内在逻辑成为亟待着手的重要理论问题。本章即以此为核心研究问题，试图通过开展案例研究揭示企业家精神与企业创新的内在关系。

四、团队效能的维度

对于团队效能的维度，不同学者有着不同的划分标准，普遍采用的则是多维度化的划分方法。

例如，有的学者将团队效能划分为两个维度，认为团队效能可用任务绩效、成员满意度来衡量（Shaw，2011；黄敏萍等，2002）。麦格拉斯（McGrath，1964）认为，团队效能可用绩效产出、其他产出来衡量。

有的学者将团队效能划分为三个维度，如科洛德尼和基贡杜（Kolodny and Kiggundu，1980）认为，团队效能可用生产力、满意度、技能性劳动力的维持来衡量。哈克曼（Hackman，1983）认为，团队效能可用满足顾客需求、团队成长、成员成长来衡量。古佐和谢伊（Guzzo and Shea，1992）认为，团队效能可用团队的产品、团队成员的满意感、团队的发展能力来衡量，科恩和贝利（Cohen and Bailey，1997）认为，团队效能可用绩效（质量、生产力等）、成员态度（工作满意度、信任等）、行为（保持期、缺勤等）来衡量。

有的学者将团队效能划分为多维度，如皮尔斯和拉夫林（Pearce and Ravlin，1987）认为，团队效能可用生产力、满意度、安全性、流动、旷职、革新等来衡量。基于以上分析，本章选择初创团队的团队效能与高管团队的团队效能这两个方面，来讨论创始人的企业家精神与企业自主创新之间的关系。

五、我国地方国有企业的自主创新

地方国有企业的自主创新有赖于地方政府的支持与干预。章卫东和赵琪（2014）研究发现，地方政府面临着政绩和财政的双重压力，因此容易对企业经营产生干预动机。申宇等（2018）认为，创新活动具有投资金额大、不确定性风险高以及投资回收期长等特点，这往往使得企业创新难以满足政绩考核制度的时效性标准，因此导致地方政府的自我保护效应，从而挤出了部分国有企业的创新资源。周小舟（2017）则在关注了国有企业创新的"央地差异"后发现，不论是创新的投入端还是创新的产出端，中央企业的研发投入和专利申请数量相比地方国有企业都具有显著优势，因而中央企业的创新水平与创新能力也都显著高于地方国有企业。

第九章 国有企业企业家精神驱动"高精尖"产业自主创新的机理——以"京东方"为例

由此可见，与非国有企业相比，国有企业因与政府的天然联系，形成了规模大、投资能力强、干预成本低等特点，从而有利于地方政府进行政策性负担的转嫁。从创新成果转化来看，地方国有企业的专利转化能力相对不足，且显著弱于中央企业，这导致地方国有企业的创新能力与创新产出难以创造领先的企业绩效，彼此之间呈现较低的相关性与敏感性。

综上，从地方国有企业依赖的保护政策效应来看，其对地方政府的依赖导致了国有企业市场垄断发展模式的形成，而垄断发展对国有企业的创新积极性又产生了抑制效应，从而进一步加剧了国有企业创新动能匮乏的问题。此外，地方国有企业在地方政府的保护下过度依赖市场分割，狭小且固定的市场空间则进一步限制了地方国有企业创新资源的有效配置，从而导致其创新产出难以形成效率优势。我国目前有关地方国有企业自主创新的相关研究较少，将企业家精神和自主创新两个因素结合起来的研究更是凤毛麟角，而这正是本章的研究重点。

六、文献评述

前文通过对企业家精神、团队效能以及自主创新的相关国内外文献进行总结，归纳了企业家精神以及团队效能的多种衡量维度，并得出创始人的企业家精神与企业创新之间存在显著的内在逻辑关联的结论。

但从研究现状来看，鲜有研究关注地方国有企业的自主创新，从而对企业家精神和地方国有企业自主创新的融合研究也缺乏应有关注。因此，本章的研究重点为在地方国有企业的体制背景下创始人的企业家精神与企业自主创新的关系，从而为地方国有企业提供一定的经验借鉴。

第二节 研究设计

一、研究模型

基于以上分析，提出本章研究的主假设和分假设，具体如下：

H1：在地方国有企业的体制背景下，创始人的企业家精神对企业自主创新有正向影响；

H1-a：创始人的创新能力对企业自主创新有正向影响；

H1-b：创始人的冒险精神对企业自主创新有正向影响；

H1-c：创始人的远见卓识对企业自主创新有正向影响；

H1-d：创始人的国际视野对企业自主创新有正向影响。

H2：地方国有企业创始人的企业家精神会正向影响企业的初创团队与高管团队，同时企业的初创团队与高管团队作为中介变量会正向影响企业的自主创新；

H2-a：创始人的企业家精神会正向影响企业的初创团队，初创团队作为中介变量会正向影响企业的自主创新；

H2-b：创始人的企业家精神会正向影响企业的高管团队，高管团队作为中介变量会正向影响企业自主创新。

H3：政府支持因素会正向调节地方国有企业创始人的企业家精神与企业自主创新之间的关系。

基于上述研究主假设及分假设，提出本章的机理模型，如图9-1所示。

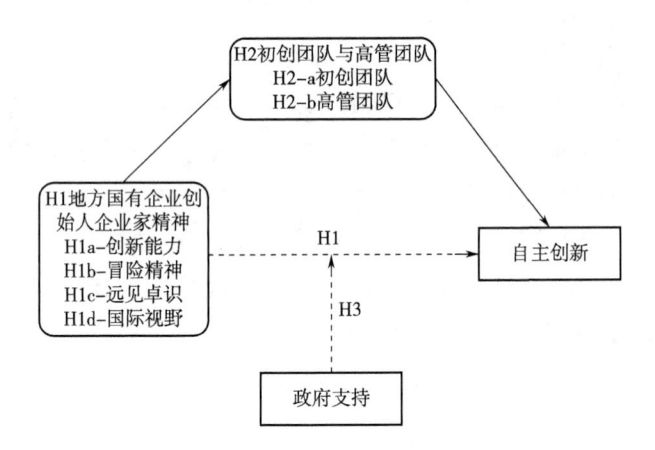

图9-1 基于研究主假设和分假设的机理模型

二、研究方法

案例研究方法适合解答"How"和"Why"等类别的研究问题，能够基于现实案例资料有效揭示复杂的过程和机制，并通过理论与现实的不断交互构建理论，或弥补已有研究的理论缺口。鉴于本章研究问题的性质和类别，适宜采取案例研究方法对上述核心问题开展探索与验证，即通过探索性与验

第九章　国有企业企业家精神驱动"高精尖"产业自主创新的机理——以"京东方"为例

证性相结合的单案例研究方法，探讨京东方创始人的企业家精神与企业自主创新的关系。

本章通过多种途径搜集多类数据，描述研究对象的具体表现，试图探索京东方创始人的企业家精神特征、京东方企业内部初创团队和高管团队的构成及特征，从而经由微观层面揭示地方国有企业自主创新的内在机理。

三、案例背景介绍

京东方成立于1993年4月，创始人王东升，是一家以物联网为主业的高科技企业，专注于为人类健康和信息交互提供智慧端口产品和技术服务。京东方的核心业务包括端口器件生产、物联网以及智慧医工。其中，端口器件产品广泛应用于手机、平板电脑、笔记本电脑以及穿戴设备等领域。智慧物联网则聚焦零售、交通、金融、教育等领域，为上述领域用户构建物联平台，提供万物互联的智慧物联网服务，并为客户提供涵盖硬件产品、软件平台和各种应用场景在内的一体化解决方案。对于智慧医工业务，京东方致力于移动健康管理平台与数字化医院的有机结合，从而为医生和病患提供可视化、数字化、移动化和便捷化的诊疗平台。

京东方市场成就的取得和竞争优势的建立，在很大程度上得益于其创始人王东升为企业发展灌注的创新驱动战略。京东方以"技术领先、全球首发、价值共创"作为企业创新发展理念，科技自强、创新发展已成为京东方持续高质量发展的核心动能。同时，京东方还拥有一支优秀的创业团队和高管团队，这支团队带领企业由衰败走向成长。可以说，京东方创始人独特的企业家精神及其优质的初创团队和高管团队，是促使该企业自主创新能力优于其他地方国有企业的重要因素。

四、案例资料收集

本章的案例资料主要来源于以下几个渠道：

第一，半结构化访谈。研究者通过与京东方的中高层管理人员开展多次深度访谈，以系统了解其企业家精神的内涵、企业家精神的形成以及企业家精神如何影响企业的创新发展等内容，并通过录音、整理形成本章的研究素材，构成核心一手研究资料。

第二，现场观察。深入企业工厂、办公大楼、研发实验室等进行实地观察，从而在抽象理论、感性认知和企业实践之间形成有机联系。

第三，京东方网站、年度报告以及新闻报道等。此类信息构成本章的核心二手资料，能够帮助研究者挖掘企业家精神和企业创新过程中的细节，从而对京东方的创新发展形成深度认知；

第四，通过中国知网（CNKI）等渠道检索的学术期刊以及《光变》等相关著作。此类信息是重要的补充资料，能够帮助研究者在企业实践和已有理论之间形成深度对话。

综上，多元化的信息获取渠道可以显著提高研究的信度与效度，在不同来源的数据之间形成三角验证。

五、数据编码

在数据分析阶段，我们对所搜集的资料和数据进行编码。首先，针对各种数据类型的案例资料进行整理与标准化，形成统一的文本性研究数据。其次，对案例资料进行一级编码和归纳，提炼出相互独立的若干核心概念；并基于核心概念进一步凝练和归类，形成核心范畴。最后，对关键核心范畴之间的逻辑关系进行总结与探究，从而形成整体的理论模型与理论框架。具体的归类和编码过程分为以下三个阶段。

第一，在开放式编码阶段，通过对标准化的案例文本数据进行概念化、范畴化，从而形成本章理论模型中的关键概念与核心范畴。

第二，在主轴式编码阶段，依托"条件—行动—结果"的思维逻辑探寻核心概念与初始范畴之间的内在关联，将不同的逻辑链条整合成为若干理论性的"因果轴线"。在此过程中，需要研究者在研究问题与相关理论之间不断开展对话与比较，最终使初始范畴不断得以整合并融入主范畴之中，而与本章核心研究问题显著不相关的初始概念也会出现并被剔除在核心范畴之外。

第三，在选择式编码阶段，本章将对核心范畴进行深入分析，使之不断与现有理论开展对话，使核心理论轴线自然涌现，并以某种逻辑关系将核心范畴深度结合。这样，通过丰富的数据资料建立证据链，最终得到企业家精神驱动自主创新的机理模型。

在上述编码过程中，笔者和研究团队成员会对不同渠道来源的数据信息

进行交互验证、合并处理与"背靠背"编码，以确保编码的客观性、可靠性。

第三节 创始人企业家精神与企业自主创新

创始人的企业家精神与企业自主创新的能力息息相关。京东方能够在市场上取得不俗的成绩，离不开其一直以来持续贯彻的创新驱动策略。在这里，京东方创始人王东升所具备的独特的企业家精神，包括创新能力、冒险精神、远见卓识以及国际视野等，直接带动了京东方在中国液晶面板行业自主创新领域的迅猛发展。接下来，本章将针对京东方创始人企业家精神的四个维度进行展开分析。

一、创新能力与企业自主创新

京东方的前身为北京电子管厂，是曾拥有辉煌历史的军工企业，并且一度成为中国规模最大、竞争力最强的电子元器件企业。然而，到了20世纪80年代，曾经拥有辉煌历史的老厂却面临持续亏损的危险局面，甚至企业一度濒临破产。造成上述局面的根本原因是当时的电子管技术已面临半导体技术的彻底颠覆，该厂出产的电子管产品难以满足市场不断涌现的新需求，因此其市场份额急剧萎缩。

这一时期，我国的市场经济体制改革正处于萌芽期，建立社会主义市场经济体制的思路刚刚得以正式确立。在市场经济条件下，国有企业意识到需要加快建立现代企业制度，也由此拉开了国企深化改革的序幕。正是在这样的改革浪潮推动下，京东方开始了创新改制与深化改革，以寻求形成新的发展动力与发展模式。

第一，王东升在管理体制上进行了创新，他带领京东方在全国第一个成功实现了亏损企业的股份制改造。几十年的国企发展历史使京东方陷入了严重的"路径依赖"，面对市场经济的竞争模式以及充满活力的民营企业，京东方曾一度处于矛盾和困惑之中，其战略决策充满不确定性。王东升意识到，要想成功实现企业的战略变革，需要先改变自身的发展观念。当时，北京电子管厂是电子部的直属管辖单位，行政级别达到副省级，但随着改革下沉最终成为北京市属国有企业。为了有效降低改革可能面临的阻力，王东升

向政府提出了若干诉求：一是政府支持企业探索股份制改造，使企业破除市场化发展进程中所面临的所有制约束；二是坚决杜绝企业的官本位思想，消除企业内部的行政化色彩，企业管理人员逐渐向职业经理人角色过渡；三是除书记与厂长由政府任命，其他人事权要下放给企业，给予企业更大的经营自主权。

第二，王东升在管理方法上也实现了创新，他及时通过债转股的方式使企业扭亏为盈。当时，股份制改造需要引入股东，但京东方此时已欠了一堆旧债，资产负债率高达98%，故银行不愿意借钱给京东方。此时，王东升想说服银行把债务转成股份，这样就满足了股份制改革引入股东的要求。但这样一来银行将面临债务违约的风险，为保障投资安全，其要求京东方须找到其他投资方参与，这样才能够考虑并接受债转股方案。

为了寻找新的投资，以王东升为核心的高管层推动实施员工持股计划，鼓励员工投资入股。然而，当时的京东方正处于市场化改造阶段，下岗分流成为部分员工不得不面对的选择。在这一背景下，王东升明确强调投资入股与岗位保留之间并不存在必然联系，并且无法对投资本金及未来收益提供保障或承诺，且企业变革并经营成功的概率仅有50%。但令诸多高管没有想到的是，在自身经济利益和企业未来发展之间，众多员工毅然选择了投资入股，将自身经济利益与企业发展捆绑融合。正如当时一位工会干部所说："虽然王东升的改革利刃已经'架'在了许多员工的脖子上，但我们还坚定地相信企业可以重铸辉煌，纷纷支持王总深化改革，最终将公司救活。"在京东方员工义无反顾的支持下，2 600人共形成投资基金650万元，成为京东方复兴之路上重要的火种基金。

就这样，面临巨大亏损的经营困境，京东方成为全国第一个进行股份制改造的国有企业，这体现了企业家以及企业整体巨大的改革勇气和智慧。实践表明，京东方的"债转股"方案走在了全国前列，甚至早于国家正式政策发布，这充分体现了京东方所具备的干事创业精神。正是在这种精神的激励下，京东方这个以国家、银行等债权人、企业员工和其他中小股东共同出资的混合所有制企业于1993年4月正式成立，王东升也成为老厂改制、建立股份制企业后的第一任董事长兼总裁。经过公司化改造，京东方逐步形成了现代企业制度，遵循市场经济规律并积极投身市场化竞争，充分发挥自主经营权和自主决策权，彻底完成了"去行政化"的改革。

二、冒险精神与企业自主创新

熊彼特将创新视为企业家的突出特征。创新不同于投机，而是敢于冒险和勇于开拓的进取精神。拥有创新精神的企业家是极具创造型的稀缺人才。除开拓性与创造性外，王东升将敢于冒险的精神视为一种责任担当，从而敢于面对不确定性所带来的潜在风险，进而通过发挥企业家所具备的领导力和经营能力，不断化解不确定性风险，并从中捕捉战略发展机遇。创新与冒险并非鲁莽和盲目试探，任何重大决策的制定都要求企业家具备科学、敏锐的洞察能力，对信息与环境的分析能力，审时度势的决策能力以及义无反顾的执行能力。上述企业家的冒险精神在王东升和京东方的案例中都有着生动的体现，具体如下。

第一，王东升的冒险精神，体现在当京东方持续亏损时，仍然持续投入巨资，不断进行创新。正是由于王东升具备战略视野，深刻洞察到中国正面临严重的"缺屏"之痛，预见到未来显示屏业务的广阔市场。于是，他带领团队敢于投入、深度创新，不仅突破了关键核心技术，而且带领京东方成为中国显示终端的领军者，被业界赞誉为"中国液晶产业之父"。在上述过程中，京东方也曾面临困境，几十亿元的年度亏损一度使大家想要放弃自主研发的道路，并对王东升大规模研发投入的战略产生质疑。然而，王东升深刻认识到没有创新和核心技术就不会有京东方的今天和未来。正是基于这一深远的洞察，他坚决贯彻创新发展战略，京东方创新投入强度始终保持在营业收入的7%以上；当营收规模较小时，研发投入甚至一度超过营业收入的10%。正是在这种冒险精神的引领下，京东方保持着对创新的尊崇与坚守，最终取得了应有的市场地位。

第二，王东升的冒险精神，还体现在敢于逆势扩张。2008年，全球面临严重的次贷危机及其衍生的金融风险，行业衰退和规模收缩已成为市场共识。但王东升面对这样的宏观环境，却大胆提出了逆周期调控的方式，从而将"市场低谷"扭转成为企业战略发展良机，京东方也由此开启了逆势成长的快速发展之路。从2009年到2013年，京东方产品线从6代一路升级，生产线数量快速增加，仅用5年时间就成为该行业的全球领先企业。除洞察市场发展环境外，王东升还密切关注竞争对手的态势。当发现三星、LG等纷纷增加OLED面板的研发与生产投入时，王东升敏锐、迅速地捕捉到了这

一重要信息，从而做出了未来大尺寸液晶面板还具有较为广阔的市场机会与发展空间的正确判断。2014年12月，京东方迅速采取行动，在成都快速投产，建设出6代AMOLED生产线，并于次年在福州、合肥分别建成8.5代和10.5代生产线，一度抢占了全球液晶面板的产业链制高点。

2003年，京东方正式进入液晶显示行业。在此后的战略发展进程中，王东升采取激进式的战略扩张模式，使企业由追赶者转变为市场的领导者。即使在2018年全球液晶显示行业陷入低潮阶段之际，京东方也没有停下扩张的脚步，不断在武汉、重庆等地扩建和新建生产线，实现了产品型号多元化和产量的规模化。由图9-2可知，京东方自1997年至2014年共融资718.1亿元人民币和23.4亿元港币，且逐年增长，尤其是在2014年实现了快速的增长。京东方在生产线上的总投资为1 482亿元。近些年，京东方一直在大规模融资并进行产品线的扩张，以不断提升企业自主创新能力。

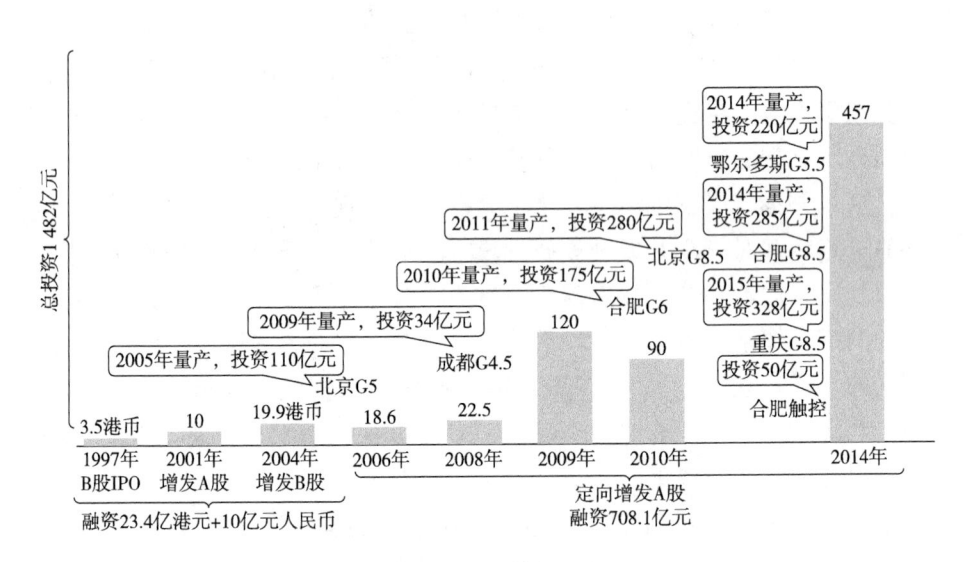

图9-2 京东方的融资和扩张概貌

资料来源：路风《光变》。

回顾京东方从濒临破产到重新崛起的过程，王东升认为甘于创业、勇于创新和敢于冒险的企业家精神在其中发挥了重要的引领与支撑作用。对此他总结道，企业家的冒险精神与创新精神实质上是持续学习和不断变革，勇于担当不确定性环境中的潜在风险，善于捕捉机遇并实现快速发展。

三、远见卓识与企业自主创新

王东升的企业家精神还体现在远见卓识，特别是重视对技术问题的研究和攻克。秉持"技术领先、全球首发、价值共创"的创新理念，京东方致力于把科技创新打造为企业的第一发展动力。可以说，正是王东升远见卓识的企业家精神促使京东方拥有了较强的自主创新能力，使公司实现了飞跃发展，这体现在以下几个方面。

第一，王东升及时选择转型，使京东方的主营业务更具竞争力。2012年是京东方发展的转折点。这一年，京东方开始制定第一个五年转型计划，确定了企业转型的目标和方向。随着京东方的持续创新和迈向行业高端，其于2015年站稳了全球第四的位置，并迎来了又一个创新成果"丰收年"。但王东升并没有满足于已取得的成就，而是发挥企业家的远见卓识，立下了成为全球领先、世界第一、百年老店的宏伟目标。在此背景下，按照王东升的规划，创新和转型成为京东方新发展阶段中的两个关键词。

通过京东方的"二十五年"规划可知，其致力于集中资源，制定和实施"有限多元"的发展战略，而这标志着京东方从高速发展向高质量发展的跃迁。其中，DSH战略是其"有限多元"发展战略的核心，意味着京东方要在显示器领域（D）、人工智能领域（S）和智慧健康领域（H）成为全球领军企业和发展典范，具备世界一流的核心竞争力。2015年底，京东方正式将DSH战略确立为未来5年最重要的阶段性发展目标。

未来，京东方的核心主业是以显示器件为核心载体、囊括各种应用场景的一体化智慧显示解决方案。同时，以人工智能等智慧系统和智慧健康培育作为其未来的业务转型方向和新兴业务支柱，从而推动企业由工业制造向智能制造、服务型制造的彻底变革。在未来的终端市场中，个人消费者从京东方获取的产品不仅仅是单纯的显示器件，而是融合了智慧物联、人工智能等新一代数字技术的数字化解决方案。如图9-3所示，自2012年京东方制定第一个五年转型计划以来，京东方的营业收入一直在稳步增长。通过观察其营业收入的同比增长可知，直至2018年，京东方自转型后依旧保持着较高的增长率。当然，此时京东方的营业收入逐渐呈现出的是稳定增长的趋势，同时其归属上市公司股东的净利润也在逐步增长，从中可以看出京东方的企业转型取得了较大成效。

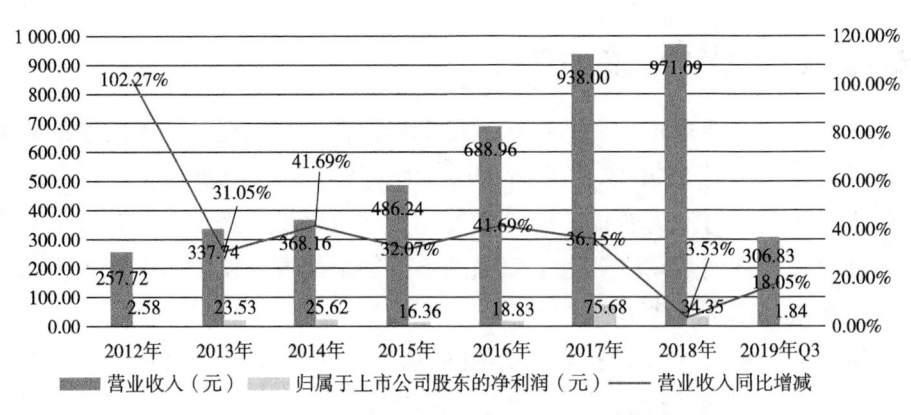

图 9-3　京东方 2012 年至 2019 年 Q3（第三季度）的关键财务指标

第二，王东升的远见卓识还体现在其能够及时洞察行业特征，基于对行业发展的判断提出"王氏定律"，以不断提升京东方的自主创新能力。"王氏定律"是王东升根据多年行业经验提出的液晶显示制造行业的市场规则和企业发展定律，其主要说明的是，标准显示屏的价格会随着时间的推进而不断下降：每经过 36 个月，价格会普遍下降 50%；而若想保持价格稳定，则需要提升显示器的整体性能水平，至少需要提升 1 倍以上。这说明价格和性能是企业的生命线，成本优势与性能优势是企业的生存之道，且未来上述行业周期仍可能会持续缩短，价格与性能的竞争将更趋激烈。这一定律不仅对液晶显示行业产生了较大影响，甚至成为预测全球信息和通信技术（ICT）产业的发展趋势的重要定律。为应对巨大的竞争挑战和残酷的行业规律，京东方制定了近乎严苛的创新目标，推动各生产基地构建完备的技术创新体系和产品研发机构，形成以创新能力为核心的市场竞争能力。其中，北京地区的研发实验室主要负责前沿技术开发、验证以及核心技术攻关；其他生产中心的技术研发实验室则重点实现技术的商业化运用，将最新技术与产品开发相结合。

如前所述，京东方非常重视在技术创新方面的投入，其平均研发投入一直保持在营业收入的 7% 左右。图 9-4 展示了京东方 2013—2019 年的研发费用投入情况以及新增专利申请的数量。资料显示，2011 年京东方的研发经费投入为 11.4 亿元（占主营收入的 9%），2012 年的研发经费投入为 17.8 亿元（占主营收入的 7%），2013 年的研发经费投入为 19 亿元（占主营收入的 6%）。截至 2019 年，京东方全年新增的专利申请数量已达 9 657 件，可以直接使用的专利数已达 70 000 件，其中超过 90% 的专利为发明专利。京东方的海外专利布局已覆盖北美、欧洲、东亚等地区，其海外专利的申请数量也在快速增加，其中 2019 年海外新增专利在当年京东方新增专利总量中的占比达到了 38%。

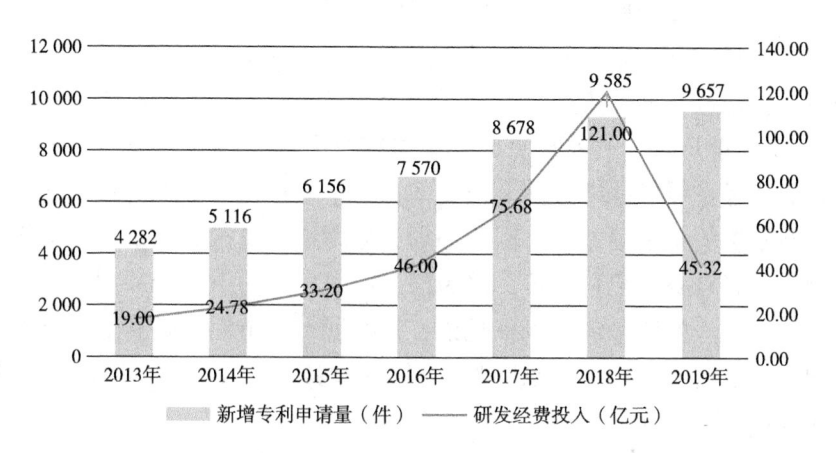

图 9-4　2013—2019 年京东方新增专利申请数量变化

综上，京东方的知识产权布局和知识创新能力已从战略防御成功转型为战略性的攻防兼备，表明其既掌控了核心关键技术，又在技术前沿方面展开了布局。这也表明，京东方的创新能力和知识储备已足以从战略支撑功能演化为战略引领功能，从而初步形成了创新驱动发展的良好局面。即使是在已经取得较大领先优势的情况下，王东升仍然居安思危，保持清醒。他指出，半导体行业具有技术更新快、产品周期短、颠覆属性强等特点，虽然京东方目前已成功闯入科技前沿的"无人区"，但若安于现状、裹足不前，仍然会被迅速赶超和淘汰，唯有快速、可持续和高质量的引领性创新，才能使企业始终保持全球领先的技术竞争力，企业的生存和竞争优势的保持才能具有可持续性。

四、国际视野与企业自主创新

王东升的企业家精神还体现在其具有国际化的视野。

首先，王东升善于借助外力，带领京东方选择合适的时机走合资之路。

创业之初，王东升利用京东方的国企背景优势和资信优势，立足国际市场看待产业竞合局面，并精准选择了一批日本企业开展合作经营，从而在与CRT（阴极射线显像管）配套的相关零器件和先进材料方面形成了显著的互补优势。当时恰逢国内彩色电视机市场快速发展，CRT行业市场需求旺盛。京东方充分利用合作经营产生的竞争优势迅速进入相关市场，仅仅通过一年的市场化拓展与经营便帮助企业成功摆脱经营亏损。

其次，王东升在京东方创立后不久，就及时捕捉到了技术替代的危机，开始不断主动进行海外收购兼并，在扩张中迅速提升京东方自主创新的能力。从1994年开始，王东升便一直聚焦京东方的战略发展问题，探寻未来适合企业长远发展的战略方向。他发现，京东方在国内电子行业市场中具有较大的规模优势与市场地位，因此必须充分发挥自身行业领军企业的带动引领作用，用好自身的比较优势，成为国内产业发展的引领者和国际市场中具有突出比较优势的竞争者。也就是说，只有通过在市场中确立适合企业发展现状和未来战略使命的立足点，形成科学战略定位，才能为企业树立科学、长远的战略发展目标。

1997年，亚洲爆发金融危机，韩国现代集团出于收缩经营和聚焦主业的目的，希望出售其旗下的液晶显示业务子公司。京东方迅速察觉到这一机遇，成功以3.8亿美元收购现代集团的HYDIS公司，这为京东方日后大举进入液晶显示行业奠定了技术基础，并构建起了专利壁垒。此外，京东方还充分利用了HYDIS公司来构建自身的知识与技术资源基础，强化企业内部各组织之间的学习，从而将HYDIS公司的先进技术、知识转移和整合至京东方。这不仅为京东方培养了大批的专业技术人才，而且以新建产品线为实践场所的做法加速了企业的技术向产品的转变。

从1993年创立至今，京东方已成长为全球半导体显示产业中的领先者。王东升创立的京东方不仅让老百姓用上了物美价廉的彩电，实现了国内液晶面板行业的发展，也确立了面板行业在中国工业化中的重要地位。随着企业的不断发展，京东方逐渐形成了以并购为核心途径开展技术创新和整合的发展模式，探索出了一条适合技术基础薄弱阶段的快速发展之路。从2001年开始，京东方对三星集团等竞争对手的相关业务和资产进行了大规模收购和横向一体化整合。这使得京东方在短期内快速积累起技术与市场资源，从而实现了企业整体的快速发展。

第四节　创始人的企业家精神、高管团队与企业自主创新

在《董事会》杂志的专访中，王东升表达了对当前京东方企业团队的认可与赞美。他认为，当前的企业团队是京东方最宝贵的资源，不论何人担任董事长，这样的团队都有能力支撑企业的高质量发展。通过对《董事会》杂志访谈资料的整理和分析，笔者发现创始人和继任者更迭过程中的一个核心问题是如何保证创始人企业家精神的有效传承。这个问题也使得"培养建立一支优秀的、能够传承创始人独有企业家精神的高管团队"这一点变得至关重要。京东方的初创团队与高管团队是连接创始人企业家精神与企业自主创新的桥梁，故本章接下来将分别对京东方初创团队和高管团队的人员组成特征展开分析，以分析三者之间密不可分的关系。

一、具有年轻、高资历、人际关系简单特点的初创团队是京东方创立并迅速发展的必要条件

京东方之所以能实现快速发展，离不开其和谐、团结的创业团队的支撑。通过京东方初创成员的简历信息可知，京东方的初创团队具有以下几个特征。

其一，京东方的初创团队成员具有同质性的特点。这主要体现在：其初创团队成员的学历均在大学本科以上，这在1993年还是不多见的；其初创团队中年龄最长者40岁，最小22岁，初创团队成员平均年龄为34岁，由此可知京东方初创团队成员大多较为年轻，且创始人王东升与其初创团队成员的平均年龄也比较相近；同时，京东方初创团队成员大多具备相关工作经验，正是精力充沛、富有闯劲的时候，观念也更容易达成一致。

其二，由于初创团队成员都比较年轻，企业又有很多发展问题亟待解决，所以他们倾向于简单的人际关系，并提出这样四句话：简单和谐的人际关系、忠诚感恩的为人准则、竞争进取的人生态度、齐心协力的团队精神。在此基础上，京东方形成了简单、直接、深刻、妥协的创业文化。通过不断贯彻这四条创业准则，王东升及其团队实现了有效沟通交流，而这也成为他们干事创业的基础。

其三，京东方的初创团队成员也具有异质性的特点。这主要体现在：他们当中大多数人有工学学历，懂技术、懂生产并且有在工厂工作的经历，而王东升与陈炎顺等人又有财务、经济等方面的知识背景，这样的组合让整个团队如虎添翼。京东方强调四大创新：技术、产品、商业模式、运营管理，而创始人及其团队在工学、经济学等方面的知识背景和履历，使他们在四大创新方面各有所长、互有补充，从而能够促进公司更好更快的发展。

二、稳定、和谐、适度开放性的高管团队是京东方实现良好发展的保障

观察王东升退休前的高管团队信息，即京东方最近5年的高管团队人员概况，可以发现其高管团队具有以下几个特征。

其一，年龄方面，高管团队中年龄最大者55岁，最小42岁，平均年龄约48.5岁。从中可以看出，这是一个成熟稳健而又不乏活力的团队。这种年龄构成对于一个布局全球的上市企业而言，既能使企业拥有应对未知情况的能力，又可使企业具备积极进取的心态与力量。

其二，文化素养方面，高管团队成员的学历都在本科以上，多为硕士学历，最高为博士学历，并且管理人员拥有海外名校背景的。与初创团队不同，企业对高管团队能力与文化素养的要求有所提高，这也是现代企业管理的客观要求。这体现了京东方高管团队拥有较好的个人素养，团队能为企业决策提供足够的智力支持。

其三，京东方的高管团队成员具有较大的稳定性，其初创团队成员中的大多数都在京东方工作超过了10年。就当前的高管团队而言，其人员变动较小，在现任11名具有代表性的高管中，10名已经在京东方任职满5年，只有1名高管是于2018年新加入的。同时，初创团队中的3名创始人也一直在京东方任职，其中2名创始人（王东升和谢小明）均在公司任职直到退休，另一名创始人陈炎顺则接替王东升担任了京东方的董事长。这体现了京东方在选拔人才时非常注重人员的稳定性。

其四，通过对团队人员的工作经历进行分析发现，其高管团队成员都拥有十分丰富的工作经验，且几乎都在京东方担任过不同职务，或者担任过不同知名外企的重要职务。这种鲜明的工作经历特征，足以说明现有高管团队

人员对本企业的事务、状况、理念等具有十分全面、准确的理解；拥有知名外企管理经验则说明，他们对于团队管理以及企业管理有着出色的认知水平与实践能力。同时，高管团队成员大多有在京东方长期任职的经历，这也比较充分地说明了其对公司制度、管理理念的认同以及对公司的归属感与忠诚度。

其五，京东方创始人王东升拥有一套独特的管理团队的方法，在选择和培养团队人才方面，京东方也有一套独特的战略。正如京东方的企业社会责任报告中所述，京东方选拔人才的核心标准是要求人员具备正直、诚信的道德品质以及敢于创新、专业素养过硬的能力基础，并将人才视为公司持续创新发展的核心动力。在此基础上，京东方形成了以尊重、公平和创造为核心的人才理念。随着企业战略变革和自身创新发展的需要，京东方形成了适合自身发展规律的SCORE模型，指导企业对管理人员开展选拔、评价、岗位扫描等，通过培养具备一流竞争力的高管团队应对行业挑战。此外，京东方注重人才的长远发展和能力提升，并专门针对不同业务、不同岗位的员工制定了与之相匹配的人才发展计划，以不断挖掘企业人力资本，使企业员工与企业创新发展同频共振。

正如创始人王东升自己所说的：不论是产业发展还是交班继任，创始人都要具备全局视野和战略洞察力。创始人只是开启了企业的成长与发展之路，京东方要想基业长青，则需要建立有效、可持续的管理机制。因此，要不断识别、选拔和培养优秀人才来作为企业发展的不竭动力，通过人的发展促成企业的持续辉煌。

第五节　政府支持：地方国有企业实现自主创新的助推器

一、政府对京东方的支持情况

地方政府与地方国有企业存在天然的产权关联。作为地方国有企业的重要出资者，政府不仅要规范企业经营和保障国有资产保值增值，而且要发挥股东的资源支持效应，以促进国有企业实现高质量发展。陆琦林（2014）通过研究发现，获得政府补助最多的上市公司基本上都是石油化工、航空以

及电力能源类公司，而这些公司绝大多数都是国有企业，这说明政府存在对特定上市公司进行重点支持的现象。赫文宁、雷良海（2019）认为，政府对国有企业的补贴强度要显著高于其他所有制企业，其可能的原因不仅仅是因为政府与国有企业的产权关联，更是因为国有企业承担了许多公共任务和改革任务。因此，要想国有企业获得良好发展，就需要对其经济外部性和改革成本进行有效弥补。

京东方作为地方国有企业，政府多次在其举步维艰时伸出援助之手，助其渡过难关。由图9-2（京东方的融资和扩张概貌）可知，京东方1997—2014年共向政府融资718.1亿元人民币和23.4亿元港币，且呈逐年增长的状态，尤其是在2014年有较为显著的增长。2004年底，京东方的资金链几乎断裂；紧接着又遭遇5代线量产后售价随即腰斩的困境。幸运的是，京东方在北京市政府和国家开发银行的帮助下顺利渡过了难关。同时，在政府的背书下，又有多家银行为京东方提供了7.4亿美元的贷款，且北京市政府还额外为其提供了28亿元人民币的借款，从而使京东方的情况出现了好转。值得注意的是，2008年我国遭遇金融危机的冲击，加之全球经济陷入低潮，京东方也遇到了很大的经济困境，故国家于2009年对京东方进行了大量补助：从2008年的22.5亿元增至2009年的120亿元，在生产线方面对京东方的总投资为1 482亿元。这一系列的政府支持对京东方的自主创新产生了重要作用。

二、京东方的业绩分析及接受政府支持情况

对京东方的业绩分析如表9-1所示。

表9-1 京东方业绩分析（2005—2012年） 单位：亿元

年份	2005	2006	2007	2008	2009	2010	2011	2012	合计
净利润	-15.870 9	-17.229 4	6.909 5	-8.075 3	0.496 8	-20.038 1	5.608 7	1.843 8	-46.354 9
政府补助	1.160 0	1.160 0	2.170 1	0.609 0	6.995 0	0.764 1	62.014 5	9.257 7	84.130 4
扣除政府补助的净利润	-17.030 9	-18.389 4	4.739 4	-8.684 3	-6.498 2	-20.802 2	-56.405 8	-7.413 9	-130.485 3
政府购买的定向增发款	—	18.600 0	—	22.500 0	57.236 1	78.422 5	—	—	176.758 6

续表

年份	2005	2006	2007	2008	2009	2010	2011	2012	合计
政府担保的贷款	0.384 2	64.453 6	29.657 4	45.938 2	0.382 7	0.450 3	—	11.528 6	152.795 0
土地使用权增长额	—	—	0.440 4	0.068 6	1.113 0	2.364 6	0.110 0	0.632 0	4.728 6

资料来源：笔者根据2005—2012年京东方年报、股东大会决议、董事会决议整理。

由表9-1可知，政府支持在京东方的快速发展过程中发挥了重要作用。在京东方2005年开始的快速发展阶段中，政府支持对其企业绩效发挥了重要支撑作用。2005—2012年，京东方共获得政府补助84.130 4亿元，扣除政府补助后，京东方的盈利水平与2007年大致持平。可见，政府补助支持京东方平稳度过困难时期，使其免于陷入退市风险之中。

除政府直接的资金补贴外，京东方还通过股权融资渠道获取了来自政府的资金支持。表9-1显示，2006—2010年，京东方累计获得近177亿元的政府投资基金，且多次完成向政府的定向增发股票，增发金额也逐次增加。

同时，贷款及其担保也是政府支持京东方发展的重要途径。在表9-1中所显示的8年时间里，京东方经由政府担保共获取了近153亿元的借贷资金。如果合并计算2001—2004年京东方从各个地方政府获取的担保贷款金额，则京东方自上市以来至2012年共获得超过170亿元的政府担保贷款支持。除货币资金外，政府还加大了对京东方土地使用权等形式的支持，使该企业的土地使用权增值近5亿元。

表9-2为京东方接受政府补助与其利润总额的相关数据（2009年至2019年Q3）。

表9-2　京东方接受政府补助与其利润总额相关数据（2009年至2019年Q3）

年份	计入当期损益的政府补助（亿元）	利润总额（亿元）	利润总额扣除政府补助（亿元）	政府补助占利润总额比例
2009	7.00	-0.82	-7.81	-853.60%
2010	0.76	-22.41	-23.18	-3.41%

续表

年份	计入当期损益的政府补助（亿元）	利润总额（亿元）	利润总额扣除政府补助（亿元）	政府补助占利润总额比例
2011	6.66	8.46	1.80	78.77%
2012	9.26	1.86	-7.40	497.59%
2013	8.38	30.22	21.84	27.74%
2014	8.30	31.76	23.45	26.15%
2015	10.45	20.13	9.68	51.91%
2016	19.15	25.12	5.98	76.20%
2017	9.62	97.41	87.79	9.88%
2018	20.74	62.82	42.09	33.01%
2019Q3	14.33	12.23	-2.10	117.15%

注：2018年研发费按国家规定采用75%的加计扣除，故调整后2018年利润总额＝41.22+（50.40-28.80）=62.82（亿元）。

资料来源：笔者根据2009—2019年京东方年报、股东大会决议、董事会决议手工整理。

由表9-2可知，政府支持在京东方发展初期阶段发挥了重要的支撑作用，显著改善了其盈利水平并帮其摆脱了经营困境。随着京东方竞争能力的不断提升以及市场地位逐渐趋于稳固，政府补贴也逐步下降甚至趋于退出，在企业收入中所占比重基本保持在50%以下。这说明企业自主"造血"能力已有显著增强，步入稳步发展阶段。例如，2009—2012年，政府扶持在京东方的营收中占据较大比重，成为帮助其摆脱经营困境、维持生产经营和快速发展的重要支柱。2012年，京东方在政府补贴的帮助下扭亏为盈。2013—2018年，随着京东方自主经营能力的显著提升，市场业绩和市场份额逐步提高，政府补助也随之逐渐下滑甚至开始退出；此时，即便在扣除政府补助后，企业的自主盈利金额也有了显著提高。

综上，京东方快速发展并取得今天的显著成就，有赖于政府的大力支持与帮助。政府补助不仅包括财政补贴和直接股权投资，还有大量的担保贷款或者其他资源支持。政府支持因素对京东方的发展具有托底、拔高、助推等效果。

第六节　结论与启示

一、研究结论

企业家精神与企业自主创新息息相关，京东方如今的辉煌成就与综合优势，离不开企业上下始终秉持的创新发展战略和敢于冒险的精神。王东升拥有独特的企业家精神，如创新能力、冒险精神、远见卓识和国际视野等，这些都直接影响其初创团队和高管团队的效能，进而带动企业的自主创新。同时，政府支持作为一个外部因素，会正向调节企业家精神与企业自主创新之间的关系。上述因素直接带动了京东方在中国液晶面板行业的自主创新和迅速发展。本章的研究结论主要包括以下几个方面。

其一，京东方的创始人王东升具有创新能力、冒险精神、远见卓识和国际视野的企业家精神，这些独特的企业家精神不断促使京东方实现自主创新。企业家的创新能力使京东方建立了符合企业自身特点的管理方法和制度；企业家的冒险精神使京东方能够不断抓住机会、实现快速扩张；企业家的远见卓识使京东方在技术创新和研发水平上得到了显著的提升；企业家的国际化的视野使京东方通过并购扩张而逐步成为全球面板行业的领先者。

其二，地方国有企业领导人的企业家精神会正向影响企业的初创团队和高管团队，从而影响企业的自主创新。年轻、高学历、简单人际关系的初创团队是实现京东方创立并迅速发展的必要条件，同时，稳定、和谐、适度开放的高管团队是实现京东方良好发展的保障。初创团队与高管团队是连接创始人企业家精神与企业自主创新的桥梁。换言之，创始人企业家精神会正向影响初创团队与高管团队，初创团队与高管团队作为中介变量会正向影响企业的自主创新。

其三，政府支持作为一个重要的外部因素，一直对京东方的成长产生助推作用。在京东方缺乏资金支持、举步维艰之时，正是因为有了政府的资金支持，企业才得以继续发挥独特的企业家精神来促进自主创新。政府补助作为正向调节因素，当企业创始人发挥其远见卓识、冒险精神、创新能力和国际视野等企业家精神时，政府支持因素会更有利于企业自主创新的实现，从而使京东方逐渐成为行业主导。可见，政府支持因素会正向调节地方国有企

业领导人的企业家精神与企业自主创新的关系。

如图9-5所示，经由创始人的企业家精神到初创团队和高管团队再到企业自主创新这三个环节，本章在最初假设的基础上凝练出了新的机理模型。

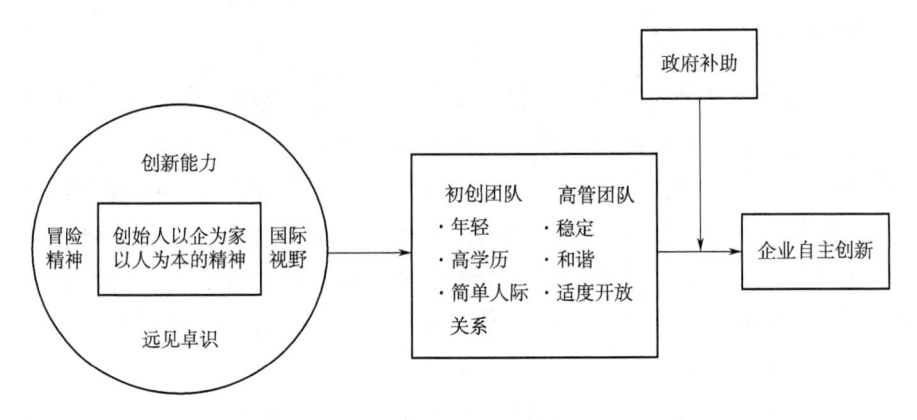

图9-5 创始人企业家精神、初创团队和高管团队、企业自主创新的机理模型

首先，通过以上案例分析，本章将一开始所提出的机理模型进行凝练升华，引入了一个新的变量：即"创始人以企为家、以人为本的精神"，也就是在假设H1中加入了一个新的分假设H1-e。这背后的本质思想是京东方作为地方国有企业，其创始人企业家精神、管理团队具有区别于其他企业的一些特性，如京东方重视中国传统文化中的以人为本思想，这种以人为本的思想始终贯彻在创始人以及初创团队和后来的高管团队中。同时，在创始人以企为家、以人为本的精神基础上，京东方的创始人王东升又具有创新能力、冒险精神、远见卓识和国际视野的企业家精神，这种精神深刻影响了其所在的初创团队和高管团队。

王东升将自身的企业家精神运用到了其选拔人才的标准上。如前所述，他重视员工的发展和员工关系的培养，在选择和培养团队人才方面，王东升建立了一套独特的战略；在员工关系方面，他倾向于简单处理人际关系并提出四句话：简单和谐的人际关系、忠诚感恩的为人准则、竞争进取的人生态度、齐心协力的团队精神，并形成了简单、直接、深刻、妥协的创业文化。正是坚持了这四条准则，王东升及其团队才能够更加高效地实现沟通交流，使团队成员能够在和谐共处的同时不断提升自己的水平和能力，而这也成为他们干事创业的基础。在这种团队氛围下共处的团队成员，大都深受王东升

第九章　国有企业企业家精神驱动"高精尖"产业自主创新的机理——以"京东方"为例

所建立的京东方企业文化的影响，进而推动公司不断实现自主创新。

其次，团队成员具有较大的稳定性。如前所述，观察近年来京东方的高管团队人员变动情况可知，其高管团队人员变化较小，王东升更是在京东方耕耘了近30年，直到62岁退休，可以说是在这里奉献了一生。这不仅体现在京东方在选拔人才时注重人员的稳定性、创新能力等，也体现了中国地方国有企业独有的特性，即创始人以企为家的理念，这种甘于奉献一生的精神是区别于许多其他企业的。一个稳定、和谐的高管团队又会影响到企业的全体员工，从而使"京东方人"都将创始人企业家精神运用到企业实践中，促使企业更好更快地成长和发展。

最后，政府支持作为一个重要的外部因素，是促进地方国有企业实现自主创新的助推器，这一点贯穿于京东方整个发展和成长的历程中。如前所述，在京东方缺乏资金支持、举步维艰之时，正是因为有了政府的资金支持，才得以发挥其独特的企业家精神来促进企业的自主创新。

二、管理启示

本章以京东方为例，试图揭示其在地方国有企业的体制背景下如何实现自主创新，以及创始人企业家精神如何影响企业的自主创新。同时，本章将初创团队和高管团队作为中介变量，将政府支持因素作为调节变量，探究其与创始人企业家精神和企业自主创新之间的关系机理。这样，既可为其他地方国有企业的自主创新提供新的思路，又能弥补相关研究的空白，从而为后续研究做好铺垫。

本章提出了创始人企业家精神、初创团队、高管团队与企业自主创新之间的辐射型机理模型。该研究成果能够为其他地方国有企业的自主创新提供一些管理启示，主要体现为以下几个方面。

其一，地方国有企业可以并且应该在自主创新中发挥重要作用。京东方作为中国液晶面板制造业的后期进入者，成功摆脱了多次亏损的经营困境，将自主创新、整合创新两大路径相结合，形成了开放式、模块化和众包式的创新体系，获得了领先的技术创新能力并成功布局前沿技术，从而使企业的竞争地位从追赶者向引领者进行跃迁。其他地方国有企业也可以在自主创新的领域发挥自己的力量，打造在全球领先的自主技术创新能力，提升企业的国际竞争力。

其二，地方国有企业领导人独特的企业家精神会促进企业的自主创新。正如京东方及其创始人的案例所揭示的那样，独特的企业家精神会直接影响企业的初创团队和高管团队，并影响企业全体员工，从而有助于更好地带动企业自主创新能力的提升。

其三，高管团队的稳定性、适度的开放性是实现京东方良好发展的保障。如前所述，这体现了中国地方国有企业独有的特性，即领导人以企为家、以人为本的精神，这种甘于奉献一生的精神是区别于许多其他企业的。拥有一个稳定、和谐的高管团队，会对企业整体产生正向影响，进而有助于提升企业的自主创新能力，实现更好更快的成长和发展。

其四，政府可以成为促进地方国有企业实现自主创新的助推器。在地方国有企业发展的历程中，来自政府的支持起到了雪中送炭的作用，它可以在企业资金链紧张、发展举步维艰时，帮助企业更快地渡过难关。由此可见，适度的政府支持对地方国有企业实现自主创新起着不可或缺的作用。

参考文献

[1]《中关村年鉴》编纂委员会，翟立新．中关村年鉴［Z］．北京出版集团北京出版社，2020．

[2] 安平．河北三河：非首都功能疏解下北京外围"微中心"协同发展［J］．北京规划建设．2020（4）：91-95．

[3] 白素霞，何弘毅．对北京市构建"高精尖"经济结构的思考：以海淀区为例［J］．中国经贸导刊，2016（9）：74-75．

[4] 北京市经济和信息化局．北京：构建高精尖经济结构 推动产业高质量发展［N］．中国电子报，2020-11-24（002）．

[5] 彼得·德鲁克．创新与企业家精神［M］．北京：机械工业出版社，2010．

[6] 步丹璐，黄杰．企业寻租与政府的利益输送：基于京东方的案例分析［J］．中国工业经济，2013（6）：135-147．

[7] 陈军，张韵君，王健．基于专利分析的中美人工智能产业发展比较研究［J］．情报杂志，2019，38（1）：41-47．

[8] 陈堂，陈光．科技创新对产业结构升级的空间溢出效应研究：基于省域空间面板模型分析［J］．云南财经大学学报，2020（1）：21-31．

[9] 陈媛媛，赵宏伟．北京高精尖产业发展演变分析与对策研究［J］．科技智囊，2021（5）：33-40．

[10] 陈忠卫，郝喜玲．创业团队企业家精神与公司绩效关系的实证研究［J］．管理科学，2008，21（1）：39-48．

[11] 崔淼，李万玲．商业生态系统治理：文献综述及研究展望［J］．技术经济，2017（12）：53-62，120．

[12] 单宇，许晖，周连喜，等．数智赋能：危机情境下组织韧性如何形成？：基于林清轩转危为机的探索性案例研究［J］．管理世界，2021（3）：84-104，7．

[13] 德鲁克, 等. 未来的管理 [M]. 成都: 四川人民出版社, 2000.

[14] 邓丽姝. 北京高精尖产业体系建设浅析 [J]. 前线, 2019 (3): 60-62.

[15] 邓丽姝. 加强产业协同, 共促京津冀高精尖经济发展 [J]. 中国经贸导刊, 2021 (2): 58-59.

[16] 刁琳琳. 特大城市功能变迁中产业疏解的困境与对策分析: 基于北京市城六区存量企业调整退出情况调研 [J]. 北京联合大学学报, 2018 (2): 24-35.

[17] 丁栋虹. 企业家精神 [M]. 北京: 清华大学出版社, 2010.

[18] 董斌. 20世纪60年代北京发展"高精尖"工业的历史与启示 [J]. 当代中国史研究, 2016 (5): 62-70.

[19] 董俊武, 黄江圳, 陈震红. 动态能力演化的知识模型与一个中国企业的案例分析 [J]. 管理世界, 2004, 4: 117-127.

[20] 冯海燕, 王方华. 企业家精神何以落地: 创业导向影响竞争优势的路径研究 [J]. 经济与管理研究, 2015, 36 (7): 111-118.

[21] 付凌晖. 我国产业结构高级化与经济增长关系的实证研究 [J]. 统计研究, 2010 (8): 79-81.

[22] 干春晖, 吴一平. 规制分权化, 组织合谋与制度效率: 基于中国电力行业的实证研究 [J]. 中国工业经济, 2006 (4): 23-28.

[23] 干春晖, 郑若谷, 余典范. 中国产业结构变迁对经济增长和波动的影响 [J]. 经济研究, 2011 (5): 4-16, 31.

[24] 高佐之. 北京国企改革三十年 [J]. 投资北京, 2008 (11): 30-32.

[25] 龚红, 彭玉瑶. 技术董事的专家效应、研发投入与创新绩效 [J]. 中国软科学, 2021 (1).

[26] 郭钧岐, 裴映雪. 改革开放以来北京工业重要政策回顾 [J]. 科技中国, 2019 (11): 67-73.

[27] 何佳艳. 北京构建"高精尖"经济结构 [J]. 投资北京, 2016 (8): 34-36.

[28] 何月姗姗. 京津冀地区企业环保能力评价研究 [J]. 全国流通经济, 2019 (1): 90-91.

[29] 黄海昕, 李玲, 高翰. 网络嵌入视角下连锁董事网络与战略创业行为: 吸收能力的调节作用 [J]. 天津: 科学学与科学技术管理, 2019 (12): 119-138.

[30] 黄茂兴, 李军军. 技术选择、产业结构升级与经济增长 [J]. 经济研究, 2009 (7): 143-151.

[31] 黄群慧, 陈创练. 新发展格局下需求侧管理与供给侧结构性改革的动态协同 [J]. 改革, 2021 (3): 1-13.

[32] 黄群慧. 新常态下的国有资本布局 [J]. 中国金融, 2016 (4): 21-23.

[33] 黄婷, 郭克莎. 国有僵尸企业退出机制的演化博弈分析 [J]. 北京: 经济管理, 2019 (5): 5-20.

[34] 黄玉清. 通过增强凝聚力来提升项目团队的绩效 [J]. 现代管理科学, 2005 (9): 52-54.

[35] 贾立刚. 如何推进智能装备产业加速发展 [J]. 中国设备工程, 2019 (3): 38-39.

[36] 姜英武. 一级国有企业混合发展所有制经济改革研究: 以北京金隅集团股份有限公司整体上市为例 [J]. 中国市场, 2019 (7): 74-75.

[37] 蒋春燕. 高管团队要素对公司企业家精神的影响机制研究: 基于长三角民营中小高科技企业的实证分析 [J]. 南开管理评论, 2011, 14 (3): 72-84.

[38] 靳涛, 陈栋. 政府行为与产业结构失衡: 基于转型期区域差异视角的揭示 [J]. 南京大学学报 (哲学·人文科学·社会科学), 2014, 51 (6): 16-26.

[39] 京东方: 钢丝上的舞者 [J]. 董事会, 2013 (12): 44-52.

[40] 柯江林, 孙健敏, 石金涛, 等. 企业 R&D 团队之社会资本与团队效能关系的实证研究 [J]. 管理世界, 2007 (3): 89-101.

[41] 李斌, 李萌, 季小波, 等. 没有疲软的市场, 只有疲软的产品: 京东方科技集团董事长王东升对话录 [J]. 中国中小企业, 2017 (11): 38-41.

[42] 李曦辉. 北京市属国有企业混合所有制改革研究 [J]. 首都经济贸易大学学报, 2016, 18 (4): 88-93.

[43] 李小青，Fung Hung-Gay，朱清香，等．连锁董事网络、融资约束与民营企业社会责任［J］.管理学报，2020（8）：1208-1217.

[44] 李新春，苏琦，董文卓．公司治理与企业家精神［J］.经济研究，2006，2：57-68.

[45] 理想主义者王东升［J］.董事会，2013（12）：40-43.

[46] 刘春梅，李能，赵强．新常态下基于混合投入产出的多目标产业结构升级研究［J］.软科学，2017（9）：5-10.

[47] 刘纪鹏，刘彪，胡历芳．中国国资改革：困惑、误区与创新模式［J］.管理世界，2020（1）：60-68，234.

[48] 刘伟，张辉，黄泽华．中国产业结构高度与工业化进程和地区差异的考察［J］.经济学动态，2008（11）：4-8.

[49] 刘现伟，李红娟，石颖．优化国有资本布局的思路与策略［J］.改革，2020（6）：71-86.

[50] 罗炜．企业合作创新理论研究［M］.上海：复旦大学出版社，2002.

[51] 吕汉阳，韩晨华．加快国企改革步伐 优化布局结构 助推北京市高精尖产业发展［J］.市场观察，2020（6）：13-17.

[52] 马曙辉，李一鸣，刘鹤．北京市碳纤维产业的全产业链发展模式构建［J］.科技管理研究，2021，41（2）：120-127.

[53] 梅松.60年首都经济发展思路演变和成就评价［J］.北京社会科学，2009（5）：88-94.

[54] 庞长伟，李垣．制度转型环境下的中国企业家精神研究［J］.管理学报，2011，8（10）：1438-1443.

[55] 裴映雪，殷晓倩．创新科技成果转化机制 助推北京市高精尖产业发展［J］.智慧中国，2021（4）：50-52.

[56] 戚本超，周达．北京城市职能发展演变研究［J］.城市问题，2006（7）：28-31.

[57] 韶华，张伟．基于能源强度和经济增长目标的京津冀产业结构优化研究［J］.中国科技论坛，2018（7）：88-96.

[58] 史利国．北京的昨天、今天和明天：北京经济形势解析［J］.新视野，2007（4）：17-20.

［59］宋健坤．大力推进北京高精尖产业发展［J］．北京观察，2020（9）：32-33．

［60］覃成林，潘丹丹．粤港澳大湾区产业结构升级及经济绩效分析［J］．经济与管理评论，2020（1）：137-147．

［61］唐建国．北京加快发展高精尖产业的路径机制研究［J］．前线，2016（12）：97-99．

［62］田新民，胡颖．以供给侧结构性改革推进"高精尖"产业结构的构建：以北京市为例［J］．经济与管理研究，2016（8）．

［63］屠海令，马飞，张世荣，等．我国新材料产业现状分析与前瞻思考［J］．稀有金属，2019，43（11）：1121-1130．

［64］王保嘉．招商引资中的无序竞争不可取［J］．中国财政，2004，11：56-57．

［65］王飞，石晓冬，郑皓，等．回答一个核心问题，把握十个关系：北京城市总体规划（2016年—2035年）的转型探索［J］．城市规划，2017（11）：9-16，32．

［66］王桂军，张辉．促进企业创新的产业政策选择：政策工具组合视角［J］．经济学动态，2020（10）：12-27．

［67］王晖，李岱松，杨秋．布局高精尖产业 促进高质量发展［J］．前线，2019（12）：65-68．

［68］王慧艳，李新运，徐银良，等．科技创新与产业结构升级互动关系研究：基于双向贡献率的测算［J］．统计与信息论坛，2019，34（11）：75-81．

［69］王军．关于"适合首都特点的工业"的思考［J］．首都经济，1995（7）：17-19．

［70］王曙光，冯璐，徐余江．混合所有制改革视野的国有股权、党组织与公司治理［J］．改革，2019（7）：27-39．

［71］王文举，向其凤．中国产业结构调整及其节能减排潜力评估［J］．中国工业经济，2014（1）：44-56．

［72］王玉海，田建国，聂梅，等．北京市构建"高精尖"经济结构的提出背景、作用定位及其内涵界定研究［J］．领导之友，2017（23）：51-59．

[73] 王钊，王良虎. R&D 投入、产业结构升级与碳排放关系研究［J］. 工业技术经济，2019（5）：62-70.

[74] 威廉·鲍莫尔. 企业家精神［M］. 武汉：武汉大学出版社，2010.

[75] 维杰·萨斯. 公司的企业家精神：高层管理者和业务创新［M］. 北京：中国人民大学出版社，2008.

[76] 魏晓洁. 首都经济圈背景下的北京工业发展路径研究［J］. 北京社会科学，2012（3）：21-25.

[77] 吴爱芝. 北京"高精尖"产业发展的现状与对策研究［J］. 北京教育（高教），2019（5）：81-83.

[78] 吴海建，周丽，韩嵩. 创新驱动指数与高精尖经济统计标准研究［M］. 北京：对外经济贸易大学出版社，2017：154-158.

[79] 武凌君. 北京产业结构 60 多年的大变迁［J］. 北京党史，2014（4）：43-45.

[80] 习近平. 深入理解新发展理念［J］. 内蒙古宣传思想文化工作，2019（6）：4-11.

[81] 肖兴志，彭宜钟，李少林. 中国最优产业结构：理论模型与定量测算［J］. 经济学（季刊），2012（4）：135-162.

[82] 谢康，夏正豪，肖静华. 大数据成为现实生产要素的企业实现机制：产品创新视角［J］. 中国工业经济，2020（5）：42-60.

[83] 谢小云，左玉涵，胡琼晶. 数字化时代的人力资源管理：基于人与技术交互的视角［J］. 管理世界，2021（1）200-216，13.

[84] 熊彼特. 经济发展理论［M］. 北京：机械工业出版社，2010.

[85] 徐晔，陶长琪，丁辉. 区域产业创新与产业升级的耦合实证研究：以珠三角地区为例［J］. 科研管理 2015（4）：109-117.

[86] 杨道州，苗欣苑，邱祎杰. 我国集成电路产业发展的竞争态势与对策研究［J］. 科研管理，2021，42（5）：47-56.

[87] 杨国超，芮萌. 高新技术企业税收减免政策的激励效应与迎合效应［J］. 经济研究，2020（9）：174-191.

[88] 杨靓，曾德明，邹思明，等. 科学合作网络、知识多样性与企业技术创新绩效［J］. 科学学研究，2020（5）：867-875.

[89] 杨正一，张杰. 北京市"高精尖"产业集聚水平及效应研究

[J]. 经营与管理，2019（1）：78-82.

[90] 杨智峰，陈霜华，汪伟. 中国产业结构变化的动因分析：基于投入产出模型的实证研究[J]. 财经研究，2014（9）：38-50.

[91] 叶松勤，朱清贞，凌方. 技术门槛效应、科研投入与企业绩效：基于中兴通讯的案例分析[J]. 江西社会科学，2018（6）：220-226.

[92] 尹夏楠，鲍新中，孟杰. 高精尖产业科技资源配置效率评价及优化路径研究[J]. 科技促进发展，2019，15（10）：1075-1085.

[93] 尹夏楠，孟杰，陶秋燕. 高精尖产业科技资源配置效率动态演化研究：基于企业微观视角[J]. 科技促进发展，2020，16（11）：1325-1332.

[94] 于佳木. 企业智力资本与技术创新能力关系的定量分析[D]. 大连：大连理工大学，2006.

[95] 余明桂，回雅甫，潘红波. 政治联系、寻租与地方政府财政补贴有效性[J]. 经济研究，2010，3：65-77.

[96] 张伯旭，等. 北京产业结构高级化研究[M]. 北京：中国经济出版社，2015.

[97] 张继红. 大力促进高精尖产业发展[N]. 北京日报，2019-07-11（007）.

[98] 张杰. 中国创新补贴政策的绩效评估：理论与证据[J]. 经济研究，2015（10）：4-17.

[99] 张舒逸，杨婧，李彩霞. 医药健康产业的国外经验借鉴研究[J]. 科技和产业，2020，20（11）：164-167.

[100] 张天华，张少华. 偏向性政策、资源配置与国有企业效率[J]. 经济研究，2016（2）：126-139.

[101] 张天奕，王玮，侯栋，等. 高精尖企业创新能力评价研究：以北京地区为例[J]. 中国商论，2020（4）：243-244，248.

[102] 郑小莹. 浅析政府补助在京东方创新发展中的作用[J]. 财务与会计，2019（10）：70-71.

[103] 章卫东，赵琪. 地方政府干预下国有企业过度投资问题研究：基于地方政府公共治理目标视角[J]. 中国软科学，2014（6）：182-192.

[104] 章文光，王耀辉. 哪些因素影响了产业结构升级：基于定性比较方法研究[J]. 北京师范大学学报，2018（1）：132-142.

[105] 郑素丽, 章威, 吴晓波. 基于知识的动态能力: 理论与实证 [J]. 科学学研究, 2010, 28 (3): 405-411.

[106] 中国企业家调查系统. 企业经营者对企业家精神的认识与评价: 2009 年中国企业经营者成长与发展专题调查报告 [J]. 管理世界, 2009 (6): 91-101, 188.

[107] 周江华, 李纪珍, 刘子谞, 等. 政府创新政策对企业创新绩效的影响机制 [J]. 技术经济, 2017 (1): 57-65.

[108] 周小舟. 国有股权对企业技术创新水平影响的研究 [D]. 苏州: 苏州大学, 2017.

[109] 周业安, 赵晓男. 地方政府竞争模式研究: 构建地方政府间良性竞争秩序的理论和政策分析 [J]. 管理世界, 2002, 12.

[110] 祝继高, 叶康涛, 严冬. 女性董事的风险规避与企业投资行为研究: 基于金融危机的视角 [J]. 北京: 财贸经济, 2012 (4).

[111] 庄子银. 企业家精神、持续技术创新和长期经济增长的微观机制 [J]. 世界经济, 2005 (12): 32-33.

[112] MILLER D, FRIESEN P H. Strategy-Making and Environment: The Third Link [J]. Strategic Management Journal, 1983, 4 (3): 221-235.

[113] MILLER D. The correlates of entrepreneurship in three types of firms [J]. Management science, 1983, 29 (7): 770-791.

[114] WORTMAN M S. Entrepreneurship: An integrating typology and evaluation of the empirical research in the field [J]. Journal of Management, 1987, 13 (2): 259-279.

[115] COVIN J G, SLEVIN D P. A Conceptual Model of Entrepreneurship as Firm Behavior [J]. Entrepreneurship: Theory and Practice, 1991, 17 (4): 7-25.

[116] ZAHRA S A. A conceptual Model of Entrepreneurship as Firm Behavior: A Critique and Extension [J]. Entrepreneurship: Theory and Practice, 1993, 39 (6): 5-21.

[117] ELLIS D C, FISHER B A. Small Group Decision Making Communication and Group Process [M]. New York: McGraw-Hill, Inc, 1994.

[118] ZAHRA S A, COVIN J G. Contextual Influences on the Corporate

Entrepreneurship and Performance Relationship: A Longitudinal Analysis [J]. Journal of Business Venturing, 1995, 10 (1): 43-58.

[119] LUMPKIN G T, DESS G G. Clarifying the Entrepreneurial Orientation Construct and Linking it to Performance [J]. Academy of Management Review, 1996, 21 (1): 135-172.

[120] COHEN W B, BAILEY D E. What Make Team Work: Group Effectiveness Research from the Shop Floor to the Executive Suite [J]. Journal of Management, 1997, 23: 239-290.

[121] BERTRNAD QUELIN. Core Competencies, R&D Management Partnerships [J]. European Management Journal, 2000, 18 (5): 476-487.

[122] K M EISENHARDT, J A MARTIN. Dynamic Capabilities: What Are They? [J]. Strategic Management Journal, 2000, 21 (10): 1105-1121.

[123] M ZOLLO, S G WINTER. Deliberate Learning and the Evolution of Dynamic Capabilities [J]. Organization Science, 2002, 13 (3): 339-351.

[124] TUFANO P. Financial innovation [J]. Handbook of the Economics of Finance, 2003 (1): 307-335.

[125] C E HELFAT, M A PETERAF. The Dynamic Resource-Based View: Capability Lifecycles [J]. Strategic Management Journal, 2003, 24 (10): 997-1010.

[126] ANA M P, ROBERT B A, BENSON H, et al. Towards a theory of indigenous entrepreneurship [J]. International Journal of Entrepreneurship and Small Business, 2004, 1 (2): 1-20.

[127] JOHANNA M, IGNASI M. Social entrepreneurship research: a source of explanation, prediction, and delight [J]. Journal of World Business, 2005, 41 (1): 36-44.

[128] POH K W, YUEN P H, ERKKO A. Entrepreneurship, innovation and economic growth: Evidence from GEM data [J]. Small Business Economics, 2005, 11 (3): 335-350.

[129] S A ZAHRA, H J SAPIENZA, P DAVIDSSON. Entrepreneurship and Dynamic Capabilities: A Review, Model and Research Agenda [J]. Journal of Management Studies, 2006, 43 (4): 917-955.

[130] FELDMAN M P, KELLY M R. The extant assessment of knowledge spillovers: government R&D policies: economic incentives and private firm behavior [J]. Research Policy, 2006, 35 (10): 1509-1521.

[131] SHAKER A Z, HARRY J S, PER D. Entrepreneurship and dynamic capabilities: A review, model and research agenda [J]. Journal of Management Studies, 2006, 43 (4): 917-955.

[132] ADNER R. Match Your Innovation Strategy To Your Innovation Ecosystem [J]. Harvard business review, 2006, 84 (4): 98-107.

[133] CATHERINE L WANG, P K AHMED. Dynamic Capabilities: A Review and Research Agenda [J]. International Journal of Management Reviews, 2007, 9 (1): 31-51.

[134] TEECE D J. Explicating. Dynamic Capabilities: The Nature and Micro foundations of (Sustainable) Enterprise Performance [J]. Strategic Management Journal, 2007, 28 (13): 1319-1350.

[135] WEICK K E. The Generative Properties of Richness [J]. Academy of Management Journal, 2007, 50 (1).

[136] G CEPEDA, D VERA. Dynamic Capabilities and Operational Capabilities: A Knowledge Management Perspective [J]. Journal of Business Research, 2007, 60 (5): 426-437.

[137] E DOVING, P N GOODERHAM. Dynamic Capabilities as Antecedents of the Scope of Related Diversification: the Case of Small Firm Accountancy Practices [J]. Strategic Management Journal, 2008, 29 (8): 841-857.

[138] DANNEELS E. Organizational Antecedents of Second-order Competences [J]. Strategic Management Journal, 2008, 29 (5): 519-543.

[139] LESAGE J P, PACE R K. Introduction to spatial econometrics [M]. Floride: CRC Press - Taylor & Francis Group, 2009.

[140] L Y WU. Applicability of the Resource-based and Dynamic-capability Views Under Environmental Volatility [J]. Journal of Business Research, 2010, 63 (1): 27-31.

[141] ACEMOGLU D. When does labor scarcity encouerage innovation? [J]. Journal of Political Economy, 2010, 118 (6): 1037-1078.

[142] ANTZOULATOS A A, NICHOLAS A, CHRIS T. Financial structure and industrial structure [J]. Bulletin of Economic Research, 2011, 63 (2): 109-139.

[143] JIN K. Industrial structure and capital flows [J]. American Economic Review, 2011, 102 (5): 2111-2146.

[144] NGAI R, ROBERO S. Accounting for research and productivity growth acrossindustries [J]. Review of Economic Dynamics, 2011, 14 (3): 475-495.

[145] FABIO, MONTOBBIO. An evolutionary model of industrial growth and structuralchange [J]. Structural Change and Economic Dynamics, 2012, 12 (4): 387-387.

[146] MASKUS E K, NEUMANN R, SEIDEL T. How national and international financialdevelopment affect industrial R&D [J]. European Economic Review, 2012 (56): 72-83.

[147] LIN X J, LV HAN, HAO L, HE N. Technological embedding, industrial. integration, industrial upgrading—discuss about the role of informationtechnology in industrial upgrading and transformation [J]. International Journal of Economics and Finance, 2016 (2): 39-50.

[148] KOROCI A. FDI and industrial upgrade of Albania [J]. Academic Journal of Business, Administration, Law and Social Sciences, 2017 (1): 95-101.

[149] JOURDAN J, KIVLENIECE I. Too much of a good thing? The dual effect of public. sponsorship on organizational performance [J]. Academy of Management Journal, 2017, 60 (1): 55-77.

[150] MAGACHO R G, MCCOMBIE S L J, GUILHOTO J M J. Impacts of trade liberalization. on countries' sectoral structure of production and trade: a structural decomposition analysis [J]. Structural Change and Economic Dynamics, 2018 (46): 70-77.

[151] ABD K M A, ABBAS S A, KHUDAIR A H. Impact of Strategic Management Practices on Organizational Entrepreneurship: Mediating Effect of Strategic Intelligence [J]. Academy of Strategic Management Journal, 2019, 18.

[152] MAGNUS HENREKSON, TINO SANANDAJI. Measuring Entrepreneurship: Do Established Metrics Capture Schumpeterian Entrepreneurship? [J]. SAGE

Publications, 2020, 44 (4): 733-760.

[153] PETER LEWIN, NICOLAS CACHANOSKY. Entrepreneurship in a theory of capital and finance: Illustrating the use of subjective quantification [J]. Managerial and Decision Economics, 2020, 41 (5).